Karl Philipp Moritz

Magazin zur Erfahrungsseelenkunde

Karl Philipp Moritz

Magazin zur Erfahrungsseelenkunde

ISBN/EAN: 9783744721387

Hergestellt in Europa, USA, Kanada, Australien, Japan

Cover: Foto ©Thomas Meinert / pixelio.de

Weitere Bücher finden Sie auf **www.hansebooks.com**

ΓΝΩΘΙ ΣΑΥΤΟΝ

oder

Magazin

zur

Erfahrungsseelenkunde

als ein

Lesebuch

für

Gelehrte und Ungelehrte.

Mit

Unterstützung mehrerer Wahrheitsfreunde

herausgegeben

von

Carl Philipp Moritz,

Professor am Berlinischen Gymnasium.

Dritter Band.

Berlin,

bei August Mylius 1785.

Magazin

zur
Erfahrungsseelenkunde.

Dritten Bandes erstes Stück.

Zur
Seelenkrankheitskunde.

I.
Eine wahnwizige Passionsprebigt.

(Gehalten vom Herrn Präpositus Picht zu Gingst in Schwedisch-Pommern, Freitags den 5ten März 1784.)

Die Gnade unsers Herrn Jesu Christi, die liebe Gottes des Vaters, und die Gemeinschaft des heiligen Geistes, sei mit uns in dieser Stunde. Amen.

Textus. Maleachi, Cap. 2, v. 7. (Ohne das Vater Unser zu beten, und ohne Eintheilung der Prebigt.)

A   Der

Der Prophet Maleachi spricht im 2ten Capitel seiner Weissagung, im 7ten Vers, also: des Priesters Lippen sollen die lehre bewahren, daß man aus seinem Munde das Gesetz suche, denn er ist ein Engel des Herrn Zebaoth. Allein wie kann der Priester die lehre bewahren, wenn sie zu ihm kommen und lassen sich Jungfer kündigen und sind Huren? Wie kann denn der Priester die lehre bewahren, da das Pöbel kömmt und lügt ihm vor, sie sagen, sie sind Jungfern und sind Huren? Muß denn der Priester nicht zum Lügner werden? Aber ich will noch die Huren und diebischen Weiber aus Gingst herausfegen. Ich darf ja nur an Sr. Durchlaucht schreiben, sonst muß ich ja lügen an dieser Stätte predigen, und nicht die Wahrheit. Sie meynen, wenn sie nur dort in den verfluchten Beichtstuhl mit ihrem verdammten Groschen kommen, und mir die Beichte vorplappern; dann meynen sie, soll ich ihnen die Sünden vergeben, aber sie kommen mir nur; ich will sie ganz auf eine andere Art kriegen!

Eben so macht es hier der Pöbel in Gingst, da hier nun die Pocken grassiren, so kommen sie nicht zu mir und fragen, was ihren Kindern, die die Pocken haben, gut und nützlich ist; da läßt das Pöbel nur den Schaafmist von mir holen, und den Schaafkoth geben sie ihre Kinder zu fressen. Das soll den Kindern für die Pocken gut seyn; wenn der Gingster Pöbel noch zu mir, oder zu sol-

chen

chen Leuten kämen, die es wüßten, was den Kindern bey der Pockenkrankheit gut und nützlich wäre? Es kommt auch keiner, so sich erkundiget, wie ich es mache, daß mein Junge, mit den Pocken im Gesicht, sich auf dem Eise picken kann?

Die Bürgster sollten mir nur den Schaafmist auf dem Acker lassen, denn ich kann ja den Schaaf-dung besser auf dem Acker brauchen, als daß der Pöbel seinen Kindern solchen zu fressen giebt, denn sie wissen es nicht, daß es den Kindern ein Gift ist. (Nun kriegte der Herr Präpositus einen Bogen Papier aus der Tasche, und las davon ab folgendes:)

Weil der Kerl da, in Greifswalde, der Mammonsknecht, sich um sein Amt und um die Schulen gar nicht bekümmert, so entsage ich mich hiermit gänzlich der Bothmäßigkeit des Superintendenten in Greifswalde, eines solchen Geißhalses, und fordre diese ganze christliche Versammlung zu Zeugen auf, daß ich mit meiner ganzen Diöces unter dem Befehl des Kerls in Greifswalde nicht mehr stehn will. Denn es stehet geschrieben im 132sten Psalm: Deine Priester laß sich kleiden mit Gerechtigkeit — der seinen 15jährigen Sohn zum Edelmann machen läßt und kauft ihm grosse Edelgüther. Ich aber bin hier euer Präpositus, das heißt auf deutsch: ein Vorgesetzter, und ich will hier ein neues Leibregiment Christen anlegen, und dann will ich euer Obrister seyn, und der Durch-

A 2   lauch-

auchtigfte Fürſt in Stralſund, der edle Mann
und Fürſt Friedrich Willhelm von Heſſenſtein ſoll
Chef ſeyn; und ich will einen jungen ſchnellen Boten, noch heute, mit dieſer ſchriftlichen Verord-
nung an Sr. Durchlaucht nach Stralſund ſenden,
und der ſoll dieſen Brief an den Durchlauchtigſten
Fürſten übergeben, und dieſe Schrift ſelbſt über-
reichen an Se. Durchl. den Fürſten v. Heſſenſtein,
und das ſoll der junge Herr Carl von Platen ſeyn,
der dieſe Schrift noch heute nach Stralſund an den
Durchlauchtigſten Fürſten bringen ſoll.

Es ſchicket ſich aber nicht allzugut, daß ein
Prediger einen jungen Edelmann, der nicht ſeine
männlichen Jahre erreicht hat, Befehl gebe; daher ſollte der Hochwohlgebohrne Herr Oberforſtmeiſter von Barneckow, dem jungen Herrn Carl
von Platen dieſe Sache auftragen, weil aber der
Herr Oberforſtmeiſter von Barneckow anjetzt nicht
als Zeuge gegenwärtig iſt, ſo ſoll es der Herr Cor-
nett Geſemann thun.

Denn der König von Schweden, Guſtabus
der Zweite, hätte mir ja keine Uhr gegeben, wenn
ich nicht als Obriſter eines Leibregiments dienen
ſollte, aber die Uhr iſt das Handgeld, und ich will
auch, ſo wahr mir Gott helfen ſoll! dem König Gu-
ſtav dem Zweiten, bis auf den letzten Blutstropfen
dienen; und denn ſollte ich mir von ſolchem Kerl,
als der in Greifswalde iſt, befehlen laſſen, von ſolchem Schurken, der ſeinen Sohn zum Edelmannn
machen

machen läßt, ich, da ich der Obriste des Leibregi
ments bin, worüber der Durchlauchtigste Fürst in
Stralsund Chef ist, darum so der junge schnelle
Bote nicht heute reiten will, so will ich selbst rei
ten. Ich weiß es schon, daß die Gingster mit mir
processiren wollen, aber ich will dem hiesigen Pö
bel weisen, daß ich ihr Präpositus und ihr Vorge
setzter bin; aber ich will nicht mit ihnen processi
ren, denn ich weiß wohl, daß sich hier schon Prie
ster todt geärgert haben, und nun kommen sie mit
ihren verdammten lügen, und ich muß mich noch
vor meinem funfzigsten Jahr hier todt quälen.

Ich habe nun hier schon funfzehn Jahre die
Passionsandachten, so viel mir meine Kräfte zuge
lassen haben, gehalten, allein die mehreste Zeit vor
ein paar alten Weibern predigen müssen, und die
leeren Bänke vor mir gesehen, und dabey meine
Gesundheit, leben, Muth und Blut zugesetzet.
Wer hat also wohl die Schuld, wenn der Priester
lügen predigen muß?

Aber ich will nun wohl bessere Ordnung halten,
und so wahr wie Gott im Himmel lebt! will ich
mich der Sachen besser annehmen, die Gingster
können mich nur verklagen; aber wo wollen sie mich
verklagen? Bei Sr. Durchlaucht, oder bey dem
König Gustav dem Zweiten? denn nach dem Kö
niglichen Amtshauptmann können sie nur hingehen,
der ist mein guter Freund, und ich will mich doch
nicht in einen Proceß geben. (Nun wandte sich

A 3   der

der Herr Präpositus mit dem Bogen Papier in der Hand gegen den Küster Westgard, und fing nachfolgendes zu lesen an.)

Weil nun die Küster allenthalben so viel Branntwein saufen, und der hiesige Küster Carl Gustav Westgard, ein rechter aufrichtiger Lehrer und redlicher Mann, ein liebreicher Ehegatte gegen seine Frau, und ein rechtschaffener Vater gegen seine Kinder ist, so will ich ihn, den Küster Westgard hiermit bey dem neuen Leibregiment Christen, zum Obristwachtmeister, verordnen. Ist er gesonnen, das Amt, redlich und getreu als Obristwachtmeister, bei dem neuen Leibregiment, wobei der Fürst in Stralsund Chef ist, anzutreten? (worauf aber nicht geantwortet wurde.) Westgard hört er nicht? kennt er den Fürsten nicht? antwortet er mir nicht? kennet er ihn nicht? (allein es erfolgte gar keine Antwort.)

Ich Picht! bin hier Präpositus, und Obrister des Fürsten, bey seiner Leibcompagnie, und der gute Geist Gottes redet aus mir, denn des Priesters Lippen sollen die Lehre bewahren, daß man aus seinem Munde das Gesetz suche, denn er ist ein Engel des Herrn Zebaoth. Die Zunge des Priesters ist sein Schwerdt. Meine Zunge ist ein scharfes zweischneidiges Schwerdt, und durchdringet Seel und Geist. Amen.

Ich will doch noch Priester hier bleiben, und euer Präpositus, und das heißt auf deutsch: ein

Vor-

Vorgesetzter, und will doch noch Beicht'sitzen, und prebigen will ich, wenn ich auch auf die Kanzel Friechen soll. Wenn die Kinder sollen eingesegnet werden, denn will ich sie examiniren, da sollen gar Feine Einfältige und Unwissende hinzugelassen werden, sondern die nichts wissen, die will ich dort hinaustreiben, und die guten frommen Kinder, die will ich einseegnen, so wie ich den reichen, vornehmen Mann eingeseegnet habe, hier vor dem Altare.

Als wir mit der Leiche in der schönsten Pracht waren, und in bester Majestät daher zogen, die ehrlichen Bauern ritten mit schönster Anstalt beiher, und die hochadelichen Herren des Gefolges waren mit ihren besten Kleidern und Zierde angethan: aber wie wir hier in Gingst in die Kirche kamen, so mußte der Pöbel, hier im öffentlichen Gotteshause, solchen Spectakel und Rumor machen.

Was die vornehmen hochadelichen Herren davon wohl gedacht haben? Ich weiß, daß sie sich alle rechtschaffen geärgert haben, denn ich habe mich zum wenigsten damals aufs ausserste geärgert. Aber sie mögen sagen, was sie wollen, der reiche, vornehme Herr, der damals beerdiget ward, daß der sælig geworden ist, dafür stehe ich ein, denn ich hebe ihn ja hier vor dem Altare zur seeligen Ewigkeit und zur freudigen Auferstehung von den Todten eingeseegnet eine solche Ehre kann nur solchen frommen, reichen und vornehmen Leuten zukom-

men,

men, denn das andere Pöbel wird nur so um die
Kirche geschleppt, aber den reichen, vornehmen
Mann, der damals beerdiget ward, habe ich hier
vor dem Altare zur ewigen Seeligkeit eingeseegnet,
und der Durchlauchtigste Fürst soll auch noch hier
kommen und den Kirchhof besehen.

Auch soll noch am bevorstehenden Sonntage
ein feyerliches Dankfest gehalten werden, wegen
des seeligen Herrn Cammerherrn v. der lanken, und
Vormittags Gott gelobt und gedankt werden, und
Nachmittags können die leute in ihren Häusern mit
ihren Familien tanzen und spielen mit ihren Haus-
genossen und sich lustig machen.

Also ist auch eine Sache bekannt von dem
Buche des Schuster Friedrich Henning, so er be-
titelt hat: Reiner Krystallstrom; welches alle Gingster gelesen, und worinnen er die Priester aufs
ärgste heruntermacht und schimpfet sie vor Schalks-
knechte, Bälge, lügner und Mammonsknechte;
allein sagt nicht der Prophet Maleachi: Die lippen
des Priesters sollen die lehre bewahren, aber wie
ist es möglich, daß die Priester die lehre bewahren
können, wenn sie auf solche Art behandelt werden

Es ist euch doch noch wohl bekannt, wie ich
vor vier Jahren an meinem Verstande verworren
war, und das Blut in mir damals so in Heftigkeit
gerathen war, daß ich meine eigne Glieder nich; in
meiner Macht hatte, und ich euch selbst bat, daß
sie mich binden mußtet.

Bat

Bat ich euch nicht, daß ihr mich solltet binden? Das kam damals von meinem bösen Gewissen
her, und von den Unordnungen, die ich gemacht
hatte, und von den Verwirrungen, worin ich mich
zu der Zeit befand.

Ich weiß es auch wohl, daß ihr nun wieder
hingeht, wenn ihr aus der Kirche kommt, und sagt:
unser Priester ist nun wieder närrisch worden, das
weiß ich alles recht sehr wohl, aber ihr mögt nur
hingehen und sagen, was ihr wollt, ich weiß doch
wohl, daß ich ein getreuer Obrister bin unter den
acht Compagnien des Leibregiments unsers Fürsten
und dabey will ich auch bleiben, so wahr Gott im
Himmel lebt! und will dem König dienen als ein
getreuer Deutscher und Schwede zusammen, und
will mich davon nichts abbringen lassen, noch mich
davon abwenden, so lange ich das Leben habe. x.

II.

Beschluß des Aufsatzes: Geschichte meiner
Verirrungen an Herrn Pastor W***
in H***.

Unter der Hand bewarb ich mich nun wieder um
Kollegien-Abschreiben. Dadurch bekam ich wieder
Zutritt, und manches gute Buch geliehen. Jetzt
las ich nicht mehr bloß Romane (am allerwenigsten

A 5   mehr

mehr empfindsame —) Ich las alte und neue Dichter, Lust- und Trauerspiele, besonders letztere am
liebsten, so wie ich überhaupt mehr Gefühl fürs
Ernste, Rührende als fürs Komische, Tändelnde
habe. Ich suchte meine Sprache zu bilden, indem
ich mir das Eigenthümliche eines Verfassers dadurch deutlich machte, daß ich ihn mit andern verglich; ihre Wortfügung, ihren Periodenbau bemerkte. Ich fing an, mir selbst kleine Aufsätze zu
machen; mir ein gewisses Thema aufzugeben, worüber ich schon viel gelesen. Das brachte ich nun
nach meiner Art zu Papier; nur schade! daß ich
keinen Freund hatte, der meine Gedanken recensirt
hätte. Ich machte mir Auszüge aus Büchern über
Gegenstände der Religion, Philosophie, Natur-
geschichte und Naturlehre. Besonders fand ich viel
Vergnügen in Büchern, worinnen ich Bemerkungen übers menschliche Herz fand. In diesen habe
ich viel und fleißig gelesen. Niemeiers Charakte-
ristik der Bibel; die Faramondsche Familienge-
schichte; Franz von Kronenburgs und Ernst Gra-
to's Briefe zur Beförderung der Menschenkenntniß.
Wagenseils Beiträge zur Weisheit und Menschenkenntniß; Tagebücher über sich selbst u. a. m. Auch
über Erziehung habe ich viel gelesen, und sie wurde,
da sie so genau mit der Menschenkenntniß verwandt
ist, bald mein Lieblingsstudium. Auch fing ich
einmal Bemerkungen über mich selbst aufzusetzen;
allein die anhaltenden Unruhen meiner Seele mach-

ten

ten mich zum Beobachten unfähig. — Zudem hatte ich nicht Selbstüberwindung genug; vielleicht
fehlte es mir auch noch an Wahrheitsliebe — und
so blieb es wieder liegen.

Aber diese neue Wendung meiner Fähigkeiten
hat mich auch wieder auf Abwege geleitet. Ich
kann mich von dem Zweifel nicht befreien: daß den
Menschen so viel sollte zugerechnet werden können,
als man gewöhnlich glaubt. Wie vieles hängt
nicht von seiner Erziehung, Umgang und andern
zufälligen Dingen ab, wofür er gar nicht kann.
Die Worte Christi: Richtet nicht! scheinen überhaupt die Unzulänglichkeit menschlicher Urtheile, und
selbst eine äußerst billige Beurtheilung Gottes an-
zudeuten. — Mich kränkts, wenn Menschen sich
mit frecher Stirn hinstellen, und über menschliche
Handlungen urtheilen, ohne das Ganze ihres Lebens, und seiner einzelnen Theile überschaut zu haben. Und manche Handlung, die in spätern Jahren geschieht, hat ihren Grund oft in der vorberei-
tenden Bildung, in dem Umgange mit diesem und
jenem; ist also oft Folge, nothwendige Folge. —
Daher kommts, daß Menschenkenner auch meistens
billig und gelinde urtheilen. Ja selbst auf mich hat
mein bischen Lektüre dieser Art ähnliche Wirkung
gehabt.

Gutes und böses Herz werden wohl angeboren,
ob ich gleich nicht läugne, daß auch Erziehung seinen grossen Theil daran hat. Und wer theilte dieses

ses gute und böse Herz aus; wer ließ solche Eräug-
nisse zu, daß der Mensch mit wenigerer Anlage des
Herzens — nothwendig noch schlimmer werden
mußte? Sehen Sie hier die Klippe, woran ich
scheitere; die mich mit Zweifel gegen die allgemeine Güte Gottes erfüllt. „Sie gehören zum
Ganzen" sagt der Philosoph. Gut! so sind sie
nöthig und können also unmöglich ganz verworfen
werden. — Aber auch dieß ist ja schon Unglück für
sie, und scheint es nicht eine gewisse Partheilichkeit
in der freien Willkühr Gottes anzukündigen? Wer
befreiet mich von diesem Zweifel? Und selbst die
Erfahrung scheint zu bestätigen, daß das gute, so
wie das böse Herz angeboren wird; denn wird nicht
das gute Herz auch bei seinen gröbsten Vergehun-
gen einen Schimmer desselben blicken lassen?. Wird
es so tief sinken, daß es so wie das böse, einen
wirklichen Wohlgefallen an seinen Lastern, eine gewisse Schadenfreude dabei empfinden wird? Menschen zu quälen; aus Lust sie zu quälen, dazu gehört der größte Grad von Bosheit, deren ein
gutes Herz nicht fähig ist. Obiger Zweifel hat vielen Einfluß in mein künftiges Leben gehabt: denn
ich habe mich nie zu demjenigen Vertrauen auf die
göttliche Güte und ihre allgemeine Vorsorge erheben
können, welches die Religion verlangt. Meine
besondern Schicksaale, meine so vielfältig fehlge-
schlagenen Hofnungen, und mein anhaltendes Elend
haben auch viel dazu beigetragen.

Unter

Unter diesen Beschäftigungen vergingen wieder
zwei Jahr. Ich sahe mich überall nach Hülfe um;
nach einem zweckmäßigern Leben, denn ich wurde
ja immer älter. Durch Zufall erhielt ich eine ge-
druckte Nachricht von einem neu errichteten Schul-
meister-Seminario zu H***. Ich las es mit innigem Vergnügen: denn mein Herz wird bei jedem
Schritt, welchen die Menschheit zu ihrer Vervoll-
kommung thut, empfindlich gerührt. In mir entstand der Wunsch, darinnen aufgenommen zu werden. Ich schrieb an den Aufseher desselben, schilderte ihm meine Lage und bat um Aufnahme. Ich
erhielt bald Antwort. „Wenn Sie der sind, welchen ich aus ihrem Briefe haben kennen lernen, so
eilen Sie zu mir," hieß es darinn. Allein mir
fehlte Equipage. Das erstemal in meinem Leben
überwand ich mich, und schrieb an einige würdige
Männer meiner Vaterstadt und bat um Unterstützung bei meinem Vorhaben. Ich erhielt sie, und
— dürfte ich sie doch nennen, diese Redlichen —
aber gewisse Umstände verbieten mirs. Aber meinen heißen innigen Dank nehmt hin Ihr Edle! In
meinem Herzen wohnt Euer Andenken und Gott
wirds Euch längst vergolten haben: denn durch
Euch erhielt ich doch wieder auf einige Zeit, wenns
weiter nichts war, die nöthigsten Bedürfnisse des
Lebens: Kleidung und Wäsche.

Der Aufseher des Instituts schrieb mir wieder,
und diesen Brief erhielt ich durch dessen Bruder;
ver-

vermuthlich in der Abſicht, mich auch perſönlich
kennen zu lernen. Er mochte nun meinen körperlichen Fehler geſehen, und es ſeinem Bruder ge-
meldet haben; kurz darauf erhielt ich die Nachricht: „er könne mich wegen meines körperlichen
„Fehlers unmöglich annehmen; weil es die Grund-
„ſätze des Inſtituts keinesweges geſtatteten; er
„bedaure übrigens, daß ich meine neue Ausſicht
„wieder verſchwinden ſehen mußte.‟ Und ſo war
ich wieder der Elende, Verlaſſene; deſſen körper-
licher Fehler ihn nun zum zweitenmale an ſeinem
Glücke hinderte. ——

Um aber das Kränkende einer fehlgeſchlagenen
Hofnung bei einem ſo äuſſerſt Unglücklichen einigermaſſen zu mildern, ſo meldete mir der Herr Auf-
ſeher, der Hr. Domh. v. R** würde mich in
meinen elenden Umſtänden einigermaſſen unter-
ſtützen. Ich erhielt kurz darauf einen Dukaten.
Mir war dieſe Hülfe dazumal um ſo nöthiger: da
mich der Gedanke: „ſo nimmt doch noch Ein
Menſch Antheil an deinem Leiden,‟ von der gänzlichen Muthloſigkeit und Verzweiflung, die ich,
ſchon mit raſchen Schritten ſich mir nähern ſahe,
einigermaßen befreite. Denn ich habe mehr als
einmal empfunden, wie leicht ſich das gepreßte Herz
wieder auf den reizenden Hügel der Hofnung erhebt, wovon es fehlgeſchlagene Erwartung verdrängt hat. Und ich glaube, mancher Unglückliche würde nicht ein Raub der Verzweiflung ge-

worden

worden seyn, wenn seine Brüder nicht ihre Herzen
vor ihm verschlossen gehalten, und den sanften Trieben des Mitleids Gehör gegeben hätten, wenn sie
ihm auch keinesweges thätige Hülfe leisten könnten.

Nein, nie will ich dir, du Unglücklicher! der
du vom Schicksaal verfolgt nirgends keine Rettung
mehr siehst, wenn du mir im Gange des Lebens
aufstößest, (wenn ich weiter auch nichts für dich thun
kann) dir mein Mitleid versagen. Und wenn ich
dir auch nur auf einige Augenblicke den Standpunkt
verrückte, aus welchem deine geschwärzte Phantasie dein Loos ansieht — so hab ich schon gewonnen,
und vielleicht hebt ein künftig günstiger Augenblick
dein niedergedrücktes Herz vollends wieder empor.

Kurz darauf erhielt ich wieder einen Dukaten.
Dieß steigerte meine Hofnung noch höher. Und
da der Geber desselben (wie vielleicht jedem bekannt
ist) ein Mann von dem besten Herzen und ausge-
breitetsten Wirkungskreise ist, so erhielt ich denjenigen hohen Grad von Zutrauen zu ihm, welchen
wir nur erhalten, wenn wir genau wissen, daß
der, an welchen wir uns wenden wollen, Kraft
genug hat, seinen Willen in That zu verwandeln,
— und wozu noch kam, daß er selbst ein grosser
Beförderer der von mir einmal erwählten Laufbahn
(die ich immer noch nicht aufgegeben hatte) ist.
Aber ich wollte mir seine Fürsorge nicht erschlei-
chen; noch weniger ihm vorschreiben, wozu ich
mich wünschte emploirt zu sehen. Deswegen schrieb
ich

ich einen ziemlich langen Brief und schilderte ihm
meinen ganzen Charakter, so weit ich mich selbst
kenne. Ich verschwieg keine meiner Schwächen.
Ich bekannte, daß ich stolz, leichtsinnig und sehr
empfindlich sei. Daß ich mir einen Weg wünschte
angewiesen zu sehen, auf welchem ich meine guten
Anlagen ausbilden, und die Fehler meines Temperaments und meiner Erziehung unschädlicher machen könnte. Ich schloß so, wenn er dich ganz
kennt, so weiß er am besten, wozu du taugst, und
wenn du sonst wozu zu gebrauchen bist, so ist in
ihm so viel Willen mit That vereinigt, daß er dir
helfen wird.

Die Antwort blieb außen. Ich schrieb wieder und bat um gütige Antwort, und — ich erhielt
sie mit einem louisd'or und der Erklärung: er ver-
bäte sich fernere Correspondenz und er würde mir,
sobald sich Aussichten für mich zeigten, es selbst
melden.

Ich weiß es nicht, war ich zu zudringlich;
hatte ihn etwas in meinem Briefe mißfallen; genug
ich nahm, da ich zumal just in einer üblen Laune
war, als ich den Brief erhielt, dieses Verbitten fer-
nerer Correspondenz als ein Zeichen der Verachtung an. Mein Stolz fühlte sich erschrecklich ge-
demüthiget. Man nehme noch dazu: wieder ver-
eitelte Hofnung, und man wird mirs verzeihen,
wenn ich schief sahe. War es denn sehr zu ver-
wundern, daß ein Mann, wie er, der gewiß einen

sehr

sehr weitläuftigen Briefwechsel hat, meine Briefe
verbat? Ich glaubte Zorn in seinem Briefe zu se=
hen; da es doch weiter nichts als die Sprache
des Wohlthäters gegen den Dürftigen war; die
Sprache eines Vornehmen, der sich seiner Grösse
bewußt ist — gegen einen stolzen Armen, den
herablassender Ton von einem höhern, nur Nah=
rung seines Stolzes würde gewesen seyn. So
suchte ich mirs bei kälterm Blute zu erklären, und
man wird sehen, daß auch hieran mein Stolz wie=
der grossen Antheil hatte: denn ich suchte bald den
Gedanken von Verachtung wieder zu verscheuchen.

Indessen bewieß es die Folge, daß der Herr
v. R** keinesweges zornig auf mich war. Ehe
ich aber dieß beweise, muß ich mehrere Vorfälle
nachholen.

Ich wurde mit einem jungen B** bekannt,
mit dem ich bald sehr vertraut wurde. Er bere=
dete mich mit ihm zu seinem Vater zu reisen, der
in der Altmark auf einem Dorfe Kantor war, und
da ich wenig zu versäumen hatte, auch wirklich in
meiner Lage Zerstreuung bedurfte, und auf einige
Tage ohne Nahrungssorge seyn sollte, so ergrif
ichs mit beiden Händen — Wir hielten uns vier=
zehn Tage auf. Sein Vater, ein alter würdiger
Mann, dem ich gefallen mochte, frug mich einst
im Scherz, ob ich sein Substitut werden wollte?
Ich sagte mit Freuden: Ja! Es ist keine Orgel
hier, fuhr er fort, allein der Edelmann hat ein

Positiv stehen, welches er nach meinem Tode, da
ich nicht musikalisch bin, oder wenn ich Alters wegen den Dienst nicht mehr versehen kann, will
in die Kirche setzen lassen. Wenn Sie daher Musik verstünden, so glaubte ichs wohl dahin zu bringen, daß Sie mein Nachfolger würden. Schon
wieder eine neue Hofnung! dachte ich, aber wenig
Aussichten dazu, (denn wo sollte ich die Kenntniß des Klaviers hernehmen) und reißte mit meinem Freund wieder ab.

Ich kehrte nun zu meinem alten Elende wieder
zurück. Meine Bedürfnisse waren zwar wenig;
allein auch diese wenigen konnte ich mir nicht verschaffen. Bange Sorgen der Zukunft — Mangel an Unterhalt, keine Beschäftigung, nichts, daß
meine Seele in Thätigkeit setzen konnte; mein Leben war sehr einförmig. Es wurde mir eine In-
formation angetragen bei einem hiesigen Bürger,
der in einer angenehmen Gegend ein Gasthaus hielt.
Ich hielt meine Stunde des Nachmittags, weil
da immer Gesellschaft war, und ich das gesellschaftliche Leben liebe. Nach der Stunde unterhielt ich
mich denn mit diesem und jenen; um auf eine Zeitlang mein Elend zu vergessen. Ich blieb da gewöhnlich bis 10 Uhr Abends. Ich ließ nicht leicht
einen unangeredet weggehen, und da ich von allem
möglichen sprechen konnte, so hatte ich immer
Stoff zur Unterredung. Meine Lern- und Forsch-
begierde war beinahe zur Leidenschaft geworden.

Ich

Ich beobachtete genau die Reden und Handlungen
andrer, und verglich sie oft zusammen. Da bekam ich denn manchen Auffchluß übers menschliche
Herz, daß ich mir dann aufzeichnete, und dann
nicht selten bei ähnlichen Eräugnissen wieder richtig
anwenden konnte! Allein eben diese große Forsch-
begierde verursachte bei mir oft den Fehler der Zu-
dringlichkeit; gute Menschen besonders ziehen mich
unaufhaltsam an sich. Haben sie noch überdem
den Vortheil, daß sie leidende sind, so bin ich
nicht abzuhalten: ich suche mich ihnen verbindlich
zu machen. Hätte ich denn nur Kräfte genug, um
ihnen zu dienen; ihrer Leiden weniger zu machen,
aber leider! ich bin selbst unglücklich, und da ich
denn doch etwas für sie thun will, so nimmt dieser
Trieb eine falsche Richtung, und ich opfere dann
in meiner Begeistrung grosse Pflichten kleinern auf.

Man wird diese Anmerkung, (die man mir
erlauben wird, weil doch nur jeder selbst im Stande ist, die alleinigen Bewegungsgründe seiner Handlungen anzugeben) in der Folge bestätiget finden.

Unter andern Gästen, die da hinkamen, um
sich zu vergnügen, zog besonders ein junges aber
ganz ungleiches Paar meine ganze Aufmerksamkeit
an sich. Stellen Sie sich einen Mann vor, von
ungefähr 28 bis 30 Jahren, mit einer bleichen Gesichtsfarbe, eingefallenen Augen und Schläfen mit
einem engbrüstigen Odem, den ein nicht seltener

heftig-

heftiger Husten ganz ausser aller Lebenskraft setzte.
Mit langen Fingern, daran die Nägel blau und
weit über das Fleisch überstunden, und Füssen, die
die stillen Zeugen einer übel vollbrachten Jugend
waren. — Kurz ein Mann, dessen Aeusseres seinem Alter die ärgste Satire war. Seine Frau,
ein junges feuriges Weib von einigen 20 Jahren,
von starken robusten Körper, der von Gesundheit
glühte. Mit einer recht ehrlichen Miene und einem
ganz hübschen blauen Auge, das aber etwas schwer-
müthiges und unzufriednes verrieth. Uebrigens
einen guten Wuchs und einen ausserordentlich schönen Fuß. Wie abstechend gegen ihren Gatten!
Und wie ganz dazu geschaffen, meine ganze Aufmerksamkeit und mein Mitleid rege zu machen.
Ich ließ mich mit beiden in Gespräch ein, und da
die Gesellschaft zahlreich war, so wußte ich bald
das Gespräch auf die Ehen zu lenken. Ich thats
aus der Absicht, um zu sehen, wie sie sich dabei
nehmen würde, weil ich gleich beim ersten Anblick
— das Urtheil gefällt hatte, daß ihre Ehe eben
nicht die glücklichste seyn könnte. Ich sahe sie seufzen und ihren Gatten eine mürrische Miene annehmen — dieß war Wink genug für mich und
ich brach ab. Unterdessen zerstreute sich die Gesellschaft, und ihr Gatte entfernte sich zu einer
Spielpärthie. Jetzt waren wir allein. Meine
Neugierde, vielleicht auch eine dunkele Empfindung
— und mein Mitleid, das schon rege gemacht war,

trie-

trieben mich an, sie zu fragen: was ihr fehle? Sie schlug die Augen nieder und schwieg. Dadurch noch mehr angefrischt (wars nicht unverschämt?) drang ich weiter in sie. Endlich sagte sie: Sie können mir doch nicht helfen. „Aber doch „vielleicht einen guten Rath ertheilen, liebes „Weibchen!“ und indem ich ihre Hand ergriff, „ich sehe, Sie haben Kummer; entdecken Sie „sich mir. “ Sie sah mich hierauf starr an. Den Ton, mit welchem ich das sagte, mochte Eingang in ihr Herz gefunden haben. Sie wollte eben ihren Mund öfnen, als sie ihr Gatte hinausrief, und mir schien es, als wenn seine Augen mich durchforschten — doch die Folge bewieß, daß ich mich geirrt hatte.

Ich konnte sie nun diesen Tag nicht wieder allein sprechen, denn sie gingen kurz darauf nach Hause.

Ein gewisser H***, der sich auch immer an diesem Orte befand, und mit welchem ich eine Art von Freundschaft errichtet hatte, weil er ein offner Kopf war und kein schlechtes Herz hatte, hatte auch seine Bemerkungen über dieses Paar gemacht und theilte sie mir mit. Er war ein Naturalist und hatte den Grundsatz: die Natur ließe sich nicht zwingen. Ich mochte ihm diesen Satz bestreiten, wie ich wollte, so blieb er bei seinem Kopf. „Sehen Sie nur, sagte er, dieses gute Weib ist unglücklich in der Ehe; ihr Mann ist ihr zu wenig,

B 3 (Sie

(Sie müssen sich an seine Ausbrücke nicht stoßen)
daher entsteht ihre Traurigkeit." Aber woher
weiß er denn das so gewiß? sagte ich. „Ei nun,
sehen Sie nur, fuhr er fort, seinen und ihren Körper an; wie will ein solcher ausgemergelter Körper
(ich muß seinen Ausbruck ändern) dem ihrigen
Freuden gewähren?" Und warum, muß es denn
just thierischer Trieb seyn? Können nicht noch andere Ursachen ihrer Traurigkeit da seyn? Ihr Charakter stimmt vielleicht mit dem Seinigen nicht;
sie hat vielleicht einen andern geliebt; und hat diesen aus Privatabsichten nehmen müssen. „Es wird
sich ausweisen, sagte er, wer recht hat."

Nun konnte ich nicht ruhen noch rasten: ich
mußte ihre geheime Geschichte wissen. Und da ich
einige Tage wegen anderer Abhaltungen nicht hinauskommen konnte, so schrieb ich ein Billet, gab
es meinem Naturalisten, und bat ihn, er möchte es
ihr heimlich zustellen. Dieses Billet enthielt nichts
als: Bedauerungen, Anerbietung meiner Freundschaft (was konnte ihr diese in meinem eingeschränk-
ten Kreise wohl helfen!) und Angelobung völliger
Verschwiegenheit, im Fall sie mich zu ihrem Ver-
trauten machen wollte. Am Ende bat ich sie, mir
einen Ort zu bestimmen, wo ich sie ohne Zeugen
sprechen konnte.

Als ich wieder hinkam, so war der Brief
schon den Tag vorher übergeben worden. „Sie
hätten nur sehen sollen, sagte mein Abgeordneter, wie
sie

sie so begierig darnach griff, und mit welcher Freude sie ihn an einem unbemerkten Orte las. Tau-
sendmal frug sie mich: ob Sie nicht selbst heraus-
kämen. Sehen Sie, daß ich recht habe." Ich
hatte genug zu thun, um ihm Einhalt zu thun,
denn mir wollte es immer noch nicht recht im Kopf,
daß eine Frau sich so leicht einem andern überlassen
sollte, von dem sie glauben könnte, daß er sie auf
bloß physische Art schadlos halten würde. — Freilich ich gestehe es gern, war ich zu einer andern
Zeit — wieder geneigter es zu glauben; es entstanden in mir gewisse Empfindungen, die mich
wahrscheinlich vermuthen liessen: denn man schließt
immer von sich gern auf Andre; — allein ich
rechnete auch wirklich viel auf weibliche Schaam,
und die Folge bewieß, daß dieser Schutzengel weiblicher Tugend auch durch die nachläßigste Erziehung
nicht, und nur durch böses Beispiel verdrängt wird.

Auf den Tag harrte ich sehnlich, wenn ich
sie selbst sehen würde; denn da hofte ich auf Antwort. Der Tag erschien, und mein Herz klopfte
wie ein Hammer, als ich sie sahe ankommen. Sie
wurde roth, als sie mich ansahe, und da wir nicht
bemerkt wurden, so lispelte sie mir zu: kommen
Sie künftigen Sonntag früh um acht Uhr zu mir.
Ueber diese Einladung erschrack ich herzlich; denn
die hatt' ich mir gar nicht vermuthet. Doch faßte ich mich; nur hütete ich mich, ihr in die Augen zu sehen, denn ich fühlte, daß mein Gesicht

B 4   glüh-

glühte. — Auch sahe ich jetzt nicht mehr das lei-
bende — sondern das willige, ausschweifende Weib.
Aber diese Denkungsart verschwand bald, nachdem
ich näher von ihrer schlimmen Lage unterrichtet war,
und mein Mitleid wuchs bis zu einer erstaunen-
den Höhe.

O wie oft ist mir aus Meißners Gedicht:
Noch hab' ich nie gefunden, die meine Seele sucht,
die Stelle daraus eingefallen, die so ganz für
mich paßte:

> Sah' manches holde Weibchen
>   verknüpft mit Alberts Hand;
> beseufzte sie und bebte
>   für meine Ruh und schwand.
>
> Schwand hin, wie Frühlings Wölkchen
>   am Himmel leis' entfliehn;
> denn in des Mitleids Nähe
>   sah' ich die Liebe glühn —

Wie wahr die letzten Strophen, und wie treffend für mich. Ja, fliehn hätte ich sollen, aber
ich blieb — und mein weiches Herz riß mich hin
und jetzt seh' ich's erst ein, wie wahr Gellert geschrieben:

> Oft kleiden sich des Lasters Triebe,
>   in die Gestalt erlaubter Liebe
>   und du erblickst nicht die Gefahr?
>
> Ein langer Umgang macht uns freier,
>   und oft wird ein verborgnes Feuer,
>   aus dem, was anfangs Freundschaft war.

Der

Der Sonntag kam, und mit klopfendem Herzen ging ich hin. Sie empfing mich mit einer sehr guten Art und nach einigen gewechselten Höflichkeiten fing sie ihre Erzählung an: Um das schwerfällige in der Erzählung zu meiden, will ich sie selbst reden lassen:

Ich habe, fing sie an, meinen Mann bloß aus Verzweiflung geheirathet, um der üblen Begegnung meines schlechten Bruders zu entgehen. Ich habe viel gute Vorschläge gehabt, aber mein Bruder, der lieber gesehen hätte, wenn ich gestorben wäre, damit sein Erbtheil desto grösser geworden, wußte sie alle zu hintertreiben. Ich wurde mit meinem jetzigen Manne bei einer Hochzeit bekannt, und da seine Brust dazumal noch nicht so übel war, als jetzt, so ließ ich mir seine Anträge, mich zu heirathen, gefallen. Ich konnte, wenn ich heirathete, auf 70 Rthlr. Rechnung machen, denn von meinen Eltern hatte ich wenig zu hoffen. Er hatte kein Vermögen, und da er sich sehr gut stellte, so beschloß ich, das Geld zu seiner Etablirung und zur Erlegung der gewöhnlichen Gebühren zu seiner Aufnahme ins Metier herzugeben. Man verwarf sein erstes Meisterstück, und da ich schon 40 Rthlr. darzu geliehen hatte, so mußte ich mich zu einem zweiten entschließen. Mein Bruder wendete nun alles an, um unsere Verbindung zu hintertreiben und suchte mir ihn auf alle mögliche Art verhaßt zu machen; allein ich war hartnäckig

B 5

nådig und setzte es durch. Schuldig war ich ein=
mal; wie wollte ich das Geld bezahlen, wenn ich
ihn nicht nahm? Ich fing also meinen Eheſtand
mit Schulden an. Wir lebten ſo einige Jahre,
ohne hinlängliche Arbeit zu haben; wir mußten
also noch immer zuſetzen, und alſo immer tiefer
in Schulden gerathen. Unter der Zeit gerieth ſeine
Geſundheit immer mehr in Abnahme, und er wur=
de von Tage zu Tage eigenſinniger, ſo wie er es
auch noch jetzt iſt. Nichts kann ich ihm mehr recht
machen; alles tadelt er, iſt ihm verdrießlich, und
da ich von meinen Eltern eben nicht zu großen Ge=
ſchicklichkeiten bin angehalten worden, ſo hat er
zwar freilich in manchen Stücken recht; allein er
hat ja dieß gewußt, denn ich hab' ihm kein Ge=
heimniß daraus gemacht. Jetzt anſtatt mir meine
Fehler in Güte zu ſagen, thut ers mit den härte=
ſten Worten, wirft mir meine Unwiſſenheit in vie=
len häußlichen Dingen des Tages zwanzigmal vor,
und nie wird er wieder gut, als wenns Abend wer=
den will. — Alſo liebt er mich nur, wie man
eine H * * liebt; ſo lange er ſeine Triebe befriedi=
gen kann, ſo iſt er ruhig und gelaſſen, und des
Morgens geht meine Qual von neuem an. Am
Tage verlangt er die ſtrengſte Unterwürfigkeit und
auch wohl Ehrerbietung — und des Nachts er=
zählt er mir ſeine vorigen Liebſchaften; nennt ſie
alle nach der Reihe her, und hat mir ſogar geſtan=
den, daß er ſchon einmal ſei angelaufen. — Wie
kann

kann ich, fuhr sie fort, liebe und Hochachtung haben, da er mich wie seine Sclavin behandelt, mir
seine Ausschweifungen entdeckt, und sich damit groß
macht, und ich nun die Folgen seiner ausschweifenden
Lebensart durch seinen Eigensinn und mürrische
Laune büssen muß? — (Hier konnte sie sich der
Thränen nicht mehr enthalten.) Er hat mich, fuhr
sie fort, als ein reines unschuldiges Mädchen erhalten; denn ich bin fast zu einfältig erzogen worden. Durch ihn hab' ich meine Unschuld verloren.
Wenn ich jetzt an diejenigen denke, die ich geliebt
habe, ordentliche, gesunde und bemittelte Leute,
und denke dann an meinen Mann, können Sie
sich da wundern, wenn der Gram tief in meinem
Herzen steckte. Jetzt haben wir nun zwar hübsche
Arbeit, allein wir stecken noch tief in Schulden,
und wenn wir auch einige Thaler beisammen haben
und ich bringe darauf, Schulden zu bezahlen, so
will er nicht daran und wirft mir bei jedem Bissen
Brod, den ich genieße, vor: ich koste ihm so viel.
Oft läßt er mich mit meinem Kinde halbe Tage
allein, läßt mir 6 Pf. zurück, und er verzehrt 3
bis 4 Gr. Dadurch hat er mich zur Diebin gemacht, weil ich mein Kind unmöglich Noth leiden lassen kann. Ich schlage ihm daher, wo ich
es möglich machen kann, alles etwas höher an,
und wenn ich hieran Unrecht thue, so verzeihe
mir's Gott! (Hier weinte sie wieder.) Kommt er
denn einmal dahinter, so können Sie sich leicht
vor-

vorstellen, wie er mit mir verfährt. Indessen
hat er mich noch nie geschlagen, weil ich ihn ge-
schworen habe, gleich von ihm zu gehen, sobald er
eine Hand an mich legt; auch mag er sich wohl
vor mir fürchten. Keinen Freund hab' ich, dem
ich meine Noth klagen kann, und meine Bluts-
verwandte gönnen mirs. Kurz, mein Leben ist
das unglücklichste, was man sich nur denken kann.
Jetzt schwieg sie stille.

Meine ganze Seele war erschüttert und mein
Haß und meine Verachtung stieg in eben demselben
Augenblick gegen dem Urheber ihrer Leiden so hoch,
als das Mitleid gegen sie. Ich tröstete sie so gut
ich konnte; ermahnte sie zur Gebuld, als ihrer vornehmsten Pflicht, und ich kann sagen, daß ich dazumal noch keinen Funken von Anspruch empfand.
Mitleid war jetzt die herrschende Empfindung meiner Seele und durch meinem Kopf fuhr eine Menge Projekte, die alle für ihr Wohl abzweckten.
Aber —

Vielleicht, sagte ich zu ihr, warten noch künftig Freuden auf sie. Nein, war ihre Antwort,
darauf warte ich nicht, denn stirbt er über lang
oder kurz, so hinterläßt er mir Schulden, und
wer wird sich heut zu Tage an eine arme Wittwe
machen, die im Ruf steht, als habe sie sich in
ihrer Ehe nicht gut vertragen? Stirbt er bald
(und wie kann ich ihm ein langes Leben zutrauen,
da sein Blutspeien und Husten täglich zunimmt) so
ist'

ifts mir wohl, (denn ich läugne es nicht, daß ich
es wünsche) so verkauf ich, was ich habe, bezahle
meine Schulden und gehe mit meinem Kinde in
die weite Welt hinein. Ich bin noch jung, stark,
und wovor ich Gott vorzüglich danken muß, bei
allen meinem Kummer und Gram immer gesund.
Ich kann mich also wohl noch mit meiner Hände
Arbeit ernähren; Ich bete dann fleißig (denn auf
Gott hab' ich mein ganzes Vertrauen gesetzt) und
dann gehe es, wie es will. Daß ists eben, fuhr
sie fort, daß kein Seegen bei uns ist. Denn den
ganzen Tag wird geflucht und gezankt! Kein Buch,
keine Bibel nimmt er in die Hand. Will ich vor
oder nach Tische beten, so will er nicht. Bete
ich Morgens und Abends, so spricht er: Bete
lange, Gott wird Dir nichts vom Himmel werfen,
arbeite, verdiene etwas. Sage ich dann: womit
soll ich was verdienen; soll ich denen Gehör geben,
die mir so oft Anleitung gegeben haben, Dir untreu
zu werden, so kann ich Geld verdienen — Hier
schweigt er still, und ich glaube immer, er nähme es
stillschweigend mit an, wenn ich ihm nur viel er-
würbe. Diese Anmerkung ist mir in der Folge
auch wahrscheinlich geworden. Singe ich ein Lied,
so sagt er: sing nur nicht immer, wenn ich komme
oder zu Hause bin, und so geht das beständig.
Wunder wär es nicht, ich hätte schon oft verzweif-
lende Mittel ergriffen.

Es

Es schlug neun Uhr, als sie mit ihrer Erzählung zu Ende war, und nun bat sie mich, mich
zu entfernen. Ich that es, nachdem ich ihr noch
einmal völlige Verschwiegenheit angelobt, und sie
meiner fortdaurenden Freundschaft und nahen An-
theils an ihren Schicksaalen versichert hatte.
Meine Empfindungen waren verschieden, mit welchen ich mich wegbegab. Der Wunsch: die Ruhe
in dieser Familie hergestellt zu sehen, war der erste,
ob ich gleich die Schwierigkeiten dabei einsahe.
Freilich war Dulden für sie das Beste, aber wie
konnt' ichs andern anrathen, da ich selbst Zweifel
dagegen hatte. — Und endlich verdrängte diese
Empfindung bald eine andere, die wahrscheinlich
aus dem hohen Grad von Abscheu herfloß, welchen ich gegen ihn gefaßt hatte. Ich habe das
überhaupt oft bei mir bestätiget gefunden, daß
mich eine verübte Beleidigung an andern in der
Folge dann am heftigsten reute, wenn mir der Be-
leidigte als ein edler Mensch erschien. Je mehr
ich von seiner Tugend, Unschuld und gutem Herzen
überzeugt war; je weniger war mir's möglich, ihm
auf die geringste Art zu nahe zu treten, und je heftiger war dann meine Angst, wenn ichs (auch ohne
Absicht) gethan hatte. Das heißt: ich mache
mir mehr Gewissen, einen Rechtschaffenen als einen
Niederträchtigen zu beleidigen. Das ist diejenige
Empfindung, die desto stärker ward, je mehr sich
meine Seele alles das Schlechte in dem Betragen

dies

dieses Mannes, anschaulich machte. Eine gewisse Rachbegierde, die aus dem Zorn herkam, welchen ich gegen ihn gefaßt hatte — flammte die glimmende Asche zum Feuer an. Diese vergesellschaftete sich mit den sinnlichen Empfindungen, und nun war es möglich, daß ich mich ganz leicht überredete: es würde keine so grosse Sünde seyn, wenn man einem Menschen ein Gut entriß, der es nicht zu schätzen wußte.

Indessen kann ich auch zu meiner eignen Rechtfertigung sagen: Nie hab' ich den Zwiespalt zwischen beiden, unterhalten, genährt, zu meinem Nutzen angewendet. Nein, dieß Zeugniß giebt mir mein Herz: ich habe immer zum Frieden geredet. Ich sagte ihr oft: daß sein Eigensinn eine Folge seiner geschwächten Gesundheit sei, daß er keineswegs so Herr seiner Leidenschaften seyn könnte, als ein Gesunder, dessen Nerven nicht geschwächt, und also nicht solcher schnellen Erschütterungen fähig sei. Vieles müsse sie also übersehen, und sobald sie sich gewöhnte, manches zuzudecken, manches gelinder zu erklären, so bliebe nur noch ein kleiner Theil zu tragen übrig. — Er, der es ihr aufgelegt hätte, würde es erleichtern helfen.

Freilich war eine vernünftige Vorstellung auch ein kleines Mittel, daß er etwas besser mit ihr umgegangen wäre, allein da ich wußte, wo der Grund lag, daß das Uebel bereits unheilbar sei, zudem

sich

ſich zwiſchen Eheleute zu miſchen, ohne eine ge=
wiſſe Verbindlichkeit zu reden zu haben, auch eine
ſehr delikate Sache iſt, und überdem von ſeinem
Charakter wahrſcheinlich urtheilen konnte, daß er
wenig Widerſpruch vertragen würde, ſo ließ ichs
dabei bewenden, bloß ihr willige Ertragung ihrer
Leiden anzurathen.

Man erlaube mir, ehe ich meine Geſchichte
weiter fortſetze, daß ich einige Zweifel gegen die
allgemeine Güte und Vorſehung Gottes, worauf
ich durch das Schickſaal dieſer Unglücklichen ge=
bracht wurde, darlege. Zuerſt fiel ich auf das
gewöhnliche Sprichwort: die Ehen werden im
Himmel geſchloſſen. Iſt dieſes ohne die geringſte
Einſchränkung wahr, ſo findet eine Vorherbeſtim=
mung ſtatt; ſo mußte der Bruder juſt immer das
Werkzeug werden, wodurch eine vielleicht glückliche
Verbindung nicht an ſie kommen durfte; ſo mußte
ſie am Ende aus Verzweiflung dieſen Menſchen
heirathen. Und das iſt die ſogenannte Freiheit
des Menſchen? Es ſcheint ja wirklich, als wenn
die Freiheit zu handeln, nur ſo lange ſtatt fände,
als ſie dem Laufe des Ganzen nicht hinderlich fällt.
Alſo eine Vorſehung übers Ganze und nicht über
jeden einzeln Theil? O du Unglücklicher! ſo iſt
dein Vertrauen auf Gott in den unglücklichſten La=
gen deines Lebens nur ſo lange anwendbar, als
deine Hülfe, oder die Aendrung deines Schickſaals,
das du erwarteſt; oft unter Gebet und Thränen

von

von Gott zu erringen glaubt, **dem Ganzen nicht hindert.** — Bis denn endlich der lauf der Dinge es zuläßt, daß durch Aufopferung vieler Tausende, dein Gebet erhöret werden kann. Unglücklicher Vorzug! auf die Glückstrümmer meiner Brüder, mein eignes zu gründen! — Mein Herz kann sich unmöglich mit diesem Gedanken vertragen. Womit hatte es denn die Unglückliche verschuldet, daß ihr dieses schwere Kreuz aufgelegt wurde? Ein Kreuz, daß nicht erträglich gemacht werden konnte, als durch Verbrechen. — So durchkreuzen sich die Schicksaale der Menschen: die Sünden des Einen, ziehn Sünden des Andern nach sich. Auf wem liegt nun die Schuld, und wer soll sie tragen? Wo soll die Kraft herkommen, wenn sie Gott nicht giebt? „Standhaft dulden und — schweigen; keinen Fuß breit von seiner Pflicht abweichen, Gott um Unterwerfung, um Aendrung seines Schicksaals anflehen und gelassen dieselbe erwarten — Das lehrt die Religion bei schwerem Kreuz."

Gut! aber wollen Sie noch einige meiner Zweifel anhören, die selbst die Erfahrung und der Begriff von Gott und seinen Eigenschaften zu bestätigen scheinen?

Dulden. Thut Gott jetzt noch Wunder? und wär es nicht Wunder, wenn das rasche, feurige Temperament auf einmal bis zu einer gewissen Trägheit, ohne vorhergegangne andere Umstände,

herabgeſtimmt würde? Und mich dünkt, zum Dulden wird ein gewiſſer Grad von Ruhe im Blute
erfordert; folglich iſt es ſchon phyſiſch unmöglich,
daß das angegebne Temperament bei den ſchrecklich-
ſten Ereigniſſen des Lebens, gelaſſen ſeyn ſollte.
Hieraus folgt aber auch, daß wenn Gott keine
Wunder mehr thut, — erſt Jahre verſtreichen
müſſen, die alles Schreckliche menſchlicher Schickſaale
in ſich begreifen, wodurch der Ausbruch der Unge-
duld, oder die Kühlung des Bluts bewirkt wird,
und die ſo lang erbetene Geduld dann eine Folge
davon iſt. Ein Grund, warum, ſobald wir
keine Wunder annehmen, die das im Augenblick
bewirken, was erſt die Frucht vieler Jahre iſt,
der Höchſte nicht ſo unbefangene Gebete erhören
kann. —

Ich ſage nicht, daß mir dieſe Gedanken alle
zum höchſten evident ſind. Es ſind Zweifel; nichts
mehr als Zweifel: keine ausgemachte Wahrheiten,
und ich bitte auch, die folgenden ſo zu betrachten,
denn ich bin bereit, ſie abzulegen, ſobald mich ein
Freund der Wahrheit eines beſſern belehrt.

Unterwerfung unter den Willen des Ewigen iſt bei vielen oft ein Werk des Zwangs; nur
bei einigen (und auch bei denen habe ich ſelten heftige Leidenſchaften angetroffen) ein Werk der
Ueberzeugung, wozu ſie beſonders ihr kälteres Blut
fähiger machte, als jene. —

. Ver-

Vertrauen auf die göttliche Hülfe ist im Grunde nichts anders, als: Hofnung der baldigen Aendrung seines Schicksaals. Diese verschwindet bald, wenn das Uebel zu lang anhält; wenn diese Hofnung zu oft täuscht; wenn jede Aussicht sich nur zeigt und dann — schnell wie Morgennebel verschwindet. Dadurch wird das Vertrauen zu Gott geschwächt — und mich dünkt, wir verlangen zu viel von einem Menschen, wenn wir diese angenommene vornehmste Eigenschaft des Gebets von ihm verlangen, der in seinem ganzen Leben wenig auffallende Beweise einer besondern göttlichen Fürsorge, einer solchen Stärkung seines Glaubens, aufzuweisen hat, die auch bei einem Abraham erst vorgehen mußten, ehe Gott das grosse Opfer — von ihm fordern konnte.

Ich bemerk' es jetzt deutlich, daß Jahre lang anhaltende Leiden die menschliche Seele muthlos machen.

Dieses Vertrauen wird noch durch andere Zweifel geschwächt. Mir scheint es ganz unnöthig, und selbst der Ehre Gottes zuwider, daß ich ihn um etwas bitten soll. Weiß er, als der Allwissende, denn nicht, was mir mangelt? Oder ist er (verzeih Allbarmherziger, wenn ich irre!) zu hart, oder so ehrbegierig, daß ich ihn erst durch vieles Bitten erweichen und bewegen muß, mir seine Wohlthaten zufließen zu lassen? Und verdunkelt das nicht seine göttlichen Eigenschaften? Ist

C 2   der

der Fürst nicht (menschlich davon zu reden) edler
und gütiger, der seinen Freunden und Untertha-
nen mit seiner Gnade zuvorkommt, als der, der
um jede Kleinigkeit erst einen Fußfall verlangt?
Ehre ich daher Gott nicht mehr, wenn ich ihn
für denjenigen Herrn halte, der mir ohne mein
Gebet alles Gute zuwendet, und mein Gebet nicht
verlanget noch erwartet, ausser den Ausbrüchen der
Dankbarkeit und des Lobes? denn diese geben wir
Menschen, die uns Wohlthaten erwiesen haben;
wie viel mehr sind wir sie Gott schuldig, von dem
wir alles haben.

Allein hiermit ist ja noch nicht die Verheissung
erklärt, die das Evangelium Jesu mit dem Befehl zu beten verbindet. Dieses verspricht eine Er-
hörung und stellt das Gebet als eine Sache vor,
die den Höchsten beweget, uns etwas zu geben,
welches er uns sonst nicht würde gegeben haben.
Und streitet das nicht geradezu mit der Unverän-
derlichkeit der göttlichen Rathschlüsse, die er gewiß
schon von Ewigkeit her faßte? Denn wenn er
seine Rathschlüsse ändert, so kann ihn etwas ge-
reuen; und ist er dann der vollkommene Gott, der
keinen menschlichen Leidenschaften unterworfen ist?
Sind aber die Rathschlüsse Gottes unveränderlich,
so können sie auch durch mein Gebet nicht verändert werden; im Fall es der Ewige nicht von Ewigkeit her beschlossen hat, mir zu einer festgesetzten

Zeit

Zeit zu helfen: und das ist doch immer auſſer der
Sphäre menſchlichen Wiſſens. —

Dieß ſind meine Zweifel in Anſehung einer
beſondern Vorſehung und des Gebets, wozu mich
ſowohl mein eignes als das Schickſaal dieſer Unglücklichen brachten. Ich konnte ſie nicht übergehen, weil ſie zur Geſchichte meines Lebens nothwendig gehörten. Ich lege ſie mit Freuden ab,
ſobald ſie mir gründlich widerlegt werden; denn
ich fühle, daß ich bei allen meinen Zweifeln nicht
glücklich bin. — Das Vertrauen auf ein allmäch-
tiges Weſen und der Glaube an eine, auch auf die
kleinſten Theile der Schöpfung ſich erſtreckende Vorſehung, hat ſelbſt zu manchen Stunden etwas
ſüſſes für mein kummervolles Herz; aber wie ge-
ſagt — ohne einen recht ſichtbaren Beweiß einer
göttlichen Vorſehung auch auf mich von aller Welt
Verlaſſenen — dürfte ſich mein Herz wohl nie zu
dem hohen Grade der zuverſichtlichſten Hofnung
zu dem Herrn meines Lebens erheben, wenn auch
mein Verſtand durch die bündigſte Demonſtration
überzeugt würde. Eigene Erfahrung wirkt mehr
aufs Herz, als alle Vernunftſchlüſſe. — Jetzt will
ich in meiner Geſchichte fortfahren.

Schon hegte ich gegen die Unglückliche wirklich Liebe, die den Wunſch gebahr, immer um ſie
zu ſeyn. Aber wie konnte das angehen, da ich
unmöglich immer ohne Vorwiſſen ihres Gatten
hingehen konnte, ohne ihre und meine Ehre in Ge-

C 3   fahr

fahr zu setzen. Doch die Gelegenheit dazu bot sich
bald dar. Da ich sie einst wieder beide an dem Orte
traf, wo ich sie hatte kennen lernen, so suchte ich
ihm Rede anzugewinnen. Ich hatte gehört, daß
er gern Bücher von gewöhnlicher Art las; ich
lenkte daher das Gespräch dahin. Er wurde bald
gesprächig. Ich versprach ihm einige Bücher nach
seinem Geschmack zu verschaffen, und — er bat
mich zu sich.

Auf eine so leichte Art hatte ich nun meinen
Zweck erreicht. Kurz darauf wurde die Witte-
rung schlechter, das Spazierengehen wurde einge-
stellt; die Abende wurden länger und — lange-
weile blieb nicht aus. Ich bat ihn daher, daß er
mir erlauben möchte, ihn des Abends besuchen zu
dürfen, und er war es sehr gern zufrieden. Ich
hatte dabei neben meiner Liebe noch einen Endzweck: ich wollte sie beide in ihrem häuslichen Verhältniß — näher beobachten, um wo möglich bie
ihren Zwisten ein Wort des Friedens zu reden.
Die Gelegenheit dazu blieb auch nicht lange aus,
aber ich wurde auch überzeugt, daß ich mich in meinem vorigen Urtheil: daß er schien, wenig Widerspruch vertragen zu können, nicht geirrt hatte. Ich
war kaum dreimal da gewesen, als sich sein hitzi-
ger ungestümer Charakter schon äusserte. Sie
schwieg mehrentheils stille, und wenn sie dann einmal sich regte, so gerieth er in eine solche Wuth, daß
ich mich immer weit wegwünschte.

Acht

Acht Abende hinter einander war er zu Hause;
vermuthlich Wohlstandes wegen, und nun — ging
er wieder in Gesellschaft und ich und seine Gattin
waren mehrentheils allein. Ich blieb denn gemeiniglich da, bis er wieder kam, und kam er denn, so
war er freundlich und gesprächig. Ich wußte nicht,
was ich zu diesem Betragen denken sollte; seine
Freundlichkeit schien mir zweideutig — wenigstens
wars wider meinen Begrif von Ehe, einen Fremden, den ich noch nicht weiter kenne, zu ganzen
Stunden bei meiner Gattin zu wissen, mit der ich
so gespannt lebe. Entweder (so erklärte ich mirs)
Eigennuz war bei ihm stärker als Eifersucht, oder
er hatte zu viel Eigenliebe, die ihn immer überredete: ein anderer könne sich nicht in dem Besiz eines Herzens sezen, worinnen er (vielleicht) umun-
schränkt herrsche. Aber er kannte das menschliche
Herz nicht. Konnte denn das öftere Alleinsein
gegründet auf ein reges Mitleid, eine andere Folge
haben, als Liebe? Eine junge Frau, die von Natur munter war und das gesellschaftliche Leben liebte, mußte ich der nicht nach und nach unentbehr-
lich werden, da ich ihr durch Vorlesen und Dis-
curiren, durch Trost und guten Rath die lan-
geweile vertrieb, und sie ihr Elend auf eine Zeitlang vergessen machte? Ich war unglücklich; sie
auch. Sie hatte keine Freundin, gegen die sie
ihren Kummer hätte ausschütten können; ich keinen
Freund, von allen lebendigen verlassen: wars Wun-
C 4   der,

der, wenn uns bloß noch fester zusammenband?
Nur der, der selbst so unglücklich, so von allen
fremden Antheilnehmen an seinem Leiden entfernt
gewesen ist, als ich, und wenn er dann irgend ein
menschliches Wesen findet, das ihm ohnedem nicht
gleichgültig ist — daß dann einen Theil seiner Last
tragen hilft; an dessen Busen er sein Elend vergeß-
sen kann, nur der wirds mir glauben, wie mit
beiden Händen er nach der Gelegenheit hascht, sie
fest hält, und — sie so gut benutzt, als er kann. —

Ueberdem fand ich auch an ihr eine gewisse
Aehnlichkeit mit mir, in Ansehung des Herzens.
Sie fand ihr größtes Vergnügen darinnen: dienst-
fertig gegen jeden und äusserst mitleidig gegen
Arme zu seyn. Freilich war dieß nicht Tugend,
es war Temperament. Bei ihren guten Handlungen war sie etwas eitel, und verrichtete sie mit
einigem Geräusch. Allein das war Fehler der Erziehung: denn man hatte sie in ihren jüngern Jahren oft gelobt, wenn sie irgend einem Armen etwas gab; das war ihr nun so zur Gewohnheit geworden — — —

(Hier ist durch Zufall ein Blatt Mspt. verloren gegangen.)

Ich habe mich nicht überwinden können, meiner Freundin diese meine letzte fehlgeschlagene Hoff-
nung zu hinterbringen. Und doch wär es in der
Folge vielleicht besser gewesen. Nun traue ich keiner Aussicht mehr, denn ich bin zu oft getäuscht.

Der

Der Winter verstrich beinahe, aber die letzte
Zeit, (o könnte ich diese Tage wieder zurückrufen)
nicht mehr so schuldlos — Erlassen Sie mir eine
Beschreibung, die mich zu sehr beugt; denn ich
fühle jetzt die Folgen desselben. — Ich bin gestraft
dafür, schrecklich gestraft. Der Himmel hat sich
meiner Armuth bedient, um meine Schande der
Welt vor Augen zu legen. Ich wollte eine Unglückliche retten, und sie wurde durch ihre Liebe gegen mich noch unglücklicher. Noch wär sie zu retten, aber — meine bittre Armuth! O fände sich
doch ein Menschenfreund, der sich meiner erbarm-
te, und mir ein Plätzchen auf Gottes grosser Welt
anwies; vielleicht könnte ich meine traurigen Erfahrungen zum besten meiner Mitbrüder nutzen. —

Das übrige Detaillirte meiner Geschichte interessirt keinen, als mich — Auch muß ich's, da
ich unmöglich mich noch kenntlicher machen kann,
verschiedener anderer Personen wegen, verschweigen.

III.

Ein Korbmacher, der oftmals, gleichsam in einer Betäubung, ausnehmend erweck-lich prediget.

Watterburg den 3ten October 1784.

Johann Conrad Mohr, in Buhlen, einem im
Fürstlich-Waldeckischen Amt Waldeck liegenden

C 5   gerin-

geringen Dorfe, wohnhaft, wo er auch am Ende
Novembers oder im Anfang Decembers 1709 ehelich geboren worden *), ist der Mann, mit dem
ich das Publikum bekannt machen möchte, da er
noch zur Zeit in einem 75 jährigen Alter lebet,
folglich ein jeder noch im Stande ist, sich von der
Wahrheit meiner Angaben weiter zu überzeugen.
Ich bin von 1777 bis 1780 viertehalb Jahr in der
Stadt Waldeck, davon jenes Dörfchen nur eine
halbe Stunde entfernet ist, Rektor, und zugleich
Pastor zweyer nahegelegenen Dörfer gewesen. Dieses hat mir Gelegenheit gegeben, den Mann genau kennen zu lernen, von dem ich hier rede. Er
führt ein unbescholtenes christliches Leben, und hat
in seinem niedrigen Stande ein würklich ehrwürdi-
ges Ansehen. Sein bescheidenes Wesen, sein guter natürlicher Verstand, vermöge dessen er im gemeinen Umgange mit jedermann wohl zu reden
weiß, sein offenes ehrliches Gesicht, seine im Alter noch gerade Statur, seine grauen Haare: alles
dieses nimmt für ihn ein. Wahrscheinlich ist in
ihm ein guter rechtschaffener Prediger der Kirche
verborben, der wohl manchen seiner Zeitgenossen
an Geschicklichkeit weit übertroffen haben würde.
Er nähret sich hauptsächlich vom Korbflechten und
Strohdachdecken, und lebt in einer unfruchtbar-
gebliebenen Ehe. Was ihn aber vor vielen tausenden

*) Er wurde am 2ten December 1709 getauft.

senden seines Gleichen merkwürdig macht, ist: er
predigt gar oft, zuweilen innerhalb vierundzwan‐
zig Stunden drey‐ und mehrmal, und zwar sowohl
bei Nacht als bei Tage, sowohl zu Hause als un‐
terwegens und an einem fremden Ort, sowohl un‐
ter dem zahlreichsten Umstande (wenn es nicht zu
ändern ist) als wann er allein ist. Insonderheit
wird er, und, wie es scheinet, wider seinen Wil‐
len, zum Predigen getrieben, wenn er nur ein
halbes Kännchen (das ist für drei Pfennige) Brant‐
wein, ja noch weniger, genossen hat *). Kommt
ihm der Trieb zum Predigen an, so merket er es
kaum eine Minute vorher: es scheinet ihm angst
und das Herz beklemmt zu werden, und er sucht
sich alsdann eilends von menschlicher Gesellschaft,
sovile als möglich ist, zu entfernen, und setzet sich
geschwind nieder. Seine Vorträge, derer ich
mehrere und über unterschiedliche biblische Texte
angehöret habe **), sind Bußpredigten oder Er‐
mah‐

*) Er ist, wie man schon hieraus abnehmen wird, dem
Trunke nicht ergeben; daher kann man mit einer
solchen Kleinigkeit von Brantwein ihn nach Gefallen
zum Predigen bringen. Seine Nerven müssen aber
auch sehr reizbar seyn; sonst wäre jenes wohl nicht
möglich.

**) Daß er nicht bloß Eine, sondern mehrere Predig‐
ten hält, weiß und sagt er selbst. Ich habe dieses
ebenfalls bemerket. Am 25sten Mai 1779 hörete
ich ihn über Matth. 10, v. 16. Seid klug, wie rc.
predigen: und da ich am 1sten Junii dieses laufen‐
den Jahres 1784 zu Waldeck war, vernahm ich,
daß

mahnungen zur Befferung der Gefinnungen und des
Betragens. Seine Ausfprache dabei ift fehr angenehm und der Sache, die er vorträgt, angemef-
fen, deutlich, mehrentheils fanft und erweichend.
Er bedenket fich nicht auf das, was er fagen will;
auch ftottert und ftocket er nicht. Wo etwas rüh-
rendes vorkommt, weinet er auf eine anftändige
Weife. Nachdem er die Predigt mit Amen ge-
fchloffen hat, fo betet er das Vater Unfer ꝛc. und
der Herr fegne uns ꝛc. Zuweilen läffet er auch
den Segen weg. Während feinem ganzen Vortrag fitzet er in einer Art von Betäubung; hat die
Augen ftarr offen, ohne zu fehen, wer oder was
vor ihm ift; geräth dabei in einen Schweiß und
in Engbrüftigkeit, ob er gleich weder fehr laut noch
lange redet; und wenn alles geendiget ift, fcheinet
er fehr ermüdet, fchöpfet tief Athem, und erholet
fich nur langfam wieder. Nachdem er wieder zu
fich

daß er an letztgenanntem Tage ebenfalls über jenen
Spruch eine Predigt, vermuthlich alfo auch ebendie-
felbige, gehalten habe. Auf meiner Stube ließ ich
ihn am 24ften Mai 1780 predigen, nachdem ich ihm
kaum ein halbes Kännchen Brantwein hatte reichen
laffen: und er predigte damals über Apoft. Gefch.
20, v. 27. Ich habe euch nichts ꝛc. Mehrmals bin
ich fein Zuhörer geworden, wann er fchon vor einigen Minuten zu predigen angefangen hatte. Thema
und künftliche Difpofition habe ich niemals vernommen, fondern er hält wahre paränetifche Vorträge,
nur ungefähr eine Viertelftunde lang, auch wohl etwas darüber.

ſich ſelber gekommen iſt, bedauert er gegen die Um⸗
ſtehenden, daß ſein ſchlechter Vortrag wohl von
manchem möge verſpottet werden: und bezeuget
dabei zu ſeiner Entſchuldigung, er könne es nicht
zurückhalten.

Dieſes iſt das Faktum ſelbſt. — Nun will ich
aber auch zur Auflöſung dieſer ſonderbaren Erſchei⸗
nung einige Data mittheilen.

Als ich eine ſeiner Predigten am 25ſten Mai
1779 angehöret, und durch nachherige freundliche
Unterredung ſein Zutrauen gewonnen hatte, er⸗
zählete er mir in Ausdrücken, die das Gepräge
der Aufrichtigkeit hatten: der im Jahr 1740 ver⸗
ſtorbene Conrektor Brumhard zu Niedern⸗Wil⸗
dungen habe einſtmals auf einen Sonntag für den
Paſtor zu Afholdern, wohin Buhlen eingepfarret
iſt, geprediget. Die Predigt ſei beſonders erweck⸗
lich und eindringend geweſen, und er durch ſelbige
dermaſſen gerühret worden, daß er während der⸗
ſelben bis zum Ausgang aus der Kirche geweinet
habe. In der nächſtfolgenden Nacht habe er im
Schlaf die angehörete Predigt mit lauter Stimme
wiederholet; ſeine noch lebende Ehegattin *) ſei
darüber aufgewacht, und habe ſich bemühet, ihn
auf⸗

*) Dieſer Johann Conrad Mohl wurde zu Buhlen
am 3ten Julii 1732 mit Maria Margarethen Klein
ehelich verbunden Der Anfang ſeines Paroxysmus
fällt folglich zwiſchen dieſes 1732ſte und das 1740ſte
Jahr.

aufzuwecken, welches aber vergeblich gewesen sei;
denn er sei an Hersagung der Predigt und im
Schlaf geblieben. Da alles vorbei gewesen und
er wieder stille geworden sei, habe seine Gattin ihn
gefragt: Wie ihm sey? Woraufer erwiedert habe:
Gut! Hiernach habe sie ihm in grosser Bestürzung
erzälet, was mit ihm vorgegangen sei. Davon
habe er aber nichts gewußt. Und seitdem müsse
er oft predigen, ohne daß er wisse, wie er dazu
komme.

Man merket an ihm nichts Schwärmerisches,
als ob er seine Predigten für etwas Uebernatürliches
hielte: und eben so wenig bildet er sich darauf ein.
Betrug und Verstellung kann, nach allen Umstän=
den, hierbei, meines Erachtens, auch nicht ver=
muthet werden; zumalen, da er dadurch nichts
zu gewinnen suchet, und in so langer Zeit nichts
gewonnen hat, weder an Ehre noch Gut.

Mit Schrifterklärungen giebt er sich niemals
ab; sondern seine Vorträge sind aus den nöthig=
sten und bekanntesten Religionswahrheiten und
deutlichen Sprüchen der Bibel, welche er nach
dem Kapitel ordentlich citiret, leicht zusammenge=
setzet, und eben deswegen für jedermann sehr faß=
lich; gleichwohl fehlet es ihnen nicht an Zusam=
menhang, doch ohne ins Aengstliche zu fallen.
Und in dieser Rücksicht sind seine Vorträge wahre
Muster für Dorfprediger.

Ueber=

Ueberdieß habe ich bemerket: Der Mann be-
ſitzet ein beſonders gutes Gedächtniß; denn er
weiß noch ganze Stücke aus den im Jahr 1728 gehaltenen Leichenpredigten auf die kurz nacheinander
verſtorbenen beiden Fürſten von Waldeck, Friedrich Anton Ulrich und Chriſtian Philipp. Auſ-
ſerdem aber muß er auch eine ſehr lebhafte Einbildungskraft haben, wie aus dem erwähnten Vor-
gang, da er die angehörte Predigt im Schlaf laut
wiederholet hat, abzunehmen iſt.

J. A. T. L. Varnhagen,

Paſtor zu Wetterburg bei der Fürſtl. Waldeck-
ſchen Reſidenz Arolſen.

IV.

Eine Unglücksweiſſagung.

Ich hatte einen Freund, der eine Viertelmeile
von mir wohnte, mit dem ich meine angenehmen
und widrigen Schickſaale theilte, einen Mann von
ſehr geſunden Leibeskräften und einer heitern und
lebhaften Seele.

Wir kamen, wenn es irgend unſere Amts-
geſchäfte verſtatteten, wenigſtens die Woche einmal zuſammen, ja es ſchien uns beiden etwas zu
fehlen, wenn wir uns in acht Tagen nicht geſehen
hatten.

In

In den letzten vier Wochen vor seinem Ende aber sprach er bei jeder Zusammenkunft von seinem sehr nahe bevorstehenden Tode.

Den Dienstag vor Pfingsten im Jahr 1776, kam er des Morgens ganz frühe zu mir und sagte: Freund, sind Sie heute von wichtigen Geschäften frei; so bleibe ich den ganzen Tag bei Ihnen, vielleicht ist es das letztemal, daß ich zu Ihnen komme.

Ich bringe Ihnen daher meinen Leichentext und einige Umstände von meinem Lebenslauf, die Ihnen nicht bekannt sind, Sie werden mir doch wohl der Gewohnheit nach eine Leichenpredigt halten müssen. Nach einigen freundschaftlichen Verweigerungen nahm ichs an.

Noch eins, sagte er: Mein Sohn wird in Feste zu mir kommen und nebst andern Freunden, die Sie schon kennen, auch seine Braut mitbringen, die müssen Sie sehen, und mir Ihr Urtheil sagen, ob die Person auch für ihn sei? Sie müssen daher den zweiten Pfingsttag, wenn wir unsere Arbeiten gethan, bei mir zu Mittage essen. Ich versprach, mit meiner Frau zu kommen.

Den ersten Feiertag schrieb er an mich: Freund! es bleibt doch bei ihrem Versprechen, Morgen Mittag zu uns zu kommen? Da ich aber noch einige Amtsverrichtungen habe und zuletzt der H .. nahe bin, meine Kinder aber gern da zu Mittage essen wollen, so habe ich ihnen dieß Vergnügen nicht versagt, und unser Mittagsbrod da besorgt,

aber

aber mit dem Beding, wenn Sie mit Ihrer Frau und Sohn uns dahin folgen wollen.

Ich versprach es, und wir entschloffen uns, nach verrichteter Feiertagsarbeit dahin zu reisen.

Den zweiten Feiertag gegen Morgen träumt mir, ich würde von den beiden Kindern meines Freundes nach R.. gerufen, um sie bei ihrem harten Schickfaal aufzurichten, da sie in Gesellschaft ihres Vaters nach der H.. gereist und jenseit der G — brücke durch die scheugewordenen Pferde umgeworfen, ihr Vater mit dem Kopf an einen am Wege stehenden Fichtenbaum geschlagen, ihn zerschmettert und er ohne einen Laut von sich zu geben, todt liegen geblieben sei.

Mein Traum versetzte mich sogleich nach R.. in das Haus meines Freundes. Ich fand darin eine ziemliche Anzahl verschiedener aus seiner Gemeine, die ihren Prediger, der bei allen in so grosser Achtung stand, mit vielen Thränen beklagten.

Der damals daselbst wohnende A. R. H. kam mir entgegen und sagte: Ach welcher traurige Anblick ist hier! Ihr Freund ist todt — und es ist gut, daß Sie kommen, wir wissen nicht mehr, was wir mit den Kindern unseres Freundes machen sollen, die über den so unglücklichen Tod ihres Vaters ganz untröstbar sind.

Der A. B. kam dazu und führete mich zu meinem verunglückten Freund, der auf einem Tisch lag, und an deffen Kopf deutlich zu sehen war, daß er mit dem Kinn auf einen spitzigen Zacken gefallen, der durch den ganzen Kopf gedrungen, und bei der Schläfe wieder herausgekommen war.

Ich suchte die Tochter meines seeligen Freundes und fand sie auf einen Lehnstuhl ohne Trost, den Sohn aber in gleicher Lage, in dem Hause des B. A. R. Fl ...

Ich kehrete zu meinem todten Freund zurück, und suchte noch einige, die darüber heftig beunruhigt waren, aufzurichten, mir selbst aber flossen die Thränen darüber aus den Augen, daß ich nicht im Stande war, weiter zu reden.

In dieser Lage kam meine Frau vors Bette und weckte mich. Es hat schon sechs geschlagen, sagte sie, wie schläfst Du denn heute so sanft? — Du wirst aufstehen müssen, der Wagen wird schon zurechte gemacht, um nach der Kirche zu fahren.

Die Thränen liefen mir noch häufig aus den Augen, und ich sagte: Ach welchen traurigen Scenen entreissest du mich! Was ist Dir denn, sagte sie, Du weinst ja? Ich antwortete ihr: ich reise heute nicht nach R... Sie bemerkte meine heftige Unruhe, trocknete mir die Thränen ab, und ließ nicht nach, mich zu bitten, ihr meine Beunruhigung zu erzählen.

Ja, sagte ich, sogleich, laß mich nur erst aufstehen, und etwas erholen. Ich stand auf, und erzählte ihr beim Anziehen meinen ganzen Traum, der mir aber selbst immer trauriger wurde, je mehr ich ihn überdachte.

Es

Es blieb indeß dabei, nicht nach R.. zu reisen, und wenn ich mich dazu entschliessen wollte, so überfiel mich jedesmal ein kalter Schauer.

Ich reiste nach meinem Filial und predigte. Aber das Bild meines verunglückten Freundes schwebte mir unablässig vor den Augen. Ich kam zurück und predigte auch in hiesiger Kirche, aber noch immer in derselben Unruhe.

Meine Frau, der die Gegend, wo wir zu Mittage essen sollten, so schön beschrieben war, und schon lange gewünscht hatte, sie zu sehen, setzte aufs neue an, mich zu bereden, mein mündlich und schriftlich gegebenes Wort — und noch dazu um eines Traums willen, nicht so leicht zu übersehen — auch wäre die Küche schlecht besorgt, da sie nicht geglaubt, daß wir zu Hause essen würden.

Aber ich war dießmal — und vielleicht zum erstenmal in meinem Vorsatz unerbittlich und überwand alle die Vorwürfe, die ich mir größtentheils selbst machte, mit einer Art von Hartnäckigkeit, in der ich dießmal nur allein einige Beruhigung fand.

Ich wollte einigemal fortschlichen, um meinen Freund zu warnen und mich zu entschuldigen, ich wußte aber nicht, wo er anzutreffen seyn würde? Und ausser den schon erwähnten und mir selbst gemachten Vorwürfen hielt mich das Gespötte eines Mannes zurück, von dem ich wußte, daß er mit

in

in der Gesellschaft seyn würde, der mir in vielen Stücken zu neu dachte, und zu alt spottete.

Meine Frau, die mich noch nie so beunruhigt gesehen hatte, vergaß beinahe unsern Freund und meinen Traum und war nur für mich besorgt, in Meinung, es würde mir selbst etwas widriges begegnen.

Sie folgte mir auf allen Tritten nach. Wir assen ein kleines Mittagsbrodt, so viel die kurze Zubereitungszeit verstattete — wenigstens beobachteten wir das äusserliche, und mein Sohn aß für uns beide.

Nach dem Essen bat ich meine Frau mit mir aufs Feld zu gehen und wir gingen zwei Stunden, aber doch immer mit gutem Bedacht dahin, wo sich der Weg nach R.. meinem Gesichte nicht ganz entzog. Wir gingen zu Hause und ich bat mir sobald als möglich Kaffee zu verschaffen.

Auf Bitte meiner Frau entkleidete ich mich, und sie fing an, einige häusliche Angelegenheiten zu besorgen.

Meine Unruhe aber, die ich selbst vor meiner Frau, die mir heftig darüber bekümmert zu seyn schien, verbarg, ließ nicht nach.

Ich zog mich aufs neue an, und sie fragte mich, wo ich denn schon wieder hinwollte? Ich sagte, ich wollte einen Kranken besuchen. und so-

dann

dann mit unferm Sohn das Sommerfeld befehen, da ich heute fo groffe luft zu fpazieren hätte.

Sie bat mich inftändig, nur dießmal den Krankenbefuch einzuftellen, und vielmehr für meine eigene Gefundheit zu forgen, ins Feld wolle fie felbft mit mir gehen.

So fchwer ihr diefer abermalige Spaziergang werden mußte, da fie erft von einem zwei Stunden fangen, mit mir zurückgekommen war, fo nahm ich doch an dem Tage auch diefes Anerbieten an.

Wir gingen fort, und beim Weggehen fagte ich meinen leuten: Wir gehen wieder ins Feld, und wenn unterdeß jemand aus R . . kömmt, fo könnt ihr uns in den Erbfen oder Gerfte finden, kommt fodann fogleich und ruft uns. Wir befahen die Erbfen und die erft aufgehende Gerfte.

Wir kehreten wieder zurück, und wie wir beinahe das Dorf erreicht hatten, fo fahe ich meine Magd kommen. Meine Seele, die mit nichts als mit meinem verunglückten Freund zu thun hatte, war nur begierig diefe Nachricht von einem andern zu hören, und es war mir, als könnte ich nicht irren, daß mir die Magd nicht die Nachricht von der ganzen Erfüllung meines Traums brächte.

Da haben wirs, fagte ich zu meiner Frau — die bringt uns Nachricht aus R . . von unferm verunglückten Freund.

D 3

Mei=

Meine Frau beantwortete mir bießmal meine ungewöhnliche Uebereilungen mit nichts als einem tiefen Seufzer. Gott!. sagte sie endlich, was wird noch aus dem heutigen Tag werden! Ich konnte indeß die Zeit nicht erwarten, sondern rief ihr schon einige dreissig Schritte entgegen: bringst Du mir Nachricht aus R..? Ja, antwortete sie mir, Sie möchten doch so gütig seyn, und noch heute dahin kommen. Es war ihr verboten, mir den ganzen Vorfall zu sagen, und ganz umständ= lich wuste sie ihn auch nicht. Ich fragte: was soll ich denn heute in R.. machen? sie antwortete mir: Sie sollen für den Hrn. Pr. ein Kind taufen.

Und warum thut er das nicht selbst? fragte ich. Sie antwortete: er kann nicht. Freilich, sagte ich, kann er nicht, denn er ist todt. So, wissen Sie das schon? sagte sie, und ich solls Ih= nen nicht sagen! —

Ja, sagte ich, ich weiß es — und er ist in der Heide verunglückt, nicht wahr? Das kann ich nicht sagen, erwiederte sie, daß er aber todt sey, sagte der Bote, verböt mir aber ausdrücklich, es Ihnen zu sagen, sondern einen andern Vorwand zu machen, warum Sie hinkommen sollten.

Ich stutzte bei dieser Nachricht, und meine Frau stand ganz betäubt. Ists möglich, sagte sie, einen solchen Traum, der mir heute schon so viel Angst und Sorgen gemacht hat, schon erfüllet zu sehen! — Wir träumen heute wohl alle — und

wollte

wollte Gott! wir träumten, so hätten wir unsern
Freund noch.

Ich befahl der Magd voranzugehen und dem
Knecht zu sagen, daß er anspannen sollte, um uns
sogleich nach R.. zu fahren. Wir fanden den
Boten noch da, der uns die Nachricht von unserm
verunglückten Freund mit den Worten brachte, als
ich sie schon im Traum erhalten, und meiner Frau
erzählt hatte, nur mit dem Beisatz, daß er die
Zeit bestimmte, wenn dieser unglückliche Fall geschehen sei, nemlich heute Nachmittag gegen fünf
Uhr.

Die Pferde standen vor dem Wagen, wir setzten uns, wie wir gingen, ein, und fuhren dahin.
Meine präsagische Seele hatte mich schon mehrmals
was voraussehen lassen, was genau eingetroffen,
aber noch nie eine Sache, so deutlich und umständlich, als diese, in welcher so zu reden die Probe
so vollkommen war, als die Tragödie selbst.

Wir kamen dahin. Mir schauderte die Haut
vor jedem neuen Auftritt, den ich immer schon vorher wußte, und meiner Frau aus meinem erzähl-
ten Traum auch schon bekannt waren, da nicht
einmal eine Veränderung des Anzugs von mehr
als hundert Personen anzutreffen war, sondern
jeder so erschien, als er mir schon eilf Stunden
vorher erscheinen mußte.

Meine Frau, die mich den ganzen Tag mit
einer ängstlichen Unruh bei meinen vermeintlich un-

D 4   gewöhn-

gewöhnlich abergläubischen Phantasien, betrachtet
hatte, sahe mich nun bei der traurigen Erfüllung
alles dessen, was und wie ichs ihr vorhergesagt, für
einen halben Gott an.

Kurz, mein Freund war todt, und er war um
fünf Uhr Nachmittag so gestorben, wie ich es früh
um sechs Uhr nach allen Umständen im Traum vorher sahe.

Hat nun die Seele nicht ein Vorhersehungs-
vermögen? Hatte es nicht die Seele meines Freundes, der bei den muntersten Kräften seines Leibes
und der Seele so viel von seinem nahen Tode
sprach? Hat es wenigstens nicht meine Seele, die
des Morgens um sechs Uhr etwas voraussieht, was
Nachmittag um fünf Uhr erfolgt, aber durch keine
Muthmaßungen oder Vernunftschlüsse herausge-
bracht werden konnte? Ulrici.

V.

Die Nichtigkeit des Ahndungsvermögens oder sonderbare Wirkungen eines melancholischen Temperaments.

— — Da dieser Gegenstand noch von so vielen
Dunkelheiten begleitet wird, und ich Ursach zu haben glaubte, an einem solchen Ahndungsvermögen
der Seele zu zweifeln, so kann man leicht denken,
wie

wie angenehm mir's seyn mußte, als sich mir vor
einigen Jahren eine Gelegenheit darbot, einige Erfahrungen hierüber zu machen. Ich wurde nemlich mit einer Frau bekannt, die mich in der Folge
durch so manche sonderbare Auftritte oft in Verwunderung gesetzt hat, und deren Bekanntschaft
mir in dieser Rücksicht immer merkwürdig seyn wird.
Sie war eine Frau im mittlern Alter, von gesetz-
tem Charakter, gutem Verstande, und was ich
immer an ihr bewunderte, ziemlich frei von Vor-
urtheilen und Aberglauben.

Dabei hatte sie vermöge ihres Temperaments
einen starken Hang zur Melancholie, vertiefte sich
oft stundenlang in düstre Betrachtungen, ohne daß
sie vermogte jederzeit einen Grund von ihrer Traurigkeit anzugeben. Uebrigens war sie in Gesellschaften oft sehr munter und mittheilend, so daß
man sich keinen angenehmern Umgang, als den
ihrigen, wünschen konnte.

Ich mogte ungefähr etwas über ein Vierteljahr in ihrem Hause bekannt gewesen seyn, als ich
einen seltsamen Auftritt mit beiwohnte.

Ein junger sehr naher Verwandter von ihr,
den sie sehr liebte, hatte sie von L... aus, wo er
studirte, auf einige Wochen besucht. Den Tag
vor seiner Abreise war sie ungewöhnlich traurig,
und wurde es immer mehr, je näher der Abschied
heranrückte.

D 5   Als

Als er sich von ihr trennte, konnt' er sich nur
mit Mühe aus ihren Armen reissen, sie weinte heftig (etwas, das ich nur sehr selten an ihr bemerkt
habe) und rief zu mehreremmalen aus, es ahndete
ihr, daß ihm bald ein grosses Unglück zustoffen
würde. Hierauf beharrte sie auch den ganzen Rest
des Tages über, und war trautiger, als ich sie je
gefunden habe.

Da die jetzige Lage ihres Gemüths mir nicht
dazu gemacht schien, daß ich mich hätte zweckmässig
mit ihr über diesen Auftritt unterreden können, so
nahm ich mir vor, einen günstigern Zeitpunkt abzuwarten.

Dieser fand sich schon den andern Tag, sie
war etwas ruhiger, und wurde durch mancherlei
Zerstreuungen unvermerkt ein wenig aufgeheitert.
Da sie selbst von dem Auftritt des vorigen Tages
zu sprechen anfing, so nahm ich die Gelegenheit wahr,
ihr eins und das andre, was ich auf dem Herzen
hatte, darüber zu sagen, doch nicht in einem
lächerlichen Ton, weil man sich dadurch bei Leuten
von dieser Gemüthsart oft auf immer verdächtig
und wohl gar verhaßt machen kann.

Sie gestand mir, und ich konnte an ihrer Aufrichtigkeit nicht zweifeln, daß sie sich schon oft von
ihrem jungen Vetter getrennt hätte, ohne nur jemals eine ähnliche Traurigkeit und Angst gefühlt
zu haben. Sobald der Gedanke, daß ihm vielleicht
ein Unglück zustoßen könnte, in ihr aufgestiegen
wäre,

wäre, hätte er auch gleich solche Gewißheit für sie
erlangt, daß sie sich bis jetzt seiner noch nicht entledigen könnte. Ich, weit entfernt, dieß für eine
wirkliche Ahndung zu halten, suchte alle Gründe
auf, die mir Erfahrung und Räsonnement an die
Hand geben konnten, ihr die Nichtigkeit ihres Phan-
toms, wofür ich es hielt, zu beweisen, aber ich
richtete nicht viel mehr damit aus, als daß sie sagte:
sie wollte wünschen, daß sie sich getäuscht hätte. —

Ungefähr nach einem Vierteljahr, da ich einmal des Nachmittags sie zu besuchen kam, fand ich
sie sehr traurig, und da ich nach der Ursach fragte,
gab sie mir einen Brief, den sie heute aus L...
von ihrem Vetter erhalten hatte, mit den Worten:
da lesen Sie die Widerlegung einer ihrer Meinungen.

Ich las und erstaunte, als es eine Nachricht
von einem sehr unglücklichen Vorfall war, der sich
mit dem jungen Menschen zugetragen hatte, und
der zugleich seiner ganzen Familie einen Schlag versetzte *). Ich wär also dem Anschein nach durch
den Erfolg überwiesen worden, daß meine Freundin eine wirkliche Ahndung gehabt hatte. Ich gesteh' es: dieser Vorfall machte mich anfangs stutzig,
ich untersuchte noch einmal aufs genaueste, ob sie
nicht etwa auf irgend eine Weise wenigstens entfernt etwas von der unglücklichen Begebenheit nach

einigen

*) Man wird mir verzeihn, daß ich nicht die nähern
   Umstände davon angeben kann, weil ich sonst den dabei interessirten Personen zu nahe treten müßte.

einigen wahrscheinlichen Gründen hätte vorhersehn
können, aber ich erhielt von meiner Untersuchung
nur aufs Neue die Ueberzeugung, daß dieß auf
keine Art möglich gewesen sei.

Allein vielleicht, dacht' ich, hat sie irgend einen
ändern verdrüßlichen Vorfall vermuthet, und diese
Vermuthung hat ihre damalige Traurigkeit und
Angst verursacht, in welchem Fall denn ihre Ahndung sehr erklärbar wäre. Um auch hierüber etwas
Zuverlässiges zu erfahren, dacht' ich erst selbst hin
und her, ob ich nicht dieß oder jenes auffinden
könnte, davon meine Freundin hätte vermuthen
können, daß es ihr oder ihrem Vetter zustoßen
würde, aber ungeachtet ich sehr gut mit der ganzen
Verfassung und fast mit allen Personen dieser Familie bekannt war, konnt' ich doch nichts dergleichen ausfindig machen.

Ich befragte sie nun durch allerlei Umwege selbst
darum, aber auch hier war das Resultat meiner
Bemühung dasselbe.

Versichert, daß ich nun das Faktum ziemlich
außer Zweifel gesetzt hatte, wußt' ich anfangs selbst
nicht, was ich davon halten sollte. Alle Umstände
genau erwogen, schien es, daß ich nicht anders
umhin könnte, ich müßte diese Erscheinung für eine
wirkliche Ahndung halten, deren Ursprung ich in
nichts andern, als in einem Ahndungsvermögen
der Seele zu setzen hätte.

Allein

Allein so geschwind konnt' ich mich nicht entschliessen, eine Meinung anzunehmen, gegen die
sich noch zur Zeit so viel triftige Gründe anführen
lassen. Denn einmal ist es doch gewiß sonderbar,
daß dieß Vermögen (in dem Fall, daß es ein solches geben sollte) so wenigen Menschen zu Theil
geworden ist, so daß man es von jeher für eine sehr
seltene Erscheinung hat halten müssen.

Ist dem Menschen eine solche Fähigkeit nützlich, und das müßte sie doch nach den ewigen Gesetzen der Natur seyn, wenn sie mit der Weisheit
Gottes bestehn sollte, so frägt sichs, warum dieß
nützliche Geschenk so vielen Tausenden ganz und gar
versagt worden ist?

Hier könnte mir freilich mancher feindistingui-
rende Kopf einwerfen, daß dieß Vermögen eigentlich niemanden fehlte, sondern daß es sich nur nicht
bei allen wirksam bezeigte. Aber mit Erlaubniß
aller der Herren, die dieser subtilen Art von Di-
stinktionen zugethan sind, mögt' ich wohl fragen,
durch welche Offenbarung sie denn den Unterricht
von dem Daseyn eines solchen Vermögens bei allen
Menschen erhalten haben, weil bekanntlich die Existenz eines Dinges, das sich so geradezu mit leiblichen Augen nicht schauen läßt, doch nur aus seinen
Wirkungen erkannt werden kann?

Meinten sie aber, daß weil es sich bei einigen
Menschen findet, man folglich schliessen könnte, daß
es alle übrigen auch hätten, so machen sie sich hier
der

der petitio principii schuldig, indem ihr Beweiß gerade das Ding ist, darum noch gestritten
wird.

Wer würde wohl sagen, daß ein Wesen, das
nie gedacht hat, Verstand hätte? Oder um noch
ein besseres Beispiel zu geben, wenn einer von den
besagten Herrn in einer Gesellschaft wäre, wo es
nun weder etwas zu distinguiren gäbe, noch daß
von einer neuen Edition irgend eines alten Schrift-
stellers, noch von römischen und griechischen Anti-
quitäten auf eine seichte Art gesprochen würde, und
er sich folglich bei so bewandten Umständen entschliessen müßte, keinen Laut von sich hören zu lassen, würde er da nicht für die Gesellschaft so gut,
als nicht da seyn? Und wenn er nun durch irgend
einen Talismann seine pedantische Figur noch dazu
verunsichtbaren könnte, würde es da nicht vollends
unmöglich seyn, seine Gegenwart zu beweisen?

Alles sehr handgreiflich, denk' ich, allein da
es nun einmal im 18ten Jahrhundert noch Gelehrte
giebt, die vor übermäßiger Gelehrsamkeit sehr oft
das handgreifliche für unbegreiflich halten, so muß
man sich schon darin fügen, daß man sucht, ihren
etwanigen nonsensikalischen Einwürfen schon im
voraus zu begegnen, um den werthen Herren aus
christlicher Liebe Papier und Dinte zu ersparen.

Wenn es also nicht geläugnet werden kann,
daß man bei den mehresten Menschen auch nicht die
geringste Spur von einem Ahndungsvermögen antrift,

trift, so glaub' ich, daß man hieraus schon mit
einiger Wahrscheinlichkeit vermuthen kann, daß
die angeblichen Ahndungen mancher Personen in
ganz andern Dingen ihren Grund haben.

Es giebt für das menschliche Geschlecht, so wie
für alle übrigen Gattungen von Geschöpfen gewisse
allgemeine Eigenschaften, worin jedes Individuum
mit dem andern seiner Art übereinkommt.

So haben alle Menschen Urtheils-Gedächt-
niß- und Imaginationskraft, obgleich die Verschiedenheit des Körperbaues, feinere Nerven und
Gehirnfibern, oder eine etwas andre Lage derselben
und mehrere dergleichen Ursachen, nebst fortgesetzter Uebung dieser Vermögen einen ausseror-
dentlichen Unterschied in den Graden der Stärke
und Schwäche derselben verursachen. Dieß
findet sich aber bei dem angeblichen Ahndungsvermögen anders, und folglich kann es gewiß nicht
zu dieser Klasse der allgemeinen Eigenschaften gerechnet werden.

Untersucht man anderntheils die Beschaffenheit
desselben, so muß es der Vernunft allerdings etwas
fabelhaft scheinen, daß ein Mensch künftige Ereignisse vorhersehn könne, ohne sich im geringsten ihrer Ursachen bewußt zu seyn. Ich gestehe ein, ich
habe hiervon keinen Begrif, und ich glaube, daß
selbst Gott auf diese Weise das Zukünftige nicht
vermögend ist, vorauszusehn.

Es

Es ist zwar zwischen Gott und uns ein zu un-
geheurer Abstand, als daß wir im Stande wären,
von seinen Eigenschaften und besonders von ihrer
Wirkungsart etwas Gewisses zu sagen, und ich
bin ganz der Meinung, daß unsre meisten Erkennt-
nisse davon nur schwache Vermuthungen sind.

Aber von diesen Vermuthungen verdienen doch
die ganz natürlich den ersten Rang, die uns am be-
greiflichsten und der gesunden Vernunft am gemäß-
sesten sind. Welche von beiden Meinungen ist nun
aber wohl die vernünftigste, die: daß Gott das
Zukünftige vorausssieht, indem er, als Urheber der
Welt, auch das kleinste Triebrad in dieser wundervollen Maschine kennt, indem er in den ganzen
Plan derselben, in den Zusammenhang aller ihrer
Theile hineinschaut, und in der Vergangenheit die
Ursachen der Gegenwart, und in dieser die Ursachen der Zukunft mit alles umfassendem Blick über-
sieht, oder die: daß er die Reihe künftiger Begebenheiten vorausssehn könnte, ohne nöthig zu haben, mit ihren Ursachen bekannt zu seyn? Jeder,
denk' ich, wird sich hier ohne Anstand zu der ersten
Meinung bekennen, und da wir also sogar an Gott
eine solche Art des Vorhersehns unbegreiflich finden,
wie unendlich mehr muß dieß bei dem Menschen
der Fall seyn?

Rechnet man hierzu noch, daß ein solches Ahndungsvermögen den Menschen überdem weit mehr
zum Unglück, als zum Glück gereichen würde, so
muß

muß man vollends an seiner Existenz zweifeln. Denn da wir nur voraussahn, daß uns etwas Unglückliches begegnen würde, in der Beschaffenheit desselben aber unwissend blieben, so wären wir ausser Stand, Vorkehrungen dagegen zu machen.

Wozu könnte uns also diese Kenntniß anders nützen, als uns zu martern, und uns schon eine lange Zeit vorher, ehe uns das Uebel beträfe, zu unsern Geschäften untüchtig zu machen, und alle die kleinen Freuden, die sich uns in der Zeit etwan darboten, entweder zu rauben, oder zu vergiften.

Und wie oft trift unsre entfernten Verwandten ein Unglück, das uns auf viele Tage die Ruhe stehlen würde, wenn wir es ahndeten, das uns aber nachher, wenn wir hören, daß es glücklich vorübergegangen ist, die lebhafteste Freude einflößt.

So giebt es tausend Fälle im menschlichen Leben, wo uns ein Ahndungsvermögen zur höchsten Qual gereichen würde, dahingegen man nur weit weniger anführen kann, wo es uns zum Nutzen gereichte, und der Urheber der Natur sollte uns eine solche Eigenschaft gegeben haben?

Wir haben zwar einige Erfahrungen, die ihr Daseyn zu beweisen scheinen, allein davon sind die wenigsten untersucht, und die es sind, sind doch bei weitem noch nicht dergestalt ausser Zweifel gesetzt, daß man sie, als sichre Beweise gebrauchen könnte.

Die meisten hingegen sind Erzählungen, für deren Wahrheit ich mich keineswegs verbürgen

möchte. Wie es damit geht, ist bekannt: wie leicht
können nicht einige kleine, für das Ganze aber be-
trächtliche Umstände weggelassen, andre hinzuge-
setzt, andre vergrössert seyn: denn wie Sulzer irgendwo sehr richtig und schön sagt, wunderbare
Vorfälle wachsen, indem sie von Mund zu Mund
gehn, wie ein Schneeball im Fortwälzen, und so
kann eine Geschichte, wenn sie der zwanzigste erzählt, schon so verunstaltet seyn, daß der erste, der
sie ausgab, Mühe haben würde, sie für die seinige
zu erkennen.

Ueberdem ist es ein anders, einen merkwürdi-
gen Vorfall bloß aus Neugierde untersuchen, und
ein anders, ihn, als ein Faktum untersuchen, das
man zur Grundlage eines philosophischen Räsonne-
ments gebrauchen will, und diese letzte Absicht
möchte denn wohl nicht jedermanns Ding seyn.

Also auch die über diesen Gegenstand gesammelten Erfahrungen sind nicht vermögend, uns von
unsern Zweifeln dagegen zurückzuhalten, und vielleicht setzen uns gründlichere Beobachtungen bald
in den Stand, uns von ihrer Nichtigkeit insofern
zu überzeugen, daß alle die bisherigen sogenannten
Ahndungsphänomene nicht aus einem Ahndungsvermögen, sondern aus ganz andern Ursachen ent-
sprungen sind. Der Ausspruch des Horaz

Prudens futuri temporis exitum
Caliginosa nocte premit Deus!

behauptet daher für jetzt immer noch sein altes Ansehn.

Nach

Nach einer kurzen Rekapitulation dieser Gründe hielt ichs der Vorsicht gemäß, mein Urtheil über die vermeintliche Ahndung meiner Freundin zur Zeit noch aufzuschieben, und abzuwarten, ob ich nicht noch mehrere Erfahrungen dieser Art machen könnte.

Ich nahm mir vor, das Betragen der Frau noch genauer zu beobachten, als es bisher geschehn war, um mich noch mehr von ihrer Denkungsart und besonders von den mancherlei Wirkungen ihres melancholischen Temperaments zu unterrichten, in der Hofnung, vielleicht auf diesem Wege die Quelle ihrer angeblichen Ahndung zu entdecken.

Ich war begierig, ob sich nicht etwa einmal der Fall ereignen würde, daß ihre Vorempfindung eines Unglücks ohne Erfolg bliebe, alsdann glaubt' ich mich im Stande zu sehn, desto gründlicher von dem gehabten Auftritt urtheilen zu können.

Es vergingen einige Monathe darüber, ohne daß etwas Merkwürdiges vorfiel. Endlich traf sichs, daß sie eines Tags, da sie auch sehr traurig war, und durch nichts konnte aufgeheitert werden, in meinem Beisehn einen Brief erhielt. Ohne ihn nur angesehn zu haben, sagte sie schon im zuversichtlichsten Tone: daß er ganz gewiß eine unglückliche Nachricht für sie enthalten würde, und daß dieß gewiß die Ursach ihrer den ganzen Tag über gehabten Angst gewesen wäre.

Sie erbrach den Brief, und wie wunderte ich mich, als er wirklich eine verdrüßliche Nachricht

E 2   für

für sie enthielt. Ich fragte sie, ob sie vielleicht
schon etwas davon gewußt, oder einen andern unangenehmen Vorfall vermuthet hätte, aber sie bewieß mir die Unmöglichkeit des erstern aus Gründen, denen ich meinen Beifall auf keine Weise versagen konnte, und von dem letztern behauptete sie,
daß sie mit Wahrscheinlichkeit sich auch nicht des
geringsten Widrigen hatte gewärtig seyn können.

Ich sprach nach einiger Zeit die Person, von
der der Brief war, und erhielt in Rücksicht des erstern dieselbe Versicherung. Ich war also auch
hier überzeugt, daß ich nichts versäumt hatte, um
die wahren Umstände dieses Vorfalls auszumitteln.

Jetzt war nun dem Ansehn nach kein andrer
Rath übrig, als alle meine Zweifel fahren zu lassen, und geduldig die Wirklichkeit eines Ahndungs-
vermögens zu bekennen. Zwei so merkwürdige,
und wie ich wohl sagen darf, mit einiger Genauigkeit untersuchte Fakta, verdienten allerdings Aufmerksamkeit, und ich gesteh' es, ob sie mich gleich
nicht von allen Zweifeln gegen ein Ahndungsvermögen befreyen konnten, so hätten sie mich doch
natürlicher Weise etwas wankend machen müssen.

Allein die mehreren Kenntnisse, die ich indessen von dem Charakter meiner Freundin eingesam-
melt, und eine Bemerkung, die ich bei dem letztern Vorfall zu machen Gelegenheit gehabt hatte,
sicherten mich nicht nur dafür, sondern brachten
mich auch auf eine Vermuthung, die bald zur
Wahr-

Wahrscheinlichkeit, und in der Folge durch überzeugende Beweise zur Gewißheit erhoben wurde.

Es ist bekannt, daß Aengstlichkeit eine von
den Haupteigenschaften des melancholischen Temperaments ist; man trift sie bald in einem stärkern,
bald in einem geringern Grade an, ja nachdem die
Mischung des Temperaments verschieden ist. Der
Melancholiker empfindet oft ihre Wirkung in ihrer
ganzen Stärke, er bildet sich Gefahren und
Schreckniffe ein, wo entweder gar keine anzutreffen
sind, oder wo sie wenigstens nur in Kleinigkeiten
bestehn.

Bei geringen Anläffen hält er sich zuweilen schon
für verloren, und wenn manchmal eine Ursach im
Körper, oder eine äuffere Ursach ihn vorzüglich zur
Traurigkeit gestimmt haben, so sieht er oft jeden,
der sich ihm naht, für einen Schreckensbothen an.

Ich habe einen solchen Menschen in dieser
Stimmung sogar das freundliche Lächeln seines
Freundes für verdächtig erklären hören, weil es
sich gerade traf, daß dieser lächelte, als jener etwas
erzählte, wo er sogleich argwöhnte, daß dieser etwa seine Erzählung lächerlich finden möchte.

Noch mehr Bemerkungen hierüber hab' ich —
aber bei meiner Freundin gemacht, die, wie ich
schon oben erwähnt habe, sehr melancholischen
Temperaments war.

Befand sich ihre Seele in dieser traurigen
Stimmung, so waren alle ihre Ideen in die schwar-

E 3

ze Farbe der düstern Melancholie gekleidet; alles
sahe sie dann aus einem traurigen Gesichtspunkt an,
sie erwartete nichts als Unglück, und ihre Phantasie
war alsdann über alles geschäftig, tragische Bilder
aufzuhäufen.

Was sie sonst entzückt hatte, gab ihr jetzt Gelegenheit, sich in düstre Betrachtungen zu vertiefen,
und so unerträglich dieser Zustand des überspannten
Trübsinns für sie war, so wenig war es doch in ihrer Gewalt, auch sogar in der frölichsten Gesellschaft, sich davon loszumachen.

Ein Grund, wie mich dünkt, wie ungerecht es
seyn würde, solchen Personen das Verdammungs-
urtheil zu sprechen, die in dergleichen, vielleicht noch
durch wirkliches Elend verstärkten Anfällen, verzweiflungsvoll ihrer Laufbahn auf dieser Welt ein
Ende machen — —

An dem Tage nun, da meine Freundin den
Brief erhielt, befand sie sich gerade in einer solchen
traurigen Lage, so wie auch damals, als sie sich von
ihrem jungen Verwandten trennte. Allein dießmal
wußt ich, waren verschiedene Ursachen vorhergegan-
gen, die sie zu dieser melancholischen Laune herabge-
stimmt hatten, wozu vielleicht noch eine schlechte
Verdauung, oder eine andre physische Ursach beigetragen haben mochte.

Da ich also hier die Ursachen ihrer Traurigkeit
wußte, und es mir sehr wldersinnig schien, diese ohne Grund fahren zu lassen, und alles auf die Rechnung

nung einer unerwiesenen Ahnbung zu schreiben, so
gerieth ich ganz natürlich auf den Gedanken, ob es
nicht weit vernünftiger und wahrscheinlicher sey, daß
die vermeynte Ahnbung vielmehr nichts anders, als
die Wirkung ihrer Traurigkeit gewesen sey? Je
mehr ich diese Meynung untersuchte, und mit meinen hierüber gesammelten Erfahrungen verglich, je
mehr gewann sie an Wahrscheinlichkeit.

Ich war oft ein Zeuge gewesen, wie sehr diese
Frau in einem solchen Anfall der Melancholie alles
verdächtig fand, und oft von den gleichgültigsten
Dingen Unglück erwartete, war es nun nicht sehr
natürlich, daß sie dieses von dem überdieß etwas un-
verhoft erhaltenen Brief auch glaubte, da sie aus
eigner und fremder Erfahrung wußte, daß Briefe
zuweilen unglückliche Nachrichten enthalten? Und
ist es nicht sehr wahrscheinlich, daß dieß eben der
Fall bey dem Auftritt mit ihrem Vetter war? Ihre
Seele war damals in dieselbe Traurigkeit versenkt,
die gewiß von nichts anderm, als von der Vorstellung des Abschiedes herrührte.

Nichts ist aber gewöhnlicher, als daß man sich
bey solcher Gelegenheit allerley Einbildungen macht,
daß man vielleicht die geliebte Person nicht wieder-
sehe, oder daß ihr oder uns ein Unglück zustoßen
möchte u. s. w., welches bey einem düstern und
ängstlichen Charakter in einem hohen Grade Statt
finden muß, da man es sogar bey den heitersten Personen antrift.

E 4

Wenn

Wenn also meiner Freundin bey der Trennung von ihrem Verwandten der Gedanke aufstieg, daß ihm ein Unglück begegnen würde, so war dieß sowohl dem jetzigen Auftritt, als dem dießmaligen Zustande ihres Gemüths gemäß, weil sich die Seele nach einer bekannten psychologischen Beobachtung gern aller der Ideen bemächtigt, die mit ihrer jedesmaligen Lage übereinstimmen. Daß aber der Gedanke soviel Lebhaftigkeit und Gewißheit bey ihr gewann, war eine natürliche Folge ihres Charakters, und ihres jetzt so äußerst lebhaften Gemüthszustandes.

Zwar trafen ihre beyden Vermuthungen ein, allein dieß kümmert mich wenig, denn das geschahe gewiß sehr zufällig. Auf einem Planeten, wie der unsrige, wo unangenehme Vorfälle sogar nichts seltenes sind, darf jemand durch diese oder jene Umstände nur oft in die Lage gesetzt werden, zukünftige Uebel zu vermuthen, so werden seine Vermuthungen auch gewiß sehr oft eintreffen.

Es ist damit eben, wie mit dem Argwöhnischen. Ein solcher Mensch, der niemand traut, und die Rechtschaffenheit eines jeden in Zweifel zieht, trift ganz natürlich, da es eine so grosse Menge schlechtdenkender Menschen giebt, seinen Argwohn sehr oft gegründet, aber niemand hält ihn deßhalb für einen Propheten, oder glaubt, daß er die Sinnesart al-

ler

ler der Personen, bei denen sein Argwohn eingetroffen ist, wirklich gekannt habe.

Die beiden scheinbaren Ahndungsphänomene
meiner Freundin waren also weiter nichts, als
**Wirkungen ihres melancholischen Tempera-
ments** gewesen. Ich wurde hiervon in der Folge
noch deutlicher überzeugt, da mein fortgesetzter Umgang mit ihr mir Gelegenheit gab, noch verschiedene Erfahrungen zur Bestätigung meiner Meinung
zu machen.

So dachte sie zum Beispiel einmal in einer
langen Zeit, wo verschiedene Familienumstände und
andre Dinge sie in einer beständigen Zerstreuung
und Heiterkeit erhielten, an keine Ahndung eines
Unglücks, ohnerachtet ihr in der Zeit verschiedene
verdrießliche Unfälle begegneten.

Auf der andern Seite sah ich sie hernach einmal wieder in jenem Zustand der Traurigkeit, wo
sie den Ausgang einer ihrer Angelegenheiten im
voraus mit Gewißheit für unglücklich erklärte, da
nachher gerade das Gegentheil erfolgte.

Genug, es ist mir jetzt kein Zweifel mehr übrig,
daß jene Erscheinungen nur bloß von einem überspannten, aus dem Temperament herrührenden
Trübsinn verursacht wurden, und auch sehr wohl
E 5 daraus

daraus hergeleitet und erklärt werden können. Ich
glaube hierbei die Vermuthung wagen zu dürfen,
daß es wahrscheinlich um die meisten Ahndungsge‚
schichten dieselbe, oder eine andre eben so natürliche
Beschaffenheit haben würde, wenn man sich nur
die Mühe gäbe, sie gehörig zu untersuchen.

In dieser Rücksicht glaub' ich, daß wenn ich
mir auch von meinem Aufsatz keinen andern Nutzen
versprechen könnte, ich mir doch wenigstens schmei‚
cheln darf, die Wahrheit dadurch aufs neue einleuch‚
tend gemacht zu haben, daß in dergleichen Fällen Vor‚
sicht und Sorgfalt bei ihrer Untersuchung nicht
leicht zu weit getrieben werden kann, weil dabei so
viel betrüglicher Schein vorhanden ist — Und die‚
se Wahrheit allein verdiente es schon, die Feder an‚
gesetzt zu haben.

F. G.

Zur

Zur
Seelennaturkunde.

I.

Ueber den Anfang der Wortsprache in psycho-logischer Rücksicht.

Fortsetzung.

(Siehe das vorhergehende Stück.)

Merkwürdiger und wichtiger als alle spekulative Untersuchungen über den Ursprung der Sprache überhaupt, ist für die Aufmerksamkeit des Seelenbeobachters der Anfang, und die Entwickelung der Kindersprache. — Hier hat er den Menschen selbst vor sich, nicht den Menschen, der, wer weiß, vor wie viel Jahrtausenden, in welchen Umständen, und auf welcher Stufe seiner Kultur, die Sprache erfunden haben mag, — und hier darf er nicht fürchten, wenn er anders richtig beobachtet, daß ihn seine Bemühungen höchstens nur zu wahrscheinlichen Hypothesen führen dürften.

Wir können es hier als eine ausgemachte Wahrheit voraussetzen, daß der neugeborne Mensch ohne menschliche Gesellschaft, und ohne eine schon vorhandene Wortsprache derselben nie würde reden

den lernen. Wortsprache ist für den einzelnen
Menschen, wie Rousseau richtig bemerkt hat, kein
Bedürfniß, auch bringt das Kind keinen Trieb für
sie mit auf die Welt; sondern erst nach und nach
entsteht in ihm eine Neigung dazu, indem es andere reden hört, andere es dazu auffordern, und indem überhaupt sein Verlangen körperliche Bedürfnisse sowohl, als Empfindungen seiner Seele andern deutlicher auszudrücken, und die Summe seiner erlangten Begriffe zu ordnen, größer und dringender wird.

Die ersten Sprachausdrücke des Kindes,
wenn wir die unwillkührlichen laute seiner Stimme schon so nennen dürfen, sind entweder ein thie-
risches unartikulirtes Geschrei, wenn es bald einen körperlichen Schmerz, ein bringendes Bedürfniß fühlt, bald auch von einem fürchterlichen, unerwarteten Gegenstande in Schrecken gesetzt wird;
— oder ein lebhaftes Jauchzen der Freude;
wenn es ein gewisses Wohlbehagen in sich empfindet; ein Gefühl, das in ihm leicht durch neue
glänzende Gegenstände, durch den Anblick der zärt-
lichen Mutter, oder auch, wie ich oft bemerkt habe, schon dadurch hervorgebracht wird, wenn man
es aus einem dunkeln Orte schnell in einen hellen
bringt.

Das Lachen der Kinder, welches Hippokra-
tes, wohl etwas zu früh, gleich nach ihrer Geburt
an ihnen beobachtet haben wollte, gehört mit unter
die

die erſten Aeußerungen der menſchlichen Natur⸗
ſprache, und ich möchte noch hinzuſeßen, der Ver⸗
nunft. Das Biſarre und Kontraſtirende in
äußern Formen ſowohl als in Tönen fängt frühzei⸗
tig auf ſie zu würken an, und ſie lachen darüber,
ehe ſie noch reden können; eigentlich aber lachen
ſie mehr aus einer in ſich gefühlten ſtarken Freude,
die zunächſt das Wohlbehagen ihres Körpers be⸗
trift, und bloß thieriſcher Art iſt. *)

Zwiſchen dem Gehör des Kindes und der
menſchlichen Stimme herrſcht gleich vom Anfan⸗
ge ſeines Lebens an die feinſte Harmonie, oder
wenn ich mich ſo ausdrücken darf, das freundſchaft⸗
lichſte Verſtändniß. Das Kind erſchrickt nie vor
der

---

*) Es iſt nicht zu leugnen, daß Thiere, wenigſtens die,
welche näher an den Menſchen angränzen, zuweilen
ein ähnliches Gefühl der Freude haben, indem ſie
es deutlich genug durch ihre äußern Handlungen an
den Tag legen; aber eigentlich lachen ſie doch nie, ſo
wie der Menſch, und der Grund davon liegt wohl
darin, daß ſie aus Mangel lebhafter und deutlicher
Vorſtellungen deſſen, was wir lächerlich nennen, und
einer feinern Einbildungskraft den hohen Grad der
Freude nicht fühlen, deſſen der Menſch fähig iſt. Ue⸗
berdem ſcheint auch ihr gröberes, mit einer haarigten
Haut umgebenes Geſicht, nicht einmahl zum ſichtbaren
Ausdruck des Lachens gebaut zu ſeyn. Doch bemerkt
man an verſchiedenen Thieren, z. B. an Hunden,
wenn ſie ſich ſehr freuen, eine Verzerrung ihrer Ge⸗
ſichtsmuskeln, die einem ſichtbaren Lachen ähnlich ſieht;
ſo wie eine gewiſſe feine Modulation ihrer Stimme,
die wohl nichts anders, als ein Ausdruck ihrer Freu⸗
de ſeyn kann.   Anm. d. Verf.

der Stimme des Menschen, so lange sie nicht über-
trieben, und wider ihre Natur in schreckliche Miß-
töne gezwungen wird; sondern es hört sie mit einem Wohlgefallen an, das bisweilen in ein lautes
Freudengeschrei ausbricht. Wie gern läßt es sich,
so munter es auch ist, durch die mütterliche Stimme in den Schlaf singen: wie begierig hört es nicht
den freundlichen Worten des guten Vaters zu; wie
sehr wird es schon frühzeitig durch die Klagen und
Thränen anderer gerührt, sonderlich derjenigen, die
es lieb hat!*) — Die Stimme der Thiere hat
im Gegentheil gemeiniglich eine ganz andere Wirkung auf dasselbe. Sie hat nicht das Rührende,
Einnehmende, Anziehende und Verständliche
für sein Ohr, als die des Menschen, es wird dadurch

*) Wir haben es freilich wieder vergessen, wenn und in
welchen Umständen die Leiden anderer zuerst auf unser Herz zu würken angefangen haben; aber gewiß ist
dieses schon frühzeitig geschehen. Von unserer Geburt an sind wir selbst körperlichen Leiden unterworfen gewesen, der erste Ausdruck unserer Stimme war
eine laute, weinende Klage über den mühseligen Anfang des menschlichen Lebens; wir scheinen eher einen Begrif vom Schmerz, als von Freude gehabt zu
haben, und es war natürlich, daß, sobald wir die Leiden anderer bemerken konnten, in uns ein Gefühl
des Mitleids gegen sie entstehen mußte, indem wir
uns nehmlich dadurch bald auf eine schwächere, bald
auf eine lebhaftere Art an das erinnerten, was wir
gelitten hatten. Ohne diese Wiedererinnerung scheint
unsere Natur damals keines Mitleids fähig gewesen
zu seyn.   Anm. d. Verf.

durch leicht in Schrecken gesetzt, und es gehört schon einige Zeit dazu, ehe es sich in der Nähe daran gewöhnt. Ich habe Kinder ängstlich weinen sehen, wenn in der Nähe ein Lämmchen blökte, oder ein Hahn krähete, — und wahrscheinlich fürchten sich Kinder auch wohl deswegen gemeiniglich so sehr vor Thieren, weil sie anfangs die Stimme derselben nicht vertragen können. Daß sich übrigens diese dem Gehirne des Kindes tief eindrückt, ist daraus sichtbar, daß es anfangs immer das Thier so benennet, wie es schreit.

So viel von den Ausdrücken des Kindes überhaupt, ehe es noch eine würkliche Wortsprache gelernt hat! — Aber wie gelangt es nun zu dieser; mit welchen Wörtern fängt es seine Sprache an; wie vermeidet es die Verwirrung seiner Begriffe, die durch Erlernung so vieler Sprachwörter, die ihm theils geflissentlich vorgesagt werden, theils durch den Zufall zu seinen Ohren gelangen, so leicht entstehen konnte — kurz wie lernt es sich ordentlich und verständlich ausdrücken? — Fragen, die allerdings beantwortet zu werden verdienen, ob ich mich gleich hier nur im Allgemeinen damit beschäftigen kann.

Wenn wir darauf Acht geben, wie sich Kinder nach und nach durch Worte ausdrücken lernen, so werden wir finden, daß ihre Sprache nichts anders, als eine Nachahmung der Sprache derjenigen ist, die mit ihnen umgehen; selbst diejenigen
Wbr-

Wörter, die in keinem Lexiko der Sprache stehen,
und die sie oft zu unserer Bewunderung selbst erfunden haben, müssen sie irgend einmal von einem
mißverstandenen Tone, abkopirt, oder durch Ver-
wechselung und Vermischung einiger Sprachsilben,
vielleicht nach einer unwillkührlichen Bewegung ihrer Zunge, zusammengesetzt haben; — aber auch
jene Nachahmung der Sprache fängt selten vor dem
ersten Jahre ihres Lebens an, nicht aus Mangel
der Begriffe; sondern wegen einer noch vorhandenen Ungelenkigkeit ihrer Sprachorganen.

Ueber die Art und Weise nun, wie sie jene
Nachahmung anstellen, und nach und nach zu dem
Besitz einer würklichen Wortsprache gelangen, will
ich nur folgende Bemerkungen hiehersetzen.

1) **Kinder fangen zufôrderst** allemal an, **körperliche Individuen auszubrücken**; aber anfangs
ohne Flexion, Verbindungswörter und Artikel.
Von jenen Individuen haben sich von dem Gebrau-
che ihrer Sinnen, sonderlich der Augen an, lange
vor der Erlernung einer Sprache, lebhafte Bilder
in ihrer Seele abgedrückt, sie haben sich davon
durch langes Betrachten, durch Vergleichung
ihrer äußern Formen miteinander, und wo es an-
ging, selbst durch **das Gefühl** klare Begriffe zu
schaffen gesucht, und diese Begriffe wurden nun die
Grundlage aller ihrer konkreten, wie hernach ihrer
abstrakten Erkehntniß. — Es war natürlich, daß
sie von jenen Individuen diejenigen **am ersten aus-**

brücken

drücken mußten, die ihnen am nächsten lagen; deren besondere Gestalten die Aufmerksamkeit erregen konnten; oder die sie auch mit einem gewissen Wohlgefallen betrachteten. Eltern haben daher immer das süße Vergnügen, worauf sie mit Recht Ansprüche machen können, daß ihre Namen zuerst von den kleinen Lieblingen ihrer Herzen ausgesprochen werden. Ueberhaupt lernen Kinder das gemeiniglich am ersten ausdrücken, was eine genaue Beziehung auf die Bedürfnisse ihres Körpers hat, aber sie verfahren dabei ohne alle Ordnung. —

Es ist in der That zu bewundern, wie wenig sich Kinder bei einem Geschäfte, das ihnen doch anfangs nichts weniger als leicht seyn kann, bei Erlernung so vieler unzusammenhängender Sprachwörter, verwirren, womit ihr Gedächtniß, bei ohnehin noch so vielen verworrenen, halbreifen und ungeordneten Begriffen derselben, überladen wird; — allein es kommen ihnen, wie mich dünkt, hier gewisse vortheilhafte Umstände zu Hülfe, die jene Verwirrung verhindern, und hierher rechne ich vornehmlich die schon vorhandenen Bezeichnungen der Abstrakten, der Geschlechter und Arten; (wodurch zugleich ihre Sprache einen weit schnellern Fortgang, als die der ersten Menschen erhalten mußte) die natürliche den Menschen vermöge einer Vernunft angeborne Fähigkeit, Aehnlichkeiten zu bemerken, und denn auch vornehmlich den Unterschied, welchen die Natur in die Be-

schaf-

chaffenheit unserer Begriffe selbst gelegt hat, in
dem sie jedem Sinne sein eigenes Gebiet von Begriffen anwieß, die, so nahe sie auch oft aneinan-
der zu gränzen scheinen, doch sich nicht leicht miteinander verwirren lassen.

2) Das Kind weiß gemeiniglich schon eine
große Anzahl von Substantiven auszudrücken, ehe
es Verben auszusprechen pflegt, und unter diesen
lernt es wiederum die am ersten, welche eine starke in die Sinne fallende Handlung, oder ein
nahes Bedürfniß anzeigen, z. B. reiten, schlagen, fahren, fallen, gehen, donnern, essen, trinken u. s. w. Zuerst drücken Kinder nur immer
den Infinitiv solcher Verben aus; ihr Verbum
wird anfangs gar nicht conjugirt, und die Personen
bezeichnen sie gemeiniglich auf eine erfinderische Art
durch Gesten. Nach und nach lernen sie das Vergangene; am spätesten aber das Zukünftige ausdrücken; wahrscheinlich weil in ihnen die Idee davon immer noch etwas dunkel ist. — Wir bilden
offenbar diesen Begrif erst durch einiges Nachdenken, und durch eine wiederhohlte Erfahrung, daß
etwas Vorhergehendes etwas Nachfolgendes
nach sich ziehen mußte, oder nach sich zu ziehen
pflegte; oder daß eine gewisse Ursache unter den
nehmlichen Umständen immer wieder die nehmliche
Wirkung nach einer gewissen Zeitfolge hervorbringt. Durch solche wiederhohlte Beobachtungen
bilden wir uns den Begrif von Zeit überhaupt,

und

und folglich auch von künftiger Zeit insbesondere; ein Begrif, den wir als klaren Begrif, wohl allein durch Hülfe der Vernunft besitzen, und der mehr als thierischer Instinkt ist. Denn je mehr sich der Mensch der thierischen Natur nähert, deren Gefühle sich nicht, oder gewiß nicht weit, über das Gegenwärtige hinaus erstrecken; je weniger seine körperlichen und geistigen Bedürfnisse werden; je mehr sich sein Nachdenken über seine eigne Existenz und mithin auch die Wißbegierde, seine künftigen Schicksale und Entwickelungen voraus zu erforschen, verliert, desto düsterer und verworrener muß auch nothwendig die Vorstellung von etwas Zukünftigen in ihm werden.

3) Die Kindersprache besteht anfangs nur aus einsilbigten Wörtern, wahrscheinlich deswegen, weil es ohne eine schon längere Uebung den Organen des Kindes schwerer wird, mehrsilbigte auszusprechen. Es pflegt daher auch gewöhnlich diese in einsilbigte zu verwandeln, oder ein solches mehrsilbigtes Wort in zwei oder mehrern Zeitintervallen auszusprechen, so wie es auch nachher bei ganzen Perioden mehrere Ruhepunkte des Redens annimmt, und sich gleichsam die Begriffe nach und nach zuzählt. Ueberhaupt bemerkt man leicht, daß ihm das Reden anfangs äußerst schwer ankommt — ein Beweis, daß Sprache eine erst zu erlangende Fertigkeit, und nichts Angebornes ist; — daß es sich oft martert, ein Wort grade wieder so

F 2   aus-

auszusprechen, als es dasselbe gehört hat, und daß
ihm eben deswegen diejenigen Wörter am willkom-
mensten sind, die eine weiche Aussprache haben.
Kinder reden daher am liebsten in Diminutiven,
und ihre Wärterinnen ergreifen durch dergleichen
weiche Sprachwörter einen bequemen Weg, sie
ans Reden zu gewöhnen, ob sie wohl gleich niemals
über diese gute Methode philosophirt haben mögen.

4) Unsere Vorstellungen, und die Art und
Neigung, sie durch Worte auszudrücken, haben
bei ihrer Entstehung in den Jahren der Kindheit
eine, wie mich dünkt, merkwürdige Beziehung auf
die Größe unseres Körpers. Dieser ist gleichsam
unser erster Maaßstab der Gegenstände, die wir um
uns her wahrnehmen, was ihn nicht angeht, was
für ihn zu groß, zu ungeheuer ist, damit beschäftigt sich auch die Seele des Kindes nicht. Man
sieht es täglich, daß Kinder am liebsten ihre Aufmerksamkeit auf solche Sachen richten, und zunächst für sie Ausdrücke suchen, deren Größe
nicht weit über die ihres Körpers hinausragt. —
Wir haben die sonderbare Empfindung — so wie
überhaupt die ganze erste Entstehungsart unserer
Ideen — vergessen, nach welcher uns alle Gegenstände um uns her, wegen der Kleinheit unseres
Körpers wahrscheinlich viel größer und ungestalteter
vorkommen mußten, als sie uns jetzt erscheinen;
wie Erwachsene noch ungeheure Riesen gegen uns,
die Häuser noch eine Art hoher Gebürge in unsern

Aus

Augen ſeyn mußten; aber etwas Unangenehmes
mußte wohl immer dieſe Empfindung für uns haben, ehe wir uns an die vielen großen Geſtalten um
uns her gewöhnten. Nichts konnte uns daher damals willkommen ſeyn, als Gegenſtände, die uns
an Größe gleich, oder noch kleiner als unſer
Körper waren; daher mit jene große Neigung der
Kinder zu Kindern, und die unermüdete Liebe für
ihr Spielzeug. Sie mögen gern Gegenſtände um
ſich haben, deren Kleinheit ſie zu ſich einladet, an
denen ſie ihre Kräfte und Thätigkeit üben, und
worüber ſie gewiſſermaßen herrſchen können —.

Ich breche dieſe wenigen unvollſtändigen Bemerkungen über den Anfang der Wortſprache der
Kinder, die ich einandermal weiter auszuführen ge-
denke, und zu denen gewiß ein jeder aufmerkſamer
Beobachter des Menſchen noch ſehr viel neue hinzuſetzen kann, mit einigen Gedanken ab, welche die
erſten Fortſchritte menſchlicher Kenntniß durch Hülfe der Sprache betreffen, und in ſofern noch hierher gehören.

Wir machen durch Hülfe der gütigen Natur
die uns auf eine mütterliche Art bald aus dem
Schlummer unſrer Kindheit zu wecken weiß; durch
den wichtigen Beiſtand der Sprache, und der
für uns ſo wohlthätigen Geſellſchaft der Menſchen, ſchon frühzeitig einen nichts weniger als kleinen Fortſchritt unſrer Erkenntniß. Sobald das
Kind zu reden anfängt, oder im eigentlichen Ver-

F 3   ſtande

ſtanbe ein Menſch wird, hebt es ſich auch gar baß
über die mechaniſche Einförmigkeit der Handlungen hinweg, die wir bei aller Verſchiedenheit
der Inſtinkte und der Himmelsſtriche, durch das
ganze Thierreich, von der Muſchel bis zum
Orengutang herrſchen ſehen. Durch die Sprache
wird es ein Weſen höherer Art, eine Gottheit der
Erde, ein Herr der Schöpfung, indem es alle andern vernunftloſen Geſchöpfe durch den Beſitz jenes
vorzüglichen göttlichen Geſchenks weit hinter ſich
zurük läßt, und die große Laufbahn des menſchlichen Denkens frühzeitig beginnt, gleichſam noch in
der Wiege beginnt, wenn jene maſchinenähnliche
Thiere oft ſchon halbe Jahrhunderte hindurch auf
einer und ebenderſelben Stufe ihrer einförmigen
Entwickelung ſtehen geblieben ſind. Man erſtaunt mit Recht, welch einen wichtigen Zuwachs
von Kenntniſſen wir ſchon in den erſten ſechs bis
acht Jahren unſeres Lebens erhalten. In keiner
folgenden Epoche deſſelben ſammeln wir eigentlich
wieder ſo viel neue Ideen, als in jener, denn in
ihr lernen wir eine Sprache mit etliche tauſend verſchiedenen Wörtern, und deren Verbindungen,
Verſetzungen und Wendungen, und zwar eine
Sprache, welche zugleich die weitläuftige Grundlage unſrer geſamten Kenntniſſe iſt, und an die ſich
gleichſam eine ganze Welt von neuen Gegenſtänden
anſchloß; anſtatt daß wir durch Erlernung jeder
andern Sprache nachher nicht neue Begriffe ſondern

dern größtentheils nur neue Wörter für schon vorhandene Begriffe bekennen. — Schade! daß wir
nur alle gar zu zeitig vergessen haben, wie viel damals die Entwickelung unsrer Ideen; durch die
Entwickelung unserer Sprache, und diese umgekehrt durch jene gewonnen hat; denn beide sind in
einander gegründet, und ihr beiderseitiger großer
Einfluß auf einander zeigt sich nachher sehr deutlich
in der ganzen Geschichte des menschlichen Denkens
und Empfindens.

Es ist leicht zu begreifen, daß Kinder von den
unzählichen Sprachwörtern, womit gleich vom Anfang an ihr Ohr überladen wird, oft nur den kleinsten Theil verstehen. Sie können nicht eher bestimmte Begriffe von einer Sache haben, bis sie
ihnen gezeigt wird, bis sie selbst Erfahrungen über
ihre Beschaffenheiten angestellt haben. Ist aber die
Menge von Wörtern womit ihr Gedächtniß frühzeitig angefüllt wird dem Fortkommen ihrer Begriffe nicht mehr höchst schädlich, als nützlich? —
Mir ist das Erstere nicht ganz wahrscheinlich. In
einem gesunden Zustande unserer Seele ist uns ein
dunkeler Begrif immer etwas Unangenehmes.
Schon an dem Kinde sehen wir eine starke Begierde sich deutliche Vorstellungen zu verschaffen,
und bemerken eine innere Unruhe an ihm, wenn es
nicht zu seinem Zwecke kommen konnte. Der Trieb
der menschlichen Seele, ihre Vorstellungen zu erweitern, ist ein mächtiger Trieb (und man kann

F 4

ihn

ihn mit Recht die einzige Grundkraft derselben nen=
nen.) Darauf gründete Lessing sein Urtheil über
das in unsern Zeiten so sehr verschriene Vokabel
lernen, „wenn ich Jugend hätte, sagte er mir einst
als wir auf die neuen spielenden Methoden zu re=
den kamen, wodurch man Kinder auf eine leichte
Art zu großen Lateinern machen wollte, so sollten
sie Vokabeln lernen, wie ich in meiner Jugend habe
Vokabeln lernen müssen; es ist wahr! sie würden
manches Wort nicht verstehen; aber eben das wür=
de die Thätigkeit ihrer Seele zu neuen Begriffen
mehr reizen, als unterdrücken — gesezt, daß es
auch nur mittelmäßige Köpfe wären.“

C. F. Pockels.

II.
Ein Dichter im Schlaf.

Der ehemalige Professor Wähner zu Göttingen
hat oft von sich erzählt, daß ihm in jüngern Jahren
aufgegeben worden, einen gewissen Gedanken in
zwei griechischen Versen auszudrucken.

Er beschäftigt sich ein paar Tage damit, er
kann aber den aufgegebnen Gedanken ohne Nach=
theil seiner Stärke nicht in zwei Verse zwingen.

Er schläft an einem Abend unter der Bemü=
hung, diese zwei Verse heraus zu bringen, ein.

In

In der Nacht klingelt er seiner Aufwärterin, lässet
sich Licht, Papier, Feder und Dinte geben, schreibt
die im Schlafe noch gesuchten und gefundnen zwei
Verse auf, und läßt sie auf seinem Schreibtische
liegen und schläft bis an den Morgen.

Da er aufwacht, weiß er von demjenigen nichts,
was in der Nacht geschehen und fängt von neuem
an; sich Gewalt anzuthun, um die beiden verlang-
ten Verse zu finden; es will ihm aber nicht gelin-
gen. Er steht mit Verdruß darüber auf, geht
an seinen Schreibtisch und findet die beiden in der
Nacht verfertigten und sehr wohl gerathnen Verse,
und zwar mit seiner eignen Hand geschrieben. Er
ruft die Aufwärterin und erkundigt sich, woher das
Blatt mit den zwei geschriebnen Reihen gekommen.
Diese erzählt ihm dann, was in der Nacht geschehen. Er hat sich aber dessen nie erinnern können.
Er versicherte dabei, daß er den Abend vorher
nichts von starkem Getränke genossen, und mit dem
nüchternsten Muthe zu Bette gegangen sey.

III.

Psychologische Bemerkungen über das Lachen, und insbesondere über eine Art des unwill- kührlichen Lachens.

Der Mensch, welcher vermöge der ganzen Anlage seiner Natur, in so vieler Absicht, weit über

das

das Thier erhaben ist, hat auch so gar sein Eigen=
thümliches im Ausdrucke seiner Freude, und seiner
Schmerzen; was wir eigentlich bei keinem Thiere
bemerken, — der Mensch lacht, wenn er sich leb=
haft worüber freut, welches selbst im Traume ge=
schehen kann — und er weint, wenn er entwe=
der selbst einen körperlichen Schmerz, einen Kum=
mer seines Herzens fühlt; oder durch die leiden an=
derer sehr gerührt wird, . indem er sich durch eine
schnelle, bald schwächere bald lebhaftere Zurückerin=
nerung an ähnlich gehabte leiden, in die Stelle des.
andern sezt, und dessen Schmerz zu empfinden
glaubt. Hier fehlt offenbar den Thieren das Ver=
mögen einer vernünftigen Vergleichung ihrer eige=
nen, und anderer Schmerzen, und des deutlichen
Ausdrucks derselben, durch eine Sprache, wodurch
der Mensch so leicht Mitleid gegen sich erregt, und.
ohne die daher das Thier wohl eigentlich keiner Em=
pfindungen des Mitleids, wenigstens keiner solchen,.
als der Mensch, fähig ist. —

Wenn gleich beim lachen immer ein inneres
Wohlbehagen, eine lebhafte Freude über eine
Handlung, oder einen sichtbaren Gegenstand zum
Grunde liegen muß; so lehrt uns doch die Erfah=
rung, daß nicht jede Freude lachen erregt; ja in
gewissen Fällen würden wir, um mich so auszu=
drücken, jene Empfindung der Freude zu beleidi=
gen, und zu beschimpfen glauben, wenn wir sie
durch ein lachen an den Tag legen wollten. Hier=

her

her kann man alle die Fälle rechnen, wo wir uns, — auch wohl in einem sehr hohen Grade, und bei der stärksten Ueberraschung, über ernsthafte Gegenstän⸗ de, z. B. über den reizenden Anblik der Natur, über ein Meisterstück der Kunst, über Handlungen eines edeldenkenden Herzens, über Entdeckungen neuer Wahrheiten, u. s. w. freuen. —

Auf der andern Seite erregt wiederum nicht jeder Schmerz Thränen, wenn er nehmlich nicht stark genug ist, wenn er durch eine Menge Ne⸗ benempfindungen, durch Vorstellungen, die uns leicht zerstreuen, gleichsam in seinem Wege nach dem Auge hin, aufgehalten wird; — oder wenn er auch zu stark ist, daß er unsere Seele betäubt. Der stumme Schmerz, der sich nicht ausdrücken kann, der noch keine wohlthätige Thräne in unsre Augen kommen läßt, der Schmerz der gleichsam an dem Innern unsrer Seele nagt, ist auch der qual⸗ vollste, — wir seufzen alsdann nach dem Ergusse unsrer Thränen, und wenn diese sich erst ergießen; so scheint auch seine mörderische Wuth an uns nach⸗ zulassen.

Lachen und Weinen, dünkt mich, sind beides Erscheinungen an den Menschen, welche gar sehr die Aufmerksamkeit des Psychologen verdienen, in⸗ dem sie dem Menschen allein zukommen, und ehe er noch reden kann, schon die deutliche Sprache seiner Leidenschaften, Schmerzen und Bedürfnisse sind, und gewiß aus sehr guten Absichten des Schöpfers

dazu

dazu gemacht wurden. Mehrere Schriftsteller ha=
ben ihren Ursprung zu erklären gesucht; allein sie
scheinen mit ihren Untersuchungen darüber noch nicht
ganz zu Ende gekommen zu seyn, wenn wir darun=
ter nicht sowohl die Untersuchungen verstehen, wel=
che Gelegenheiten in diesen und jenen Gemüthszu=
ständen, Lachen und Weinen erzeugen; sondern
wie, und warum diese Phänomene grade unter ge=
wissen Umständen und keinen andern, so und nicht
anders entstehen, und wie vielen Antheil daran
bald der Körper, bald die Seele des Menschen hat.
Der unerklärbaren Erscheinungen der menschlichen
Natur, besonders in dem Gebiete der Freude und
des Schmerzes; der dunkeln in uns liegenden Vor=
stellungen die uns oft ganz unwillkürlich zu Empfin=
dungen beider Art reizen; der verschiedenen Mo=
dificationen unsrer Vorstellungen, die sich bei hefti=
gen Leidenschaften alle Augenblicke durch den gegen=
seitigen Einfluß des Leibes und der Seele auf ein=
ander, verändern, sind so unendlich viele, daß es
uns allerdings schwer werden muß in Absicht des
Ursprungs jener Erscheinungen, etwas mit voll=
kommner Gewißheit zu bestimmen, — und mehr
dürfen wir doch darüber nicht bestimmen, als was
uns unser Gefühl sagt, und was sich aus einer rich=
tig angestellten Vergleichung mehrerer Gefühle ana=
logisch schließen läßt; wobei uns aber immer noch
die innere Natur und Entstehungsart derselben un=
bekannt seyn kann.

Was

Was das Lachen insbesondere betrift, so lehrt uns die Erfahrung, daß dabei vornehmlich folgende Ursachen zum Grunde liegen müssen; wir müssen entweder durch das Witzige, Sonderbare und Unerwartete eines launigen Gedankens auf eine angenehme Art gerührt worden; oder es müssen uns ungewöhnliche, bizarre Gegenstände vermöge ihrer lächerlichen Gestalt; oder auch ihrer unregelmäßigen Verbindung, in welcher sie sich mit entgegenstehenden Objekten würklich, oder auch nur unsrer Einbildung nach befinden; — aber auch wegen des Unerwarteten ihrer Handlungen, sehr auffallen. Das Lachen welches durch einen Kitzel des Körpers hervorgebracht wird, oder das sogenannte animalische Lachen, rechne ich nicht hierher, weil unsre Seele daran keinen Antheil zu haben scheint; auch nicht das erzwungne und verstellte Lachen, weil ihm das Angenehme und Erquickende fehlt, welches die andern Arten des Lachens seiner Natur nach allemal begleitet.

Zu den vorher angegebenen Ursachen des Lachens rechne ich noch die Schadenfreude. Ohne mich auf eine genauere Untersuchung der Moralität dieser Art des Lachens einzulassen, die ohnedem hier gerade am unrechten Orte stehen würde, bemerke ich nur, daß dieses Lachen in den allermeisten Fällen, vorausgesezt, daß wir an dem Unglück des andern nicht Schuld sind, nichts böses ist, ob es gleich allerdings sehr unanständig seyn kann. In dem

dem Augenblicke; wenn wir davon unwillkürlich
überrascht werden, z. B. wenn jemand auf eine
lächerliche Art hinfällt, ist es uns nicht leicht möglich, die bizarren Ideen, die sich uns zudrängen,
und die schnell auf einander folgenden Bilder unsrer
spielenden Phantasie, wegzuschaffen, welches gemeiniglich nicht eher geschieht, als bis wir ausgelacht
haben, und die Vorstellungen von dem Schaden
des andern, und das daher entstehende Mitleid,
mehr Stärke in uns erhalten. — Ausserdem sind
oft die Leiden andrer von einer so besondern Art,
das Betragen der Leidenden selbst so albern, und
ihre Denkungsart von der unsrigen, die wir nach
unsrer Meinung in gleichen Fällen an den Tag legen würden, so verschieden, daß wir oft mit Mühe,
oft auch gar nicht an ihren Schiksalen Theil nehmen können. Wer einen Don Quixote würklich
leiden sähe, würde sich eben so wenig des Lachens
enthalten können, als wenn er die Geschichte seiner
lächerlichen Unglücksfälle in dem meisterhaften Romane des Cervantes lieset.

Es ist nicht zu läugnen, daß sich alle jene verschiednen Arten des Lachens aus einer einzigen
Quelle, nehmlich aus einer lebhaften Stimmung der Freude über das Neue und Auffallende
gewisser Dinge, und Ausdrücke erklären lassen,
obgleich die individuellen Veranlassungen dazu
unendlich verschieden seyn können, und sich ohnmöglich alle angeben lassen. Wir haben noch keinen
Maas-

Maaßstab, den Grad dieser Stimmung anzugeben, der zur Hervorbringung des Lachens vorhanden seyn muß, und der nach den so sehr verschiedenen, bald feinern, bald gröbern Empfindungsfähigkeiten der Menschen, und ihren eben so verschiedenen Anlagen des Geistes, Aehnlichkeiten mit einander schnell zu vergleichen, so wie auch nach den jedesmaligen Gemüthszuständen derselben, nicht anders als sehr verschieden ausfallen kann. Manche Menschen können aus Mangel eines feinern Gefühls durchaus nicht das Witzige eines Gedankens empfinden, worüber andre sich nicht satt lachen können; andre scheinen nur für eine einzige Art des Lächerlichen einen Sinn zu haben; einige, besonders Kinder, und kindischwerdende Alte, lachen über jede Kleinigkeit; wieder andre behalten den ewigen kalten Ernst auf ihre Stirne. — Man zeigte uns in der Geschichte eine Menge von Männern, die in ihrem Leben kein einzigesmal gelacht haben sollen, und man hat unsern Erlöser, um ihm wahrscheinlich eine große Ehre dadurch zu erweisen, mit darunter gesezt. *)

So

---

*) Lächerlich genug war der Gedanke eines bekannten Theologen dieses Jahrhunderts, der allenfalls zugestand, daß unser Erlöser habe lachen können; — aber über nichts anders, als über die — Bekehrung eines bußfertigen Sünders. Sieh. b Art. Lachen in Walchs Philos. Wörterb. **Anmerk. d. Verf.**

So viel dünkt mich ist gewiß, daß wir, sey es nun von einem äussern Gegenstande, oder Gedanken, der mit einem andern in einem auffallenden Kontrast steht — überrascht werden müssen, wenn wir darüber lachen sollen. Das lächerliche bleibt zwar seiner Natur nach immer lächerlich, aber es bleibts nicht immer für jeden einzelnen Menschen, und für jeden Zustand unserer Empfindungen. — Es kann den Wiz seiner Neuheit verliehren; es kann nach und nach Ideen in uns aufweken, die unsre Seele zu einem gewissen Mißmuth stimmen, der die folgende Wirkung des lächerlichen auf uns hindert. Wir können das oft nach einiger Zeit mit unverändertem Gesichte hören, und betrachten, worüber wir sonst in ein lautes Lachen ausbrachen — ja der nehmliche Scherz zu oft, und noch dazu von einem elenden Kopfe gesagt, — oder der auch nur sonst etwas Unangenehmes für uns hat, — kann uns endlich gar zum Ekel werden, der mit einem Aerger über diejenigen verbunden ist, die daran noch Geschmak finden können. Allerdings kommt es bei dem Gefühl des lächerlichen mit sehr viel auf die jedesmalige Disposition unsers Körpers an. Es giebt Tage und Stunden, wo wir froheres Muths als sonst sind, ohne daß wir gerade den hinreichenden Grund davon in ein vorhergehendes Nachdenken über angenehme Gegenstände, und die dadurch hervorgebrachte Heiterkeit unsres Geistes sezen könnten. Alle Gegenstän-

de

de haben für uns in solchen unwillkürlich entstandenen frohen Augenblicken ein lachendes Ansehn; unsre Vorstellungen folgen mit einer ungewöhnlichen Leichtigkeit und Zufriedenheit auf einander; schlüpfen gleichsam vor verdrüßlichen Gegenständen vorüber, und machen uns geneigt, selbst das, was uns sonst Kummer macht; von seiner lächerlichen Seite anzusehn. —

Eben so wird jeder die Erfahrung an sich selbst gemacht haben, daß wir oft eine Neigung zum lachen in uns wahrnehmen, ohne daß wir die **eigentliche Ursache** davon bestimmt anzugeben im Stande sind; zumal da diese Neigung oft schnell wie ein Bliz verschwindet. Wahrscheinlich waren es einige dunkle Vorstellungen, und Erinnerungen an gewisse lächerliche Scenen unsres lebens, die vor der Seele schnell vorübergingen, (wie wir auch oft im Schlafe haben) die jene Neigung einige Augenblicke in uns erzeugten; — eben so lacht man gemeiniglich wenn andre lachen, ohne daß man den Grund davon weiß; — oder auch wenn in einer lauten Gesellschaft auf einmal eine feierliche Stille entsteht. Verschiedne meiner Freunde haben mich versichert, daß sie wegen einer solchen entstandnen Stille sich gemeiniglich zwingen müßten, um nicht während des Tischgebets in ein lautes lachen auszubrechen, und daß sie in ihrer Kindheit, weil sie sich beim Gebete durchaus nicht des lachens erwehren

konnten, oft vergebens von ihren Eltern gezüchtigt
worden wären.

Am ungewöhnlichsten, und sonderbarsten
scheint aber die Neigung zum Lachen zu seyn, die
manche Menschen auch wohl ernsthafte Leute, denen
man gewiß keine Leichsinnigkeit Schuld geben kann,
alsdann in sich empfinden, wenn ihnen andre ihre
gehabten, oder gegenwärtigen Leiden schildern. —
Es ist uns freilich nicht immer leicht, uns sogleich
in die Stelle eines Elenden zu versetzen, der uns
seine Leiden klagt, und natürlich eine schnelle Theilnehmung von uns verlangt. Wir können grade
zu der Zeit, daß uns ein Unglücklicher aufstößt, zu
froher Laune seyn, als daß wir uns sogleich für ihn
umstimmen könnten; der Leidende kann auch uns
nicht besonders angehen; er kann zu viel Schuld an
seinem Unglücke haben, seine Art zu klagen, und
sich auszudrücken kann unartig, ungesittet seyn;
er kann Leidenschaften verrathen, die mit unsern
moralischen Begriffen nicht zusammenpassen; oder
wir können auch glauben, daß der größte Theil seines Uebels nur eingebildet ist, diese und mehrere
Umstände können zusammenkommen, welche unser
Mitleid zurückhalten, und uns wohl gar in eine Art
Gleichgültigkeit gegen den Leidenden versetzen. —
Aber unsre Natur scheint uns doch dabey, um mich
so auszudrücken, einen unanständigen Streich zu
spielen, wenn sie uns da ein Lachen abzwingen will,
wo andre einen mitleidsvollen Eindruck auf unser

Herz

Herz machen follten. Mich haben viele Leute, auf deren Aussage ich mich verlassen kann, versichert, daß sie sich oft gezwungen sahen, bey den Klagen andrer das Gesicht von ihnen wegzuwenden; oder sich geschwind einen Schmerz auf der Zunge zu verursachen, um nicht in ein lautes Lachen auszubrechen; — oder auch sich sogleich eines Ausdrucks, einer Wendung ihrer Gedanken zu bedienen, die in dem Augenblick, ohne den Elenden auf einen Verdacht von Gefühllosigkeit zu bringen, mit einer lachenden Miene gesagt werden konnte; ein Lachen woburch sie nach ihrem Geständnisse, das durch den leidenden unwillkürlich verursachte, gleichsam bemänteln wollten.

Woher nun diese unwillkürliche Erscheinung an den Menschen, und zwar grade alsdann, wenn wir uns selbst ihre Leiden vorstellen, und sie sogar vor uns leiden sehen? — Mich dünkt, man könne die Sache ohngefähr so erklären.

Wir mögen entweder von einem körperlichen Schmerz, oder von irgend einem Kummer unsrer Seele angegriffen werden, so ändern sich auch sogleich an den meisten Menschen hundert Dinge, die nun wegen ihrer veränderten Gestalt einen ganz andern Eindruk auf uns, als sonst machen müssen.

Die Sprache, Geberden, der Gang, oft die ganze Denkungsart des Menschen wird gemeiniglich anders, wenn er leidet, und diese schnelle Veränderung des Menschen, die oft den angesehnsten

G 2   Mann

Mann zum lächerlichen Betragen eines Kindes her-
absezt, diese weinerliche Stimme, diese ernsthafte
zusammengezogene Stirne, dieser schleichende furchtsame Gang, und dann auch vornehmlich das Bizarre, Auffahrende, Ungedulbige, was viele Menschen in ihrem Unglücke an den Tag legen, hat etwas sehr auffallendes und Kontrastirendes an sich,
und dieses Sonderbare kann denn leicht, zumal
wenn wir uns das Elend des andern noch nicht
deutlich genug vorstellen, uns eine Neigung zum
Lachen einflössen, wozu noch der besondere Umstand
kommt:

    Das Gesicht des Traurigen hat in Absicht der
Verzerrung seiner Muskeln, eine Aehnlichkeit mit
dem Gesichte des Lachenden, durch dieß leztere werden wir auf eine mechanische Art selbst zum Lachen
gestimmt. Das Verzerrte und Verzogene unsrer
Mienen erregt es schon ohne Begleitung witziger
Gedanken. — Etwas ähnlich Verzerrtes sehen
wir im Gesichte des Klagenden, zumal wenn sein
Schmerz körperlich ist, und diese verschobene Ge-
sichtsform, die sonst gewöhnlich uns zum Lachen
geneigt macht, wenn der andre keinen Schmerz
fühlt, ist es, nach meiner Meinung, welche uns
auch denn lächerlich vorkömmt, wenn der andre leidet. Eben so kann es leicht geschehen, daß uns
ein Lachen auch alsdann anwandelt, wenn wir andern unsre Leiden zu schildern anfangen wollen, indem die, welche uns anhören, entweder aus würk-

lichen

lichem Mitleid, oder aus einer verstellten Theil
nehmung ihr Gesicht in ernsthafte Falten zu legen
suchen, was uns oft nicht anders als lächerlich bekommen kann.

Zur Erläuterung des Vorhergehenden will ich
nur noch folgende Bemerkungen hinzusetzen, die sich
von allen Menschen, doch nach den verschiednen
Graden ihrer Empfindungsfähigkeiten, und Organisation verschieden abstrahlren lassen: Wenn wir
auf uns genau Acht geben, sonderlich wenn wir
uns in dem Zustande gemischter Empfindungen
befinden, — (und wahrscheinlich befinden wir uns
immer darin, ob wir uns dieses Zustandes gleich
nicht allemal deutlich bewußt seyn können; —)
so kann es uns nicht schwer werden zu bemerken,
daß die Empfindungen des Angenehmen und Unangenehmen gar leicht in der Seele mit einander ab-
wechseln, unbegreiflich schnell in einander übergehen, und sich in einander auflösen lassen —
und zwar nicht immer nach einer Folge vorherge-
gangener deutlicher Vorstellungen darüber, sondern
sehr oft durch einen plötzlichen Tausch unsrer Gefühle, um den wir uns keine Mühe gegeben hatten.
Unzählig oft sind wir uns der Gründe nicht ganz
bewußt, wie und durch welche Mittelwege sie aus
einem angenehmen Zustande in einen unangenehmen, und umgekehrt, übergehen. Nach einem
langen heftigen Schmerz unsrer Seele fühlen wir
oft auf einmal ein inneres Wohlbehagen; obgleich

G 3 die

die Ursach des Schmerzes noch nicht aufgehört hat;
und wir durch keine vorhergehenden Vorstellungen
zu dieser wohlthätigen Empfindung gestimmt wurden. Freilich dauert dieser Zustand selten lange;
der Schmerz fängt bald wieder von neuem zu wü-
then an, hört auch verschiednemal wieder auf, bis
wir ihn nach und nach erträglicher finden. In dieser schwankenden Bewegung der angenehmen und
unangenehmen Empfindungen, sehen wir sehr oft,
vornehmlich lebhafte Geister, und die noch welche
Seele junger Kinder, die man oft in einer Minute
weinen und lachen sieht.

Noch ein andrer hierher gehöriger Erfahrungs-
satz ist der, daß ein solcher Wechsel zwischen angenehmen und unangenehmen Empfindungen gemeiniglich leichter erfolgt, wenn die Seele irgend auf
eine Art entweder durch lebhafte Freuden, oder leiden sehr erschüttert ist, als wenn sie sich, um mich
so auszudrücken, in einem Gleichgewicht ihrer
Empfindungen und Vorstellungen befindet, und sich
also mehr in ihrer Gewalt hat. Für die meisten
Menschen sind sehr froh durchlebte Stunden gefährliche Vorboten trüber Gedanken und Empfindungen, von denen sie nicht selten mitten im Genuß
der Freude unwillkürlich überrascht werden, und
wodurch sich auf einmal alle Kanäle des Frohseins
in ihrem Herzen verstopfen. — Umgekehrt zerreis-
sen oft die Bande womit uns ein heftiger Schmerz
gefangen hielt, ehe wir's uns versehn, — und

ohne

ohne daß vorher die stärksten Gründe der Vernunft
etwas zu unsrer Beruhigung beitragen konnten, ist
es oft ein einiger äusserer kleiner Umstand, der uns
auf einmal froh machte, und eine ganz neue ange‑
nehme Folge von Vorstellungen in uns erweckt.

Es entsteht hier die Frage, nach welchem Ge‑
setze dieser unwillkürliche Wechsel unsrer Empfindun‑
gen, der so sichtbar von unserm Körper abhängt,
erfolgt? — mich dünkt, um die Sache sinnlich
auszudrücken, nach einer bald stärkern, bald
schwächern Nervenerschütterung als der vor‑
nehmsten Werkzeuge unsrer Empfindungen *).

G 4　　　　Wird

*) Der menschliche Beobachtungsgeist und Scharfsinn
wird es wohl schwerlich dahin bringen, daß man die
Bewegungen unsrer Nerven, die nöthig sind um
Schmerz und Vergnügen in dem menschlichen Körper
hervorzubringen so wie die verschlednen Erschütterun‑
gen einer Saite angeben, und berechnen könnte. Ein
Calkulus unsrer Empfindungen beider Art würde uns
aber gewiß sehr tiefe Blicke in die Natur der mensch‑
lichen Seele thun lassen. — Wir würden alsdenn
nicht mehr nach dem Gesicht allein, sondern nach
Gründen der Vernunft, die Grenzen bestimmen kön‑
nen, wo sich eigentlich Schmerz und Vergnügen, ob
sie gleich in einem Organ vereinigt sind, von einan‑
der trennen; wir würden richtigere Begriffe von der
Natur gemischter Empfindungen bekommen, und der
Ursprung aller unsrer Ideen und ihrer unendlichen
Abwechselungen, sonderlich ob wir durch ganz freie
Willkühr von einem Gedanken zu dem andern überge‑
hen; wie Gedanken auf unsern Willen würken, und
wie weit wir eigentlich frei, oder nicht frei handelnde
Wesen genennt werden können — würde uns alsdenn
viel

Wird ein Theil unseres Nervengebäudes so afficirt,
daß dessen Erschütterungen in einer gleichmäßigen,
der Gesundheit der Maschine vortheilhaften Bewegung erfolgen, wodurch der Zusammenhang der
Theile nicht getrennt, sondern in der natürlichen
Ordnung des Gebrauchs jener Theile gelassen wird;
so stellen wir uns vor daß die Empfindung eine
körperlich angenehme Empfindung seyn müsse;
aber unsre Nerven können auch unregelmäßig, mit
zu vieler Anstrengung, und wider die Regeln der
Gesundheit der Maschine erschüttert werden; alsdenn glauben wir, daß die Empfindung unangenehm sey. Wie nahe grenzt nicht Vergnügen und
Schmerz bei dem Reiben einer Wunde zusammen! — jenes wird durch ein sanftes Berühren,
dieser durch ein stärkeres hervorgebracht; das Licht
der Sonne, wenn wir es von andern Körpern und
sonderlich durch die Farben zurückgeworfen, erhalten, ist angenehm und wohlthätig, da es uns hingegen Schmerzen in den Augen verursacht, wenn
wir sie selbst nach der Sonne richten. — Das
Sanfte und Harmonische einer Musik theilt sich unserm

viel einleuchtender als jetzt seyn, da wir um mich so
auszudrücken, das innere Räderwerk unsrer Empfindungen und Vorstellungen nur nach seinen Aussen-
werken kennen, und uns mit einem Unterschiede
quälen, den die Schule zwischen zwei einander entge-
gengesezten Substanzen — nicht ohne Grund; aber
auch ohne Vortheil für die sogenannte Seelenlehre
gemacht hat.   Anm. d. Verf.

serm Ohre auf die angenehmste Art mit, es bringt
in die Seele, und erregt Leidenschaften, die nur
sonst die edle Sprache der Zunge, und die Gründe
einer nachdenkenden Vernunft erzeugen können;
allein wir verstopfen die Ohren, wenn wir Disso=
nanzen hören müssen, oder wenn auch die Harmo=
nie der Töne zu laut und schreiend wird. In allen
diesen, und noch hundert andern Fällen, ist es sicht=
bar, daß die Verschiedenheit unsrer Empfindun=
gen von den verschiedenen Graden der Nervener=
schütterung abhängt, und daß, weil diese bald stär=
ker bald schwächer werden kann, jene Empfindun=
gen selbst unendlich leicht, als körperliche Bewe=
gungen unsrer Maschine betrachtet, in einander
übergehen, und sich in einander auflösen können.
Aber noch mehr. — Nicht nur der Wechsel solcher
Empfindungen, die sich unmittelbar auf unsere
Sinne, und die feinern Werkzeuge derselben, nem=
lich auf den Bau und die Bewegung unsrer Nerven
beziehen, hängt von ihrer bald stärkern bald schwä=
chern Erschütterung ab; — sondern das ganze
Geschäfte unsres Denkens, und die Empfindungen,
welche sich zunächst allein auf den Einfluß eines
einfachen Wesens auf unsre sinnliche Natur, oder
sogenannter abstrakter Vorstellungen auf dieselbe zu
gründen scheinen, werden nicht selten nach obigen
großen mechanischen Empfindungsgesetze bestimmt,
und wechseln so leicht mit einander ab, als die blos
thierischen Gefühle von Schmerz und Lust es nur

immer

immer thun können; langes fortgeſeztes Nachdenken erregt nicht ſelten Unluſt der Seele, ſo viel Vergnügen es auch anfangs gewährte; die zu lebhafte
Vorſtellung eines nahen Glücks iſt nicht ſelten in den
nehmlichen Augenblicken mit einer heftigen ahnen-
den Unruh verbunden, die wir uns nicht erklären
können, und wer kennt nicht Leute, die ſich ſelbſt bei
einem gegenwärtigen Glücke nicht ſo wie ſie wün-
ſchen, freuen, weil ſie nicht über den unwillkürlich,
immer von neuem aufſteigenden Gedanken hinweg-
kommen können, daß ihr Glück von kurzer Dauer
ſeyn werde; ob ſie gleich keine Gründe zu dieſer
Furcht haben. Das Weinen aus Freude kann man
ſich gleichfalls nicht anders, als aus ſolch einem
ſchnellen Uebergange einer frohen in eine unangenehme traurigmachehde Empfindung erklären, die
uns zu einer Wehmuth reizt, welche Thränen aus
unſern Augen lokt, und die wir denn durch eine
Täuſchung unſrer Empfindungen, für Würkungen
der Freude allein halten.

C. F. Pockels.

Zur
Seelenzeichenkunde.

Nebeneinanderstellung jugendlicher Charaktere.

Es ist wahrlich für einen Lehrer, der es gut mit seinen Schülern meint, sehr angenehm, wenn er bemerkt, daß diejenigen, die ihm beim ersten Anschein durch ihre Minen und durch ihr ganzes Aeusseres; oder durch Aufführung und Fleiß mehr als etwas Gemeines und Gewöhnliches zu versprechen scheinen, immer auf dem guten Wege weiter gehn, und seine Vermuthungen immer gegründeter machen.

Daß ihm die gegenseitigen Bemerkungen kränkend und traurig seyn müssen, ist freilich auch wahr; aber es bleibt doch immer noch Hofnung übrig, daß durch irgend ein Etwas in der Folge — es sey später oder früher — eine glückliche Umänderung bewirkt werden könnte. Und diese Hofnung hat bei mir immer das Uebergewicht über die Besorgniß, daß der Bessere eben so leicht verführt und schlimmer werden könnte.

* *. der erste, von dem ich im zweiten Stücke des ersten Bandes des Mag. zur Erfahrungsseelenkunde einige Züge seines Charakters, oder vielmehr seiner itzigen Anlagen und Denkungsart anführte, geht noch immer seinen graden Weg fort. Es versteht

steht sich, daß seine Seelenkräfte sich mehr ent-
wickelt haben. Sein Fleiß ist immer noch anhaltend, und deshalb bringt er es auch weiter als viele
von seinen Mitschülern, die er wirklich hinter sich
gelassen hat. In seinem Gesichte herrscht noch ein
freundlicher gefälliger Ernst. Wenn ihm irgend
etwas unangenehm ist: so weiß er dieß in seinem
Gesichte zu erkennen zu geben, ohne daß man seine
Mine mürrisch oder verdrüßlich nennen dürfte.

Er empfindet schnell, und mit einer gewissen
Lebhaftigkeit, die von der Wärme zeigt, mit welcher
er Antheil an demjenigen nimmt, wovon die Rede
ist; aber es ist keine flüchtige schnell vorübergehende
Empfindung. Er ist schnell in seinen Antworten,
und gleichwohl verrathen sie Nachdenken. Eben so
schnell lieset er, und man kann aus seinem Tone bemerken, daß er mit Gefühl und mit Einsicht liest.

Seine ganze Denkungsart scheint Ernsthaftig-
keit zur Grundlage zu haben. Er nimmt selten
Antheil an demjenigen, was um und neben ihm
vorgeht, weil seine Aufmerksamkeit immer auf etwas Erheblicheres gerichtet ist.

Seine wörtlichen Ausdrücke verrathen oft etwas Männliches; aber nie eine Empfindung von
Stolz, als ob er mehr wisse und etwas besser mache,
als andre. Seine schriftlichen Ausdrücke sind eben
so, und oft voll Laune. Auch hat er keine gemeine
Anlage ein Dichter zu werden. Ich will zum Beweise

weise davon die letzte Strophe aus einem Gedichte
beim Grabe seiner Schwester hersetzen:

> Ruh indessen sanft, o Liebe, Beste!
> Siehst ja Gottes Angesicht.
> Und hier, diese morschen Ueberreste —
> Wie? gebrauchst du sie doch nicht!

In seiner Kleidung, so wie überhaupt in seinen
Sachen herrscht Ordnung, Pünktlichkeit und Rein-
lichkeit. Diese letzte übertreibt er nicht bis zur Zie-
rerei; sie scheint ihm vielmehr schon zur Gewohnheit
geworden zu seyn, ohne daß er sich viel Mühe geben dürfte, sie zu erhalten. Seine Ordnung und
Pünktlichkeit beweiset er auch in seinem Fleiße. Er
hat das Aufgegebene gewiß immer zu rechter Zeit
fertig, und sicher allemal den meisten Fleiß darauf
verwendet. Dabei scheint er alles gern und un-
verdrossen zu thun, ohne die Mühe zu scheuen, die
etwa mit seinen Arbeiten verbunden seyn möchte.
Er genießt einer fortdauernden Gesundheit, die ihm
ein langes, thätiges und nützliches Leben verspricht.

----

* * dessen ich im zweiten Bande im zweiten
Stücke dieses Magazins erwähnt, und von dem
ich meine Beobachtungen fortzusetzen versprochen
habe, bleibt sich auch noch ziemlich gleich. Sein
Auge verräth etwas Schlaues, aber Gutmüthiges,
und sein Gesicht eine muntre, blühende und völlige
Gesundheit. Er ist unruhig, und muß immer mit
irgend

irgend etwas zu thun haben, sollte es auch nur sein
Hut oder ein Buch seyn, womit er sich beschäftigt.

Alle diese kleine, geschäftige Unruhe hindert
ihn aber nicht an Aufmerksamkeit und Fleiß, und
wenn er irgend etwas nicht behalten hat: so ist er
verlegen, gleichsam als ob er fragen wollte; wie
kömmt es doch, daß ich dies nicht weiß, nicht behalten habe? — Diese seine kleine Aengstlichkeit
giebt ihm ein drolligtes Ansehn, denn er will nicht
gern eine Antwort schuldig bleiben, und deshalb
macht er sich, gemeiniglich mit seinem Hute, so
viel zu schaffen, als ob er durch diese Thätigkeit seines Körpers um so eher eine richtige Antwort herausbringen würde.

Sein Eifer, weiter zu kommen; eine höhere
Stelle zu erhalten und zu behaupten, ist ausserordentlich stark, aber nicht weniger der Fleiß, den er
verwendet, um dieß erreichen zu können. „Werd
ich versetzt werden? werd ich heraufkommen?"
Das sind ihm Fragen von der größten Wichtigkeit;
und die reinste, unschuldigste Freude glänzt auf seinem Gesichte, wenn er zu mir kömmt und sagt:
ich habe das und das gelernt. In seinem kleinen
Eifer geht er wohl so weit, daß er, wenn ihn einer
beleidigt, um sich stößt, aber es geschieht sehr selten, und es ist ihm gleich selbst leid, so daß auch
fast noch keine Klage über ihn gewesen ist.

Nur erst kürzlich kam er, und sagte, daß ihn
sein Nebenschüler gestossen habe. Ich fragte ihn,

ob

ob es auch wohl mit Vorſatz geſchehn ſey. — Und
es war eine herrliche Verwandlung, die mit einem
male in ſeinem Geſichte vorging. Seine Empfindlichkeit und der Ernſt, mit dem er die Sache aufgenommen, war ihm anzuſehn, und nun, da ich
ihm dieſe Frage vorlegte, heiterten ſich ſeine Minen
auf; ſein Auge ging wechſelsweiſe von mir zu ſeinem kleinen Beleidiger; er lächelte und konnte vor
Freuden nichts ſagen. Er ſetzte ſich vergnügt nieder, und hielt nun die Sache für völlig abgemacht.

Dieſe Gutmüthigkeit iſt ihm ſehr eigen. Auch
liebt er ſeinen Bruder mit wirklicher Zärtlichkeit.
Dieſer hatte ſich einmal geſtoſſen und eine kleine
Beule bekommen. Er bedauerte ihn und in jeder
Mine war die brüderlichſte Theilnehmung aufs leb-
hafteſte gezeichnet. Sanft faßt er ihn an die Hand
und brachte ihn nach Hauſe.

Wie gern weilt man bei dergleichen Auftritten!
Du wirſt einmal das Glück deines Hauſes und deiner Angehörigen werden! das dacht ich in dem
Augenblicke, und denk es noch, ſo wie ich überhaupt
glaube, daß er ein nützliches Mitglied der menſchlichen Geſellſchaft werden wird. Auch iſt ſeine
häusliche Erziehung gut, und ſein etwas jüngerer
Bruder hat viel Aehnlichkeit mit ihm.

* * von etwa 12 bis 13 Jahren gehört unter diejenigen, die ſich durch etwas Eigenthümliches am
meiſten

meiſten von andern unterſcheiden. Es iſt, als
wenn eine Legion unruhiger Geiſter in ihm wohnten
und ihn beherrſchten. Er kann durchaus nicht ſtill
ſitzen, durchaus nicht leben, athmen, ohne irgend
etwas vorzunehmen.

Seine häusliche Erziehung mag wohl nicht unter die beſte gehören; wenigſtens müſſen ſeine Eltern wenig Aufſicht über ihn haben, wenig väter-
lichen und mütterlichen Ernſt bei ihm gebrauchen.
Auch ſind alle ſeine Unruhen von der gemeinſten und
niedrigſten Art. Wie vermag man ihn alſo —
unter ſo Vielen — zu lenken, zu beſſern? Er
weiß ſein Geſicht auf hunderterlei Art zu verändern,
zu verzerren, und ſtellt überhaupt in ſeinen poſſier-
lichen Anwandlungen einen wahren Harlekin vor.
Oft koſtet es Mühe, ſeine Narrheit mit Gleichgültigkeit und ohne lächeln anzuſehn — wenn nur
nicht der Gedanke zu ernſthaft wäre, daß er ſeine
eigne Würde erniedrigt; die er aber freilich zu wenig fühlt und zu ſchätzen weiß, daß er vielmehr gar
nichts für ernſthaft und wichtig hält.

Sein Auge verräth Feuer und Lebhaftigkeit,
aber ſeine Minen hat er äuſſerſt in ſeiner Gewalt,
ſo daß es wirklich ſchwer fällt, davon irgend etwas
Sicheres zu ſagen. In ſeinem Taumel iſt jede
Nerve, jede Muskel, jede Mine Bewegung und
Einklang. Sieht man ihn mitten in dieſem Tu-
mult an: ſo iſt mit einemmale alles in Ruhe. Er
ſitzt da, als ob er ein Träumer wäre, zieht den

Mund

Mund enge zusammen, und athmet so tief aus der
Brust heraus, als ob er über ein großes Unglück
seufzte, daß ihm zugestoßen ist, dem er abhelfen
will, und wozu er kein Mittel finden kann.

Wenn man ihn zur Rede sezt: so hat er eine
Menge von Entschuldigungen. Wenn er gestraft
werden soll: so ist er in tausend Aengsten und seine
Furcht ist umbeschreiblich. Er bittet, er liebkoset,
sagt in einer Reihe die schmeichelhaftesten, und
süßesten Beiwörter her, macht komische Stellungen, Verzuckungen, als ob er nicht reden könnt,
oder schreit gewaltig und verspricht, es in seinem
ganzen, ganzen Leben nicht mehr zu thun. Es ist
auch nichts mit ihm auszurichten, denn unmittelbar nach der Strafe gehn seine Tausendkünste wieder aufs neue an; und man kann, denk ich, nichts
beßres thun, als ihn von andern entfernen, um ihn
näher und allein vor sich zu haben.

Tücke und Bosheit ist bei ihm nicht. Er
neckt zwar seine Mitschüler, aber nie auf eine bittre
und kränkende Art, und zuweilen hat er wirklich etwas Gutthätiges in seinen Betragen gegen andre.
Ich glaube, wenn er beßre Erziehung, frühere und
mehr Gelegenheit zum lernen und mehr Aufsicht gehabt hätte, so hätt' er sich auf irgend eine Weise
als Genie ausgezeichnet, da er nun ein Wildfang,
ein unruhiger Kopf werden wird, ohne etwas Nützliches in der Welt zu leisten. Es fehlt ihm nicht
ganz an Anlage; aber sie hat keine Richtung, kein

Ziel. Das, was er weiß, kann er unmöglich bei sich behalten; er muß es sagen und wissen lassen, und sollt es auch noch so sehr verboten und zur unrechten Zeit gesagt seyn — Eigentliche Lust zur Arbeit und eigentlichen Fleiß kennt er nicht. Ordnung und Genauigkeit sind ihm sehr unbedeutende Sachen. Erinnerungen sind völlig unwirksam auf seine Seele, und machen auch nicht auf einen Augenblick einigen Eindruck auf ihn. Daß er ein unrechtes Buch, oder gar keins hat, das ist für ihn so etwas unerhebliches, daß man es ihm ansehn kann, wie er sich wundert, sich darnach erkundigen zu können. Sein Gang ist mehr ein Springen und Hüpfen, als ein Gehen, und auch dann arbeitet sein ganzer Körper, wo die Füsse nur in Bewegung seyn sollten. Wenn es noch Hofnarren oder noch Harlekine auf den Bühnen gäbe: so möchte er durch so einen Posten sein Glück machen können; da aber das nicht ist: so wird er sich damit begnügen müssen, in einem kleinern Zirkel für andre ein Lustigmacher zu seyn. Wahrlich eine elende Beschäftigung! —

Seidel.

Zur

Seelenheilkunde.

I.

(Der folgende Brief enthält, ohngeachtet des Schwärmeri-
schen und Einfältigen im Ausdruck, sehr vernünftige
Gedanken, und ist uns so merkwürdiger, weil er von
einen Unstudirten zu kommen scheint, der bloß nach
seinem richtigen Gefühl, ohne vorgefaßte Meinungen,
urtheilt.)

Güstrow im Mecklenb. 1783 Nov. den 9:en.

Sagen möchte ich Ihnen gern mehres, als ich
durch Briefe zu Ihnen tragen lassen kann.
Sie zu besuchen, wollen meine Umstände nicht zulassen; also übersende ich Ihnen diesen Brief.

October den 27sten kam mir unvermuthet das
erste Stück des ersten Bandes von dem Magazin
zur Erfahrungsseelenkunde zu Händen, was darinnen von der Seelenkrankheitskunde und von der
Seelenheilkunde gesagt wird, ist mir vorzüglich
wichtig, weil ich selbst seit kurzer Zeit, von einer
neunjährigen Seelenkrankheit, durch meines gütigen
Schöpfers und Erhalters Beystand, (bis auf kleine
Anfälle) gesund geworden bin.

Der ein, die Seelenkrankheit der Menschen,
heilender Arzt seyn will, (ich meine, Einer, der
die unsaubern mit Fäusten schlagende Satans-En-

H 2 gel,

gel, aus Seelenkranken Menschen heraustreiben
will,) muß nothwendig die Seelenkrankheit erst
selbst überstanden haben, das heißt — Er muß mit
seinem gütigen Schöpfer und Erhalter, und mit
sich selbst im festen Frieden stehn, er muß daneben
vielfältige Menschenkenntniß haben, und ein scharf-
sichtiger Beobachter der Menschen seyn.

Seelenkranke Menschen, bei denen entweder
übertriebne Liebebegierde oder übertriebne Ehrbegierde (eine Begierde, für der andern starke
Macht hat,) die müssen entweder von der Liebebegierde zur Ehrbegierde, oder umgekehrt, durch Kunst
des Arztes übergelocket werden.

Bei denen also, wo Liebebegierde und Ehrbegierde ohngefähr mit gleicher Macht herrschen, denen
muß der Arzt scherzhafte Erzählungen und lustige
Begebenheiten, die Seelen in Bewegung bringen,
und durch wohlthätige Erzählungen und lobenswür-
dige Begebenheiten, die Seelen erweichen, (er muß
die Gedanken bei ihnen vervielfältigen,) sie zum
Umgange mit allerley Menschen wieder gewöhnen,
und sie zu beständigen Geschäften anweisen, er
muß sie überführen, daß auf der Welt nichts ist,
das eine übertriebne Liebe werth sey, daß übertriebene Ehrbegierde Unsinn, und laufen zum Nach-
ruhm — Raserey sey, er muß sie oft an die kurze
Dauer des zeitlichen Lebens erinnern.

Alle Seelenkranke Menschen hegen unzufriedne
Gedanken gegen ihren gütigen Schöpfer und Er-

halter,

halter, und gegen sich selbst. Als überflüßig will
ich nur erinnern, daß der Arzt, auch nicht mal den
Schein des Arztes von sich blicken lassen darf. Ich
wünsche von ganzer Seele — und hoffe, daß viele
Menschenkenner die Kunst — Seelenkranke Menschen zu heilen, gründlich zu erforschen suchen, und
der Welt bekannt machen werden.

J. S. K.

II.

Einer meiner Freunde hat einen Sohn, den, bei
dem besten Herzen, ein unseeliger Hang zum
Theater beinahe um die ganze Glückseeligkeit seines
Lebens gebracht hätte.

Schon im 19ten Jahr hatte er nach einem zu
sehr angestrengten Fleiß in der Geschichte einen Anfall von Hypochondrie gehabt, der einige Monathe
dauerte, und worauf eine übertriebene Heiterkeit
des Gemüths folgte, die ihn eine Zeitlang zu allen
ernsthaften Beschäftigungen unfähig machte.

Er fing nun an, Komödien zu lesen, und gewann diese Lektüre bald so lieb, daß seine ganze
Seele von Ideen aus der theatralischen Welt angefüllt wurde. Nun fügte es sich, daß eine her-
umwandernde Schauspielergesellschaft gerade zu der
Zeit in seine Vaterstadt kam, wo er nun das, womit sein Geist sich schon immer bei Tage beschäfti-

get,

get, und wovon er des Nachts geträumt hatte,
vor seinen Augen wirklich vorgestellt sahe. —

Jetzt war er seiner nicht mehr mächtig. Die
wirkliche Welt war vor ihm verschwunden, und er
lebte und webte bloß in der Theaterwelt.

Sobald er auf seiner Stube allein war, deklamirte er sich die Rollen wieder vor, welche den
meisten Eindruck auf ihn gemacht hatten, und
schonte dabei seine Stimme und seine Hände nicht.

Sein Vater traf ihn einmal in einer dieser Attitüden an, und bestrafte ihn durch einem Blick,
welcher unsern Roscius, der ihn anfänglich nicht
bemerkt hatte, in die größte Verwirrung und Beschämung versetzte. — Sein Vater lächelte, und
ließ es gut seyn. — Hätte er damals die sehr ernsthaften Folgen dieses Uebungsspiels bei seinem Sohne voraussehen können; er würde wahrscheinlich
nicht gelächelt haben.

Der Sohn meines Freundes, den wir D * * *
nennen wollen, bezog nun die Universität mit dem
besten Vorsatze, fleißig zu seyn, aber mit der schlechtesten Anlage, diesen Vorsatz auszuführen, der gar
nicht recht mit dem Ideal übereinstimmen wollte,
was sich seine Phantasie von seinem künftigen Leben entworfen hatte.

Uebrigens kam ihm das zu statten, daß er
Theologie studieren sollte. — Denn nun fing er
bald an zu predigen, und konnte doch auf die Weise
seinen

seinen unwiderstehlichen Hang zum theatralischen
Deklamiren in etwas befriedigen.

Ein Grund, der mehr junge Leute zum Stu=
dium der Theologie antreibt, als man glauben soll=
te. — Die Neigungen der Jünglinge werden im=
mer mehr durch die Zeichen der Sache, als durch
die Sache selbst gelenkt. Der zierliche Husaren=
pelz, und der weiße Kragen machen mehr Prosely=
ten, als der Degen und die Bibel.

D * * * hatte seine Universitätsjahre vollendet,
und sollte sich nun in seiner Vaterstadt zu irgend
einem geistlichen Amte tüchtig zu machen suchen.
Unglücklicher Weise mußte daselbst gerade zu glei=
cher Zeit mit ihm wieder eine Schauspielergesell=
schaft eintreffen. — In mehrern Jahren hatte er
nicht Gelegenheit gehabt, ein Schauspiel zu besu=
chen. — Auf einmal erwachten nun die lange er=
stickten Vorstellungen und Träume wieder. Die
Theaterwelt stand aufs neue in ihrem höchsten
Glanze vor seiner Seele da.

Alles übrige wurde ihm verhaßt, die Freuden
aus der wirklichen Welt wurden ihm schaal und ab=
geschmackt. Er sahe keine Aussicht, seinen Wunsch
zu erfüllen, ohne seinen Vater zu kränken und zu
hintergehen. Auch lag bei ihm selbst die zu schwa=
che Vernunft, mit der stärkern Phantasie, in im=
merwährendem Kampfe.

Während daß er es versäumte, sich auf der
ihm vorgeschriebenen Laufbahn des Lebens weiter zu

H 4 brin=

bringen, hatte er doch auch noch nicht den Muth
für sich selbst eine andre anzutreten, die für ihn
unendlich viel mehrere Reize hatte.

Verschiedene seiner Freunde, die mit ihm im
gleichen Alter waren, und gleiche Aussichten hatten, machten in kurzem ihr Glück. Dieß schmerz-
te ihn, ohne daß er sich ein ähnliches Glück gewünscht haben würde. Und doch machte er auch
keine Anstalt dazu, auf seine eigne Weise glücklich
zu seyn.

Weil er nun kein Ziel hatte, worauf die einzelnen kleinen Handlungen seines Lebens, im Ganzen genommen, abzwecken konnten, so ging es ihm,
wie einem Wanderer, der einen Scheideweg vor
sich sieht, wo er nicht weiß, welchen er wählen soll,
und ehe er, weil er schon müde ist, einen Schritt
vergeblich thun will, lieber ganz still steht, bis er
erst mit Gewißheit erfahren kann, wohin er seinen
Fuß lenken soll. — Er wurde gänzlich unthätig,
mißmüthig, traurig, schloß sich Tage lang auf
seiner Stube ein, scheute sich, Menschen zu sehen,
mochte keine Hand bewegen — die entschließende
Kraft seiner Seele war gelähmt.

Innigst betrübt über diesen Zustand drang sein
Vater einmal auf das heftigste in ihn, und brachte
das lange verhaltene Geständniß von ihm heraus, er
habe eine unüberwindliche Neigung aufs Theater
zu gehen, und diese mache ihn unglücklich. — —

In

In dem Zustande reiste er zu mir, um sich ei⸗
nige Monathe bei mir aufzuhalten. — Ich war
erstaunt, als ich ihn sahe, über die Niedergeschla⸗
genheit seines Gemüths, und die Unentschlossenheit
seiner Seele. Manche Stunden war kaum ein
Wort aus ihm zu bringen.

Wir bezogen zusammen einen Garten, aus
welchen wir nicht weit aufs freie Feld hatten. Kein
Morgen wurde versäumt, wo wir nicht spatzieren
gingen, und kein Abend, wo er nicht die Komödie
besuchte.

Er fand allmälig wieder Geschmack an den
Schönheiten der Natur, und so wie wir aus der
heitern freien Luft zurückkehrten, hatte sich auch
seine Seele wieder etwas ermannet, und es war
wieder einige Elasticität und Festigkeit in seinen Ent⸗
schließungen, sie mochte nun die theatralische oder
gelehrte Laufbahn zum Augenmerk haben. — Da
erwachten auch oft die Regungen der kindlichen Liebe
in ihrer ganzen Stärke wieder, und er vergoß oft
Thränen der Wehmuth über die Kränkung, welche
er seinen Eltern verursachte.

Ich that dabei nichts weniger, als daß ich ihn
von dem Entschluß, sich dem Theater zu widmen,
oder von dem täglichen Besuch der Komödie hätte
abrathen sollen.

Oft war er am Morgen, wenn wir aus der
großen, und wahren Natur zurückkehrten, fest ent⸗
schlossen, seine alte Phantasie ganz fahren zu
lass

laſſen, ſich, einem thätigen und gemeinnützigen Leben zu widmen, und ſeinen Eltern ihren Kummer,
den ſie ſeinetwegen erlitten hatten, auf die Weiſe
wieder zu vergüten — — und am Abend, wenn
er aus der Komödie, aus der ſo oft läppiſch über-
ſpannten, oder winzig entſtellten Natur auf dem
Theater, und beſonders etwa aus einem Stück, wie
die Räuber, zurückkehrte, ſo war alles wieder verſchwunden, die innere Unruhe, die Unentſchloſſen-
heit in ſeiner Seele war wieder da, ſein edleres
Selbſt war aufs neue verdrängt.

Es kam nun darauf an, was bei ihm den Sieg
behalten würde. — Denn irgend ein Entſchluß
mußte doch einmal gefaßt werden.

Auch durften beide Gewichte nicht zu leicht ge-
geneinander ſeyn, wenn das Uebergewicht ſich blei-
bend auf irgend eine Seite lenken ſollte. —

Sein Vergnügen an dem reinen und edlen Genuß
der Natur nahm täglich zu — und ſeine Seele
wurde nun ruhiger, da er von ſeinem Vater die
Erlaubniß erhielt, aufs Theater zu gehn, wenn
ſeine Neigung dazu ſchlechterdings unüberwindlich
wäre.

Es hing alſo nun völlig von ihm ab, ſeinem
ſehnlichen Wunſch vollkommen ein Gnüge zu leiſten,
— Er ſchrieb wegen ſeines Engagements an die
Direktion einer Schauſpielergeſellſchaft, und während daß er die Antwort auf dieſen Brief erwartete,

te, wurden die Spaziergänge des Morgens und der Kombdienbesuch des Abends immer fortgesezt.

Die Beruhigung, welche durch seine jetzige Lage in seiner Seele entstand, schloß sein Herz immer bessern Gefühlen auf; und da ihn nichts mehr abhielt, seine Wünsche zu erfüllen, so fing er allmälig an, nicht mehr hin und hergezogen zu werden, sondern selbst die erneuerte Elasticität seiner thätigen Kraft zuweilen zu versuchen.

Allein ich traute diesem betrüglichen Anschein nicht, sondern suchte nun aus allen Kräften seinem Entschluß zum Theater das Uebergewicht zu geben, um am Ende entweder einen vollkommnen oder gar keinen Sieg zu erhalten, da er überdem in keinen schlimmern Zustand, als diesen einer ewigen Unentschlossenheit gerathen konnte.

Die Antwort der Schauspieldirektion kam an, mit dem Anerbieten eines sehr vortheilhaften Engagements, welches aber binnen vierzehn Tagen sollte angetreten werden.

D * * * war zwar vergnügt hierüber, aber seine Freude war lange nicht so ausgelassen, wie ich erwartet hatte, da dieser Brief doch nun alle seine Wünsche krönte.

Auf unsern Spaziergängen, die bis zum Tage seiner Abreise fortgesezt wurden, unterhielten wir uns nun beständig von seiner künftigen Lebensart, und der Laufbahn, die er nun antreten sollte; und ich merk-

merkte beständig, daß er immer aufmerksamer und
nachdenkender wurde, jemehr ich ihm die angenehme
Seite davon zu schildern suchte. — Seine Denk-
kraft war wieder thätig geworden — er überlegte,
er verglich —.

Wir sprachen dabei von seinen Eltern — ich
stellte ihm vor, wie gut es sey, daß er doch auch
nun die Erlaubniß seines Vaters zu diesen Schritte
habe — auch daß machte ihn nachdenkend — die
reinen, die edlen Empfindungen der kindlichen Liebe
waren kräftiger in seine Seele erwacht — er entschloß sich, die sanften Charaktere, wozu ich ihm gerathen hatte, künftig zu seinen Lieblingsrollen zu machen, statt daß er sonst immer für das fürchterlich
Tragische und Schreckliche gestimmt war.

Er fing an, auf das Solide, auf den Unterhalt, auf das Fortkommen im Alter bei seinem künftigen Stande zu denken.

Er kam mit Abscheu und Widerwillen zurück,
da er eines Abends die Räuber hatte aufführen sehn,
und fand mehr Geschmack an den rührenden und sanften Stücken, und allem was der Natur näher kam,
aus derer Betrachtung seine Seele am Morgen des
Tages neue Kraft und Nahrung gesogen hatte.

Der Tag seiner Abreise kam heran. Während
diesen Spazicrgängen am lezten Morgen war er
erst still und nachdenkend, dann leuchtete auf einmal eine ungewöhnliche Heiterkeit aus seinem Gesicht hervor; mit dem Ausbruch der innigsten Freu-

de

de fiel er mir um den Hals und sagte: Ich gehe
nicht aufs Theater, ich reise zu meinen Eltern. ——
Ich traute noch nicht, sondern suchte ihn durch
die stärksten Gegengründe wieder zu seinem ersten
Entschluß zurückzubringen. Allein er reiste denselben
Tag noch zu seinen Eltern ab, die ihren Sohn, der
nun gänzlich von seiner Phantasie geheilt war, mit
ofnen Armen empfingen.

M.

III.

Einfluß der Dogmatik auf die Ruhe und Heiterkeit der Seele.

Reflexionen eines ehemaligen Hypochondristen.

Die meisten Hypochondristen wird man, wo ich
nicht sehr irre, unter den Gottesgelehrten antreffen. Die schwere und ernsthafte Natur ihrer Beschäftigungen, ich will noch, mit Erlaubniß, hinzusetzen, die Ungewißheit mancher Theile ihrer Wis-
senschaft, die überhaupt sehr oft mehr wissen will
und soll, als dem Menschen überhaupt gegeben ist;
— daß vielen ihre Sätze eine ungleich höhere Wichtigkeit, als den Sätzen anderer Wissenschaften,
entweder mit Recht, oder aus wirklicher Uebertrei-
bung, beigelegt wird, die Gefahr, innerliche oder
doch größtentheils äufserliche von den innungsmäßi-
gen Vorstellungen abzuweichen, oder die Geissel

der

der Ketzermacherei; endlich, daß manche Vergnü
gungen oder wenigstens Zerstreuungen, die andere
Stände aufheitern, für sie entweder gerabezu sünd
lich, oder doch nicht schicklich seyn müssen; dies alles
trägt zur Erweckung oder Vermehrung der Hypo
chondrie bei, die auch in der That an vieler Schwär
merei und Sonderlichkeit schuld ist, welche man
ihnen, mit Grund oder Ungrund, zur last zu legen
Gelegenheit hat. Die leichtsinnigen, gefühllosen,
oder dummen Köpfe fahren hiebei am besten.

Sie kommen entweder niemals an solche Schei
bewege, wo die Gleise durch den Regen, oder über
gewachsene Gras unkenntlich werden; oder bekün
mern sich doch nicht um die Erforschung des rechten
Weges, und tappen wohlgemuth und mit rothen
fetten Backen hinter dem grossen Haufen ihrer Par
tei her.

Die arbeitsamen, denkenden, untersuchenden,
gegen Wahrheit und menschliche Glückseligkeit ge
fühlvollen Geister kommen aber hier oft ins Ge
dränge. Es ist bekannt, je mehr Einsichten, je
mehr Schüchternheit. Wer die Welt lange ken
nen gelernt hat, wird je mehr und mehr, und im
Alter am meisten, wo die Erfahrungen die höchste
Stufe erreicht haben, mistrauisch.

Die größten Gelehrten nähern sich endlich dem
Pyrrhonismus. Wenn nun in solchen Fällen die
Gutherzigkeit und Furchtsamkeit des Hypochondri
sten dazu kommt, so giebt es öftere innerliche Käm
pfe.

pfe. Man will auf der einen Seite an keiner einzigen Seele Verwirrung gern schuld seyn, auf der andern aber auch nicht ein Schärflein seines erhaltenen Pfundes vergraben, und auf der dritten stellet man sich durch die alles vergrössernde Einbildungskraft und Furchtsamkeit, die allenfalls aus Abweichungen entspringen — die äusserlichen Uebel viel grösser vor, als sie sind. Dies muß diese Schwachheiten des Körpers erregen und unterhalten.

Wir haben seit zwanzig Jahren unglaublich viel Hypochondristen, vorzüglich unter den jungen Gottesgelehrten erhalten. Sollte nicht die, seitdem einreissende, aut si mavis, aufkeimende Heterodoxie vorzüglich daran schuld seyn? Der Lehrer schwur sonst ernstlich auf seine symbolischen Bücher. Man durfte durchaus nicht anders sprechen, ohne zu verhungern. Wer thut das gern, wer einen Magen hat?

Hierüber vergaß man um so leichter das Denken, und hielt also mit Bequemlichkeit seinen Schwur. — Der Student schwur auf seinem Lehrer, und wann er, mit der Ladung von einer hinlänglichen Partie Weisheit und sauber geschriebenen Kollegienheften, nach Hause kam, so wuste er, was er predigen, wie er dem Patron, dem Konsistorium gefallen sollte. Aber das ist denn jetzt so ganz anders, — und ist wahrlich zu unzähliger Hypochondrie Anlas; wenn mans nicht so machen will, als jener Kandidat, der nun freilich auch mehrere seines gleichen unter großen und kleinen haben mag.

Er wurde von einem Superior gefragt, halten Sie Christum für den Sohn Gottes, oder nicht? Mit der gefälligsten Verbindung und Dienstfertigkeit erwiederte er: wie Ew. — — — befehlen. —

In=

128

Inhalt.

Seite

Magazin
zur
Erfahrungsseelenkunde.

Dritten Bandes zweites Stück.

***

Zur
Seelenkrankheitskunde.

***

I.

Jakob Varmeier,

(ein Mörder nach einem apocryphischen Buche in der Bibel.)

Jakob Varmeier, aus Osnabrück in Westphalen gebürtig, dessen Vater gleichfalls Jakob genannt, Licentiatus Juris und Praktikus, wie auch Rath- und Gaugraf im Dienste des Bischofs daselbst war, widmete sich den Wissenschaften, und, nachdem er die Schule seines Geburtsorts verlassen, der Rechtsgelahrtheit anfänglich zu Helmstädt zwei Jahre, hernach aber von Anno 1614 zu Rostock, übte

𝔄 sich

2

sich hiernächst im Disputiren, las Kollegia und war, wegen seines Fleisses, guten Sitten, ehrbaren und frommen Wandels, bei Hohen und Niedrigen, besonders auch in Rostock, beliebt.

Die praktische Rechtsgelehrsamkeit desto näher kennen zu lernen und demnächst in Ausübung zu bringen, bewarb er sich um die Sekretairstelle bei dem der Zeit zu Sternberg befindlichen Hof- und Landgericht. Ihm ward solche im September 1626 übertragen; jedoch, obgleich seine Vorgesetzten sehr wohl mit ihm zufrieden waren, resignirte er einige Zeit hernach, ging wieder nach Rostock, befaste sich mit der Advokatur und ward, etwa im Jahr 1630, in die Zahl der Kandidaten zur Doktorwürde auf sein Ansuchen aufgenommen.

Inzwischen hatte er sich — das Jahr ist aus den Akten nicht zu ersehen — verehliget, und wohnte nebst seiner Schwiegermutter zu Rostock in einem ihr eigenthümlichen Hause am Markte.

Sein Gemüthscharakter — dieser hat in die Folge der Geschichte einen zu wichtigen Einfluß, als daß er unberührt bleiben könnte. Schon in den kindlichen Jahren war er von seinen Brüdern durch sein blödes und melancholisches Temperament sehr abstechend, dahero er auch alle rauschende Spiele der Jugend vermied.

Beunruhigende Gedanken machten seine Nächte schlaflos. Während des Auffenthalts bei seinem
Oheim,

Oheim, der Sekretär in Lübeck war, etwa im
Jahr 1622 nahm seine Schwermuth so sehr überhand, daß er sogar bei einer Promenade auf dem
Walle, wäre er nicht daran verhindert, sich davon
gestürzet, oder sonst etwas gefährliches vorgenommen hätte, welches veranlaßte, daß jener mit ihm
nach Osnabrück zu seinen Eltern reisete, woselbst
seine Krankheit noch eine ziemliche Zeit angehalten,
welche ihn denn auch fast zu allen Dingen verdrossen und oft untüchtig machte.

Denn kaum hatte er im Jahr 1624 zu Neuen-
kloster die Hofmeisterstelle bei zwei adelichen Knaben von Powisch angenommen, als er sie schon wieder nach drei Wochen verließ; während seiner Hof-
gerichtsbedienung überfiel ihn abermal der Paroxismus und veranlassete sein Dimissionsgesuch; selbst
der Vorsatz, wegen seiner Promotion ward durch
melancholische Rezidive von Zeit zu Zeit verzögert;
von schwermüthigen Gedanken gequälet, verzwei-
felte er zuweilen an seiner Seeligkeit, war darin
einem Kinde gleich, bildete sich ein, er könne nicht
sprechen, oder etwas zu Papier bringen, wesfalls,
wäre er nicht in solchen Anfällen von seinem Beichtvater und guten Freunden getröstet, die Verzweiflung ihn leicht ganz dahin gerissen haben möchte.

In dieser traurigen Situation befand er sich
sehr oft, besonders in den letzten Jahren, vielleicht
A 2   auch

4

auch in dem schrecklichsten Zeitpunkte seines Lebens, welchem ich mich jetzo nähere.

Schon oben ist bemerket, daß er bei seiner Schwiegermutter seine Wohnung gehabt. Dieses bequeme und am Markte in Rostock belegene Haus war für den dasigen Kommendanten, den Kaiserl. Obristen Heinrich Ludwig von Haßfeld zum Quartier ausersehen, daher er und seine Schwiegermutter auf Verlangen des Magistrats solches räumen mußten. Hiedurch, vielleicht auch durch seine Wissenschaften, wovon der Obriste ein Liebhaber war, erhielt er Gelegenheit, dessen Bekanntschaft und Zutrauen sich zu erwerben, so daß er die Erlaubniß hatte, unangemeldet zu ihm kommen zu dürfen. Unglückliche Erlaubniß!

Im Jahr 1631 den 20sten Januar Donnerstags in der Nacht erwachte Jakob Warmeier um 12 Uhr mit den Gedanken, wegen des betrübten Kriegswesens und daß Gott den Obristen von Haßfeld durch einen schleunigen Tod von dieser Welt abfodern wollte, wobei ein grausamer Antrieb, welchen er, auch unter der Marter, für eine göttliche Eingebung, vel singularem Inspirationem divinam hielt, daß jene That durch ihn geschehen sollte, sich seiner ganzen Seele bemächtigte.

Gebet, Seufzen und Thränen, sowohl in dieser Nacht, als nachher, solcher Gedanken und deren Ausführung überhoben zu seyn, konnten den öfteren Antrieb dazu nicht hemmen, vielmehr verspürte

spürte er Tages darauf, den 21sten d. M., als er
sich vorgenommen, seinen Beichtvater hierüber zu
Rathe ziehen, eine neue sogenannte Instruktion,
daß es niemand vor vollbrachter That wissen und
er solche verrichten müste.

Um 1 Uhr bemerkten Tages verfügte er sich zu
dem Obristen von Haßfeld in der alleinigen Absicht,
Schuzbriefe für einige Personen zu bewirken.
Verweilte in dem Vorgemache bei dem Zimmer
desselben, und mit dem Gedanken oder Antriebe,
daß die That durch ihn und mit keinem andern
Instrument, als einem Beile, geschehen müste,
beschäftiget, erblickte er im Gebet und Weggehen
drei neue Beile vor dem Fenster, nahm das größte
davon zu sich, jedoch mit dem Vorsaße, wenn
Gott ihn von diesem Gedanken befreiet hätte, solches wieder dahin zu bringen.

Bei seiner Rückkunft erneuerte sich derselbe dahin, wie es von Gott beschlossen wäre, daß er die
Exekution an dem Obristen verrichten und den Stiel
zum Beile auf seinem Hausboden finden würde; er
fand solchen würklich daselbst völlig geschickt dazu
und bevestigte ihn in dem Beile mit wiederholten
Flehen zu Gott, es nicht dahin kommen zu lassen.

Selbst der Anblick der Bibel auf seinem Zimmer vermehrte den Enthusiasmus; er las die
Mordgeschichte Holofernes zu dreienmalen und
exzerpirte einige Stellen aus dem Buche Judith
Cap. 8, 28. Cap. 9. 2, 15. Cap. 10, 9. Cap. 13, 6.

A 3   und

und Cap. 16, 16‑21. mit Veränderung etlicher Wor‑
te, als statt Jerusalem, Rostock; statt Holofernes,
Obrister; und statt ihr, mich; wobei er sich zwar
den Zweifel machte, daß Holofernes ein Tyrann,
der Obriste Hazfeld aber ein christlich frommer Herr,
und ihr Beschützer wäre, jedoch durch einen gehei‑
men Trieb abermal die Antwort erhielte: „es
wäre gleichviel, Holofernes oder Hazfeld, er sollte
nur die That, wie die Judith, ohne Wissen des
Predigers noch eines andern Menschen, verrichten
und nicht dafür halten, daß es sein, oder eines
Menschen, sondern Gottes Weg wäre.“

Mit Beten und Fasten, um damit verschont
zu bleiben, brachte er diesen und den folgenden Tag
zu, allein auch in der Nacht darauf und am Son‑
nabend frühe — war der 22ste Januar — erneuer‑
te sich der Antrieb, daß es nemlich noch an diesem
Tage geschehen müste, weil es nicht sein, sondern
ein allgemeines Stadt‑ und landwerk wäre. Er
entwarf demnach folgende Gebetsformel:

„Es wird begehret, ein christliches Gebet zu
„thun für eine hochwichtige Sache, die Got‑
„tes Ehre und dieses ganzen landes Wohl‑
„fahrt betrifft, welches im Namen der hei‑
„ligen Dreifaltigkeit forderlichst zu traktiren
„obhanden ist. Der Allerhöchste wolle die‑
„selbe zu seines heiligen Namens Ehre, Wie‑
„dererlangung des lieben Friedens und der
„bedrängten Christenheit Aushelfung mäch‑
„tig‑

„tiglich dirigiren und ausschlagen lassen, um
„des himmlischen Friede-Fürsten Jesu Christi
„willen. Amen. "
und ließ selbige dem Prediger Deutsch bei der Hei-
ligengeistkirche mit dem Ersuchen, solche von der
Kanzel abzulesen, einhändigen, welcher es aber wohl-
bedächtlich unterließ.

Nun rückte die scheußliche Stunde heran, in
welcher Schwärmerei und Wahnsinn einen Mann,
der stets ein Freund der Religion, von frommen
und stillen Wandel, der nie ein Thier, geschweige
denn Menschen zu beleidigen fähig gewesen, zu einer
mehr als barbarischen That muthig und vermögend
machten. Am bemerkten Sonnabend, den 22sten
Januar, frühe um sieben Uhr ging Jakob Warmeier
zu dem Obristen von Hazfeld in der Absicht, um
vorberührte Pässe, oder Schuzbriefe abermal zu
sollizitiren. Des Beils sich erinnernd steckte er solches, nebst einem Stücke von einer Gardine, wiewohl erschrocken und mit dem Gedanken, wenn
Gott es nicht haben wollte, daß er das Beil wohl
wider weg- oder ins Wasser werfen könnte, unter
dem linken Arm hinter den Gürtel.

Bei seiner Ankunft verweigerte der Page, ihn
anzumelden, er bediente sich also der vom Obristen
erhaltenen Freiheit, auch unangemeldet in sein Zimmer kommen zu dürfen, und zeigte demselben im Ein-
tritte an, daß er wegen Pässe für Wittwen und Stu-
denten käme, auch sonsten etwas geheimes vorzutra-

A 4   gen

gen hätte, mit Bitte, den am Tische sitzenden Se
kretär abtreten zu lassen.

Als solches geschehen, fing er von den Pässen
an zu reden, grif auch, von dem vorigen Gedanken
wiederum gereizt, nach dem Beile, bedachte sich
jedoch wieder, zu Gott seufzend, daß die That un-
terbleiben möchte. Indem aber der Obrist nach
dem Fenster sahe, und der Antrieb bei ihm heftiger ward, ergrif er mit der rechten Hand jenes
Mordgewehr, hieb demselben zuerst über den Kopf,
ferner in den Hals, und da jener dadurch noch nicht
völlig von dem Leibe getrennt war, schnitt er den
übrigen Theil des Halses völlig ab, wickelte den
Kopf in das bei sich gesteckte Stück der Gardine,
ging damit, ohne von jemanden aufgehalten zu werden, über den Markt in das sogenannte Rösler-
sche Haus, warf Kopf und Beil daselbst auf den
Hausboden, verfügte sich hiernächst in den Keller
desselben, und legte sich allda in ein Bett, mit flei-
ßigem Gebete und in der Meinung, der Krieg könnte dadurch aufgehoben werden.

Dieses wäre nun der ganze Zusammenhang einer so sonderbaren, als schrecklichen Handlung, welche ich aus seinem eigenen, ganz freiwillig abgeleg-
ten und unter aller Marter unverändert wiederholten Bekenntnisse möglichst genau anzuführen, zweck-
mäßig geachtet habe, um die Moralität derselben
besto zutreffender beurtheilen zu können.

Unmög-

Unmöglich konnte eine solche That, und eben
so wenig der Thäter lange verborgen bleiben. Der
Kaiserliche Obristlieutenant Golz von der Kron veranlaßte noch an selbigem Tage ein akademisches Patent, daß wer den Auffenthalt des Jakob War-
meiers wüste, solchen anzeigen, allenfalls auch, wo
möglich, ihn persönlich liefern sollte.

Die Kaiserliche Besatzung hatte inzwischen
schon einige Gewaltthätigkeiten ausgeübet, jedoch
der Thäter ward bald in seinem Zufluchtsorte, dem
Rößlerschen Keller, entdeckt und damit auch alle
Unruhe in der Stadt gestillet. Bei seiner Arreti-
rung hatte seine unbesonnene Widersetzlichkeit die
Folge, daß er von der Wache übel behandelt und
verwundet wurde, und er ward nach dem sogenannten Zwinger vor dem Steinthore in Verhaft gebracht. Da er schon verschiedentlich extra Pro-
tocollum befragt worden und das ganze Faktum
offenherzig gestanden hatte: so erfolgte das erste
förmliche Verhör am 24. Januar Abends um 6 Uhr.

Er erzählte hierauf abermal und ungezwungen
das ganze Faktum und dessen Veranlassung, so wie
es schon oben aus diesem Protokoll angeführt worden, mit dem Beifügen, daß er nach vollbrachter
That, welche ihm zwar nicht lieb, jedoch von Gott
befohlen wäre, in diesem seinem Gefängniß eine
solche Erquickung im Herzen empfunden, als wenn
er schon im Himmel gewesen und großes Triumphi-
ren und Jubiliren gehört hätte, er sollte nur einige

A 5   Zeit

Zeit leiben und bald aus dem Elende hinweggerif̄fen werden.

Alles dieß fand freilich bei seinen Richtern keinen Glauben, sie vermutheten vielmehr, daß der Haß, wegen des von dem Obristen Hazfeld bezogenen Hauses, oder auch andere Leute ihn dazu verleitet hätten; aber von beiden versicherte er das Gegentheil und besonders, daß kein Mensch etwas davon gewußt habe. Zwei Papiere hatte man gefunden, erstlich den obbemerkten Auszug aus dem Buche Judith, und ferner einen Gesang oder Gedicht auf des Königs von Schweden Ankunft in Deutschland, von acht Strophen, dessen Anfang: Nun kommt der betrübten Heiland ꝛc.

Auch hierüber befragt, gestand er, den ersten geschrieben zu haben, zum Verfasser des letztern aber gab er bei diesem Verhör einen Fremden an. Hierauf ward er dem Peiniger übergeben, welcher ihm die spanischen Stiefeln anlegte und solche viermal, nach und nach stärker, anschrob, jedoch auch dadurch kein anderes Geständniß, noch weniger aber Mitschuldige von ihm erzwingen konnte.

Für diesesmal erlassen, ward Tages darauf, den 25sten Januar Nachmittags um drei Uhr das zweite Verhör in seinem Gefängnisse gehalten.

Auf alle an ihn geschehene Fragen antwortete er blosserdings wie zuvor, und daß diese That weder aus Haß, noch Antrieb einiges Menschen geschehe

schehen; er wußte gar wohl, daß es Sünde und
wider Gottes Gebot wäre, jemanden am Leibe,
Leben oder Gut zu beschädigen, jedoch wäre dieses
ein extraordinarium, eine göttliche Eingebung
und Befehl, dessen Vollziehung er durch sein öfte-
res Beten von sich nicht abwenden können.

Selbst die bei diesem zweiten Verhör wider-
holte Tortur, da er mit der Schraube auf dem
linken Bein zu zweienmalen und sein Leib an unter-
schiebenen Orten derselben Seite, besonders auch
der grosse Zehen des torquirten Fusses mit brennen-
dem Schwefel gemartert wurde, konnte kein anders, ja nicht einmal das Geständniß, wie er diese
That für Sünde hielte und sie bereuete, von ihm
erpressen, weil er solche noch stets für einen Antrieb
und Werk Gottes achtete, dem er nicht widerste-
hen können.

Nunmehro wurden auch des Inquisiten
Schwiegermutter, Anna Schönermarken, und
seine Ehegattin, Sophia von Nessen, von den
dazu abgeordneten Räthen in ihrer Behausung
über einige, besonders die Veranlassung dieses
Verbrechens betreffende Fragen vernommen, welche jedoch nichts weiter darauf zu antworten
wusten, als daß er in seinen vorherigen Anfällen
und um diese Zeit grosse Herzensangst empfunden;
daß er immer und noch an dem Morgen, wie die
That geschehen, mit gottseligen Gedanken und Gebete

bete ſich beſchäftiget;. daß er keinesweges, we=
gen Räumung des Hauſes, einigen Haß gegen den
Obriſten geheget, ſondern vielmehr erſtere getröſtet.

Es wären ſchon am 30. Januar die vorbemerk=
ten beiden Protokolle vom 24ſten und 25ſten d. M.
das von ihm entworfene Kirchengebet und 22ſter In=
quiſitions = Artikel dem Inquiſiten abſchriftlich zu=
geſtellt, um ſolche durchzuſehen, weil er am 1ſten
Februar darüber jedoch nur gütlich und ohne Tor=
tur vernommen worden. Die Räthe Meier und
Wasmund, nebſt zweien Kaiſerlichen Hauptleuten
und dem Prediger Zacharias Deutſch bei der Heili=
gengeiſtkirche, kamen am beſtimmten Tage zu ihm;
er wiederholte, daß das in dem Protokoll erzählte
Faktum völlig der Wahrheit gemäß wäre, beſon=
ders aber, daß kein Menſch zuvor einige Wiſſen=
ſchaft davon gehabt, und daß er weder aus Haß,
Neid, böſem Vorſaße, wegen des Hauſes, oder
um Ehre und Gewinnſt willen, noch in der Mei=
nung, die Stadt dadurch von der Einquartierung
zu befreien, jene That unternommen habe; er hätte
auch vorhin nichts anders ſagen können, als daß
es ex ſingulari inſpiratione divina geſchehen,
zumal er ſich allezeit der Gottesfurcht befliſſen, flei=
ßig gebetet und ſich Gott befohlen hätte, wäre alſo
der Meinung geweſen, daß der Satan an ihm keine
Macht haben könne.

Jedoch da er am vorigen Mittwoch ſeines
Beichtvaters, Conſtantin Fieblers, Paſtoren bei
der

der St. Marienkirche und deſſen Kollegen Meinung
darüber verlanget, auch von jenem belehret worden, daß es nicht aus Gottes Eingebung, ſondern
des böſen Feindes liſt und Antriebe geſchehen wäre,
der auch, mit göttlicher Zulaſſung, die Allerheilig-
ſten, wie den König David, verführen könnte, ſo
hätte ihn Gott auf ſein Gebet endlich erleuchtet, daß
er nunmehro die That für Sünde hielte, ſelbige
erkenne, und herzlich bereue. Die Inquiſitional-
Artikel bejahete, oder verneinete er übrigens, ſo ferne ſie ſeinem vorigen und jetzigem Geſtändniſſe gemäß oder zuwider, und bat ſich am Schluſſe einen
Menſchen aus, dem er etwas zu ſeiner Vertheidi-
gung in die Feder diktiren könnte, weil es ihm wegen ſeiner Schwachheit und der Wunden am Arm
unmöglich wäre, aufzuſetzen.

Die bis zu obigem Verhör ſtandhafte Aeuſſe-
rung des Inquiſiten, daß er lediglich aus göttlicher
Eingebung und Antrieb die Mordthat begangen,
muſte dem Wallenſteinſchen Miniſterio ſelbſt nicht
ganz unerheblich geſchienen haben; wenigſtens ward
durch ein Schreiben des Stadthalters vom 27ſten
Januar das gemeinſame Erachten der theologiſchen
Fakultät, des Superintendenten und der geſammten
Prediger in Roſtock darüber verlangt. Dieſes erfolgte unterm 3ten Februar. Wäre es nicht zu
weitläuftig, ſo möchte es vielleicht, wegen der darin
angebrachten Gründe, ganz geleſen zu werden verdienen; aber die Geduld des Leſers nicht zu ermü-
den,

hen, will ich nur folgendes daraus bemerklich machen: Es sei nemlich keinesweges aus der heiligen .
Schrift zu ersehen, daß eine solche grausame That
aus göttlichem Antriebe herrühren könne, allenfalls
müste durch einen besondern höhern Befehl, Geneh-
migung oder Wunder dem allgemeinen göttlichem
Gesetze: Du sollst nicht tödten, derogiret werden.
Der Beweis hievon mangele nun in gegenwärtigem
Falle, es folge also, daß der Impulsus von einem
andern Autore hergekommen, nemlich dem bösen
Geiste, der ein Mörder vom Anfange, und welcher
an Inquisiten, so das Zeugniß eines frommen und
christlichen Verhaltens hätte, dabei aber stets zur
Melancholei — ein balneum diaboli — geneigt
gewesen, mit göttlicher Zulassung ein bequemes
Subjekt zur Ausführung dieser That gefunden und
ihn dazu getrieben hätte.

Der unglückliche Varmeier starb ein paar
Tage darauf an der grausamen Folter, womit ihn
zuletzt das militärische Gericht quälte.

Evers,
Geheimer Archivarius und Hofrath
zu Schwerin.

II. Ge-

II.

Genesungsgeschichte eines Jünglings von einem dreimonathlichen Wahnwitz.

Ein Jüngling von neunzehn Jahren, cholerisch-sanguinischen Temperaments, dessen Körper von Jugend auf stark und meist gesund, dessen Gemüth heiter war, und dem es nicht an Geisteskräften fehlte, bei welchen er durch anhaltenden Fleiß das-jenige hinreichend ersetzet hatte, was die Natur ihm an Geschwindigkeit, sich Begriffe zu eigen zu machen, versagte; der sich durch anständige Sit-ten überall beliebt gemacht, auch die Pflichten eines gehorsamen und wohlgearteten Sohnes gegen seinen Vater — seine Mutter hatte er schon im 7ten Jahr seines Alters verlohren — stets beobachtet hatte; wurde nach einem zu sehr angestrengten Schulfleiß hauptsächlich einige Monathe durch, wegen zweier ihm bevorstehenden öffentlichen Prüfungen, auf ein-mal, nach überstandener mit Ruhm vollendeter Uebung mit einer Schwere im Kopfe befallen, em-pfand Beängstigungen in der Brust, Trägheit in allen Gliedern, bekam einen vollen, langsamen, har-ten Puls, die Ausleerungen des Körpers wurden wenig und selten, der Appetit zum Essen geringer, der Nachtschlaf abwechselnd bald sehr unruhig und kurz, bald sehr tief und lang anhaltend.

Nach-

16 ·

Nachdem diese Zufälle auf das höchste gestiegen waren, so entstand eine solche Trägheit und Schwäche des ganzen Körpers, daß eine starke Traurigkeit und Tiefsinnigkeit des Gemüthes sich einfand, wodurch alle innere Verrichtungen des Nachdenkens, Ueberlegens, Beurtheilens unordentlich wurden, auch faßte er sogar einigemal den Entschluß, durch Strick und Messer sich dieses traurigen Zustandes zu entledigen.

Die hiergegen angewandten Mittel des Arztes übergehe ich, unter der bloßen Anzeige, daß ihm, da er zu keiner Aderlaß die ersten acht Wochen zu bringen war, als er es endlich geschehen ließ, nachhero wahrscheinlicherweise zu viel Blut abgezapfet worden ist.

Nach einem beinahe viermonathlichen Gebrauch erweichender und verdünnender Arzeneyen, verbunden mit einer Melken- und Seydschützerwasserkur, ließen die körperlichen Beschwerden nach, und die Seelenkräfte wurden wieder stärker: aber, so wie während dieser Krankheit, Tiefsinn und Niedergeschlagenheit groß gewesen waren, entstand alsdann in einem kurzen Zeitpunkt eine solche Abwechselung hierin, daß eben eine so grosse Lebhaftigkeit des Geistes, Zufriedenheit, Freude und Vergnügen über das gewöhnliche ihm sonst eigenthümliche Maaß an deren Stelle trat.

Man hielt diesen Zustand anfänglich für natürlich; und um gewahr zu werden, ob er von

Dauer

Dauer seyn würde, wurden die zeither gebrauchten
schwächenden Mittel bei Seite gesetzt, so daß sein
weiteres Besinden ganz der Natur überlassen wurde, und man wollte erst nach einiger Zeit stärkende
Arzeneyen brauchen lassen, wodurch eine bessere
Mischung der flüßigen und mehrere Kraft der festen
Theile des Körpers zuwege gebracht werden sollten.

In dieser Zwischenzeit nahm er weiter die gewöhnliche Erlernung der Wissenschaften vor, jedoch
anfänglich mit Unterschied der Anstrengung, und
mehr als bloßer Zuhörer; kurz darauf aber mit so
erneuertem und munterem Fleiß, daß er über seine
eigene Arbeiten noch anderer ihre aus Freundschaft
vertrat, mit einer Leichtigkeit, die ihm sonst nicht
von Natur eigen war.

Hiebei fand er vielen Geschmack an Zerstreuung
und gesellschaftlichem Vergnügen, so daß er an Geist
und Körper zusehends genaß.

Dieser Zustand dauerte an vier bis fünf Wochen, wobei insbesondere seine Seelenkräfte über
den gewöhnlichsten Grad stark ausgedehnt und thätig blieben. Plötzlich fanden sich kleine, wiewohl
nicht auffallend zu bemerkende Verirrungen des
Geistes ein; aber nicht lange hierauf wurden dieselben so heftig, daß Zorn, ja sogar Wuth und die
größten verwirrten Uebereilungen erfolgten; doch
in Tagesraum ließ dieser unnatürliche Zustand wieder bis zum Schein der zurückgekehrten Vernunft
nach, zwar abwechselnd mit Zwischenzeiten, bis

nach zwei Tagen in der Nacht ein wüthender Paroxismus bei ihm entstand, wobei er, als derselbe nachließ, sehnlich zu seinem Vater und der Stiefmutter, die zwei Tagereisen weit entfernt waren, verlangte, einige Gemüthsfreunde von Lehrern und sonstigem Umgang zu sprechen wünschte, und als man ihm dieß gewährte, wieder ganz beruhiget wurde. Und da das Verlangen nach Hause zu reisen blieb, so wagte man es, unter Begleitung eines sichern Mannes, ihn den Morgen darauf dahin abzuschicken, wo er ganz unvermuthet den andern Abend glücklich eintraf.

Unterwegens hatte er in überspannten Ausdrücken mit der angetroffenen Post an einige zurückgelassene Verwandte und Freunde dankbar geschrieben, auch an dem einen Ort des Mittags, unter einem angenommenen fremden Namen und Charakter, sich bei einem Einwohner zu Gaste gebeten, war sehr gesprächig allda, so wie auch sonst unterwegens, gewesen, und langte dann so wohlbehalten in seine Heimath an. Wie schon erwähnt, seinen Eltern war von diesem Besuch nichts bewußt, — sie glaubten ihn den vorher verschiedentlich erhaltenen Nachrichten nach wieder hergestellet — und als er Abends um sieben Uhr im September Mondnath in ihr Zimmer trat, mit einem hastigen und lauten Tone „guten Abend, lieber Vater!“ sagte, ich komme Sie zu besuchen;“ versetzte der über diese unvermuthete Ankunft betroffene Vater: „Gott!

„Gott! wo kommst Du her, lieber Sohn?“ ant=
wortete er haſtig und mit verdrüßlichem laut:
„Sehen Sie mich etwa nicht gern, ſo reiſe ich
gleich wieder fort;“ welches Bezeigen ſeinem ſon=
ſtigen ganz entgegen ſtand.

Nach kurzer Selbſtſammlung und nachdem
ich die Unrichtigkeit in ſeinem Gemüthe bemerkte,
verſetzte ich den erhaltenen Schrecken verbergend:
„nein, liebſter Sohn! Du biſt mir herzlich ange=
nehm, nur biſt Du mir unvermuthet gekommen,
und aus dieſer geäußerten Befremdung ſchließeſt
Du unrichtig das Gegentheil vom Willkommen=
ſeyn.“

„Ja, war die Erwiederung, das muß ich ge=
ſtehen, ich bin jetzt auſſerordentlich empfindlich, und
wer nur im geringſten meine Ehre antaſten will,
gegen den bin ich augenblicklich aufgebracht.“ Hier=
über abbrechend erkundigte ich mich nach ſeinem und
der verlaſſenen Verwandten Befinden, worauf er
kurz antwortete, mittlerweile ſeine Stiefmutter
wieder ins Zimmer kam, die ihn mit einer ihr ge=
wöhnlichen ſanften und heiteren Miene empfing,
zu der er ſagte, wo ſind Sie geweſen, o nur nicht
zu viele Umſtände meinetwegen gemacht, das bringt
mich gleich in Verlegenheit — und ſein Ton klang
abermals verdrüßlich.

Ehe ich weiter fortfahre, werde ich ſo eben ge=
wahr, der Geſchichtserzähler ſey verrathen, was
ich beym Anfang des Aufſatzes juſt nicht wollte;

indeſ=

Indessen sei es, dieser einmal angesponnene Faden mag so fortgezogen werden, und gewiß wird er ohne fremden Zusatz abgesponnen werden.

Man hatte an dem Ort, wo er herkam, die Unvorsichtigkeit begangen — vermuthlich aus verlegener Beängstigung — meinen Sohn so plötzlich abzuschicken, ohne mich von seinem wahren Zustande vorhero benachrichtiget zu haben, und ein kurzer mitgegebener Brief zeigte bloß an, nach seinem Verlangen und zu seiner völligen Erholung käme er zu uns, so wie sein Begleiter, mit dem ich alleine sprach), nur angab, widersprechen ließe er sich nicht gern.

Erst zwei Tage darauf langte mit der Post die wahre Nachricht von seinem Zustand, des Arztes Krankheitsgeschichte an. Indem ich kaum mit dem Begleiter zu sprechen angefangen hatte, kam er sogleich nach und frug mich französisch: „warum ich mit selbigem besonders spräche? das wäre überflüßig und ihm unangenehm, er könne und würde mir alles selbst sagen und beantworten.“ Bei Ueberreichung des Schreibens wollte er ihn auch lesen, welches ich zuließ, und da er an die Worte kam: „daß seinem Verlangen gemäß er zur Zerstreuung und völligen Erholung sich einige Wochen bei uns aufhalten würde, so sagte er: ja, lieber Vater, so ist es.“ Wir setzten uns hierauf zum Abendbrod, wobei er sehr gesprächig wurde, sogleich die ihm noch vorgeschriebene Diät von selbst angab,

und

und von den Zurückgelassenen mancherlei erzählte, zwar ordentlich, doch mit geschwinderem und lauterem Ton, als sein natürlicher war.

Zuletzt kam er auf das Thema seiner, wegen der bevorstehenden Beziehung der Akademie, in Versen auszuarbeitenden Schulabschiedsrede, und zeigte mir in seinem Portefeuille einen kurzen bereits gemachten Anfang, der noch keiner Beurtheilung fähig war: hiebei aber las er ein bei Freunden auf dem Lande kürzlich verfertiges Gedicht vor, weshalb er vermeinte, Beifall bei der Frau vom Haus erhalten zu haben, ich aber fand deutliche Spuren des geschwächten Kopfs darinnen.

Ueberhaupt leuchtete viele Selbstzufriedenheit und Bewußtseyn seines Ichs bei der Unterredung herfür, und da ich äusserlich dem Gedichtchen beipflichtete, so heiterte sich seine vorher etwas starre Miene völlig auf, und er ward vergnügt.

Gegen die Mutter hatte er während meiner Abwesenheit Händel erzählet, die er in der verlassenen Schule mit Lehrern, so wie mit dem Arzt kurz vor seiner Abreise gehabt habe, doch sie gebeten, mir davon nichts zu erwähnen: die gleiche Erzählung machte er den andern Nachmittag einem Vetter, doch mit demselbigen Ersuchen von Verschwiegenheit gegen mich.

In einem Zimmer legten wir uns zusammen nieder, kaum war eine Stunde vorbei, so setzte er sich hin, um zu schreiben. Ich frug ihn, was er

B 3   denn

denn jetzt machen wolle? — „er könne nicht schla,
fen und wolle zu der Abschiedsrede Verse machen,"
war die Erwiederung. Beiliegende Reime hat er
zwei Nächte hintereinander, ohne weitere Feilung
in einer Zeit von etwa sechs bis sieben Stunden
aufgesetzet; das aufgegebene Thema war: die Tu,
gend ist der wahre und sichere Weg zur Glück,
seeligkeit.

Zuweilen stand er vom Arbeiten auf, sah ob
wir schliefen, legte sich ins Fenster, sang ein Lied,
chen, wobei sich äußerte, daß er gegen ein wohl,
gezogenes schönes Mädchen in seinem bisherigen
Aufhaltungsort lebhafte Zuneigung hatte, auch
wurde aufsteigender Liebestrieb, mehr als bloß pla,
tonisch, an ihm wahrgenommen.

Erst bei Tagesanbruch legte er sich wieder nie,
der und schlief ein paar Stunden. Früh um sie,
ben Uhr kehrte sein Begleiter zurück, mit dem er
die unterwegens gemachten Auslagen berechnete
und unter meinem mitgebenden Brief vollständig
ordentlich einige Zeilen hinzufügte.

Beim Anzug hatte er gegen die Mutter wieder
verschiedenes von den vorhin erwähnten vorgefalle,
nen Schulhändeln mit Heftigkeit erzählt. Mit
mir war er zurückhaltend im Sprechen. Nach
dem Mittagessen legte er sich aufs Bett; anstatt
aber zu schlafen, wollte er gegen das Dienstmäd,
chen Jünglingstriebe ausüben und sprach Zoten;
— gänzlich gegen seine sonstige Art sich zu betragen.

Nach,

Nachmittags ging ich mit ihm spazieren, er bezeigte Vergnügen über sein Hierseyn, und kaum athmeten wir freie Luft, so fing er an mir zu erzählen, wie er durch Lesung der Voltairischen und Leßingischen Schriften auch verschiedentlicher lateinischer Disputationes kein ächter Christ geworden sei, von der Religion eine geraume Zeit nichts gehalten habe, keinen zukünftigen Zustand mehr geglaubt, und in seinem erlittenen Tiefsinn habe er zweimal selbst Hand an sich legen wollen, einmal mit einem Strick, den er sich des Nachts schon im Bette umgebunden gehabt, sich zu erdrosseln, ein andermal wäre er im Begriff gewesen, sich in den Fluß zu stürzen, wozu aber just ein bekannter Offizier gekommen, der ihn gefragt, was er da machen wolle, und diese Begegnung habe ihn wieder ermannet. Kurz vor seiner Abreise hätte er einem seiner Schullehrer, der ein Herzensfreund sei, wegen der gehegten Religionszweifel Eröfnung gethan, der ihn wieder auf einen richtigeren Weg geleitet habe, so daß er hoffe, er werde durch mehrere Unterhaltung mit selbigem wieder seinen ehemaligen festgegründeten Glauben ganz zweifelslos erhalten, auch könne er wieder mit Andacht beten, so wie er mit Ueberzeugung das letztemal wieder der Communion beigewohnet, welches einige Zeit vorher nur der eingeführten Regel wegen von ihm geschehen sey.

Von

Von seinem vielen Nachtauffitzen und heimlichen lesen, wie nicht weniger von vielfachen Arbeiten erwähnte er gleichfalls, und bezeigte völlige
Selbstzufriedenheit mit den Graden seines erlern-
ten Wissens.

Während diesen Erzählungen hatte ich nur
meist in Sylben geantwortet; und da er eine Pau-
se damit machte, so gab ich ihm mein Befremden
zu erkennen, in Rücksicht der abgeänderten Reli-
gionsgesinnungen, die er sonst hier richtig gefaßt
hatte, ob schon nicht nach dem gewöhnlichen Schlen-
brian, auch wundere es mich, da wir ehedem mehrmalen darüber zu meiner Zufriedenheit gesprochen
hatten, wie er so geschwind sich vom Gegentheil
habe blenden lassen können. Ja, versetzte er, alles
war damals bloße Verstellung bei mir, so wie ich
ebenfalls die paar Jahre in meinem Schulauffent-
halt alle darmit geäffet habe.

Da Heuchelei nie in seinem Grundcharakter ge-
keimet hatte, und auch mein Erziehungsplan ihm
just das Gegentheil eingeprägt hatte; so stutzte ich
zwar über seine Versicherung, zweifelte indessen
doch an ihrer Richtigkeit, so wie an der, daß eine
anhaltende lesung von Voltairischen Schriften ihm
Unglauben eingeprediget habe, ob schon er mir von
beidem wiederhohlt die sichere Wahrheit behauptete.

Wir kehrten zur Stadt zurück, mit der Ab-
rede hierüber ferner uns zu unterhalten. Der Abend
ging mit Kartenspiel und leichtem Essen gut vorüber,

über, nur bei erſterem hatte der Widerſprechungs-
geiſt viel zu ſchaffen, und Leichtſinnigkeit im Spielen begleitete denſelben. Die Nacht wurde ſo wie
die vorhergehende, meiſt mit Dichten, zugebracht,
und eben wieder ſo wenig Schlaf.

Der Morgen brachte mir die ſo ſehnlich erwarteten Nachrichten wegen ſeines Verhaltens am verlaſſenen Orte mit, und ich eilte zu meinem Aescu-
lap, ſie ihm mitzutheilen. Nach bedächtiger Durch-
leſung derſelben und Anhörung meiner Bemerkungen verſicherte mich dieſer einſichtsvolle und edel-
müthige Arzt, er würde über ſeinen Zuſtand nachdenken und ihn beſuchen, pflichtete auch in ſo weit
überhaupt ſeinem Vorgänger in der Kurart bei,
das häufige Aderlaſſen ausgenommen. Mittag und
Nachmittag verſtrichen, wie am geſtrigen Tag, gegen Abend gingen wir wieder ſpazieren, und hierbei nahm augenſcheinlich die innere Hitze bei ihm
zu; ſo laut als wären wir auf dem Gang alleine,
fing er an Fragen, in Beziehung auf vorjährige Vor-
fallenheiten aufzuwerfen, die Anzüglichkeit mit ſich
führten; warf Tadel um ſich gegen uns, wurde
trotzend und endigte zuletzt völlig im Ton des Heau-
tontimorumenos.

Beim Eingang am Haus beſtand er mit Wider-
ſetzlichkeit darauf, noch einen alten hieſigen Schul-
freund zu beſuchen; und ob der Abend gleich ſchon däm-
merte, ſo fand ich doch rathſam, ihm den Beſuch
auf eine halbe Stunde zuzulaſſen, damit er nicht

B 5 ganz

ganz laut aufgebracht ins mütterliche Zimmer eintreten möchte. Zur bestimmten Zeit kam er zurück,
legte sich, wenig redend aufs Sopha, und sah blaß
aus, so viel Röthe auch sonst seine Wangen durch-
schien.

Ich ermunterte ihn zum Spiel, allein es lief
unruhiger und schlechter wie den vorigen Abend ab,
beim Essen war er mürrisch und legte sich auch so
nieder. Um zwölf Uhr saß er wieder am Schreibtisch, arbeitete die halbe Nacht, verbarg aber am
Morgen seine Arbeit vor mir, da er die Verse von
den zwei vorhergehenden Nächten von selbst weg-
gelegt hatte. Ich erfuhr zeitig früh, nach seiner
Erholung im Schlafzimmer von den Leuten, wie
er bei dem gestrigen Abendbesuch Verdruß und Händel gehabt hätte; und daß er versiegelte Schriften
an seinen Vetter, einen Juristen, geschickt; doch
alles dieses verheimlichte er vor mir. Diese enthiel-
ten anzusagende Klagen vor Gericht gegen die Abend-
gesellschaften, und einer davon enthielt sogar den
Handschuh. Eigentlich aber war er der beleidigen-
de Theil gewesen, und da er es zu arg gemacht
hatte, wieß man ihm, indem man ihn für betrun-
ken hielt, die Thüre.

Hierauf zog er sich aufs beste an, und wollte
ohne Wiederrede in einem Hause, worin er von
jeher gut aufgenommen war, Besuch abstatten,
wobei ich Mühe hatte, ihn so lange zurückzuhalten,

ten, bis der Arzt da gewesen sey, der den Morgen kam.

Um zehn Uhr erschien selbiger, verordnete Arzney und rieth ihm an, zu Hause zu bleiben, wozu er sich nicht verstehen wollte, indem er meynte, der Gebrauch des verschriebenen Mittels könne auch ausser dem Hause statt finden. Ich versetzte, er müsse dem Herrn Doktor folgen, und nahm ihn bei der Hand mit anhaltender Vorstellung; hierauf gerieth er in solche Hitze, daß er mir auf die Hand schlug, spukte, und ihn vor Zorn der Schaum vor dem Mund stand, mit der beständigen Weigerung nicht zu Hause zu bleiben, zuletzt sprang er auf, ergriff den Fensterflügel und wollte hinausspringen, ja in der Hitze faßte er ein auf dem Tisch liegendes Messer und drohete damit sich zu wehren, schmiß auch Tisch und Stühle um.

Der Arzt beschäftigte ihn einigermaßen, und es wurde zu dem neben uns wohnenden Geistlichen geschickt, für den er von jeher Achtung und Liebe geheget hatte. Wie der kam, und ihn umarmte, so empfing er ihn gerührt, und weinte heftig, versprach zu folgen, und wollte mit ihm allein sprechen.

Nachdem der Arzt weggegangen war, so gingen wir aus dem Zimmer, und er erzählte dem Geistlichen die erwähnte Geschichte seines Unglaubens, schob mit die Schuld auf mich, wie ich ihn von früher Jugend an, weder zu Religionsbegriffen, noch Bibellesen und Beten angehalten hätte —

alles

alles grundfalsch — sprach überdem gegen uns
Beyde nichts als Vorwürfe; doch wurde er besänf=
tigt, und versprach ihm zu folgen, auch auf seinen
Rath nicht auszugehen. Wie wir wiederum her=
einkamen, bezeigte er sich ganz gelassen gegen uns,
und sowohl der Geistliche als der Arzt hatten ver=
sprochen Nachmittags wieder zu ihm zu kommen,
worüber er Zufriedenheit äusserte.

Auf Anrathen des letztern ward ein Aufpasser
unten ins Haus bestellt, damit er nicht unversehens
hinauskommen möchte, weil er immer wünschte,
den vorgehabten Besuch noch abzustatten, und bis
zur Wiederkunft des Arztes keine Gewalt dagegen
gebrauchet werden sollte, sondern er nur mit Zure=
den, da Güte Eindruck machte, davon abgehalten
wurde.

Die Arzenei nahm er ohne Wiederrede, und
hierüber ward es Mittag. Kurz vor Tisch ging
er in ein anders Zimmer, wo aufgeschnittener Bra=
ten stand, hiervon verschluckte er gierig einige ge=
schnittene Stücke, und setzte sich mit uns beim Zurück=
kehren zur Suppe, ohne es sich merken zu lassen, daß
er das Fleisch, was untersaget war, gegessen hatte.

Voll Unzufriedenheit und murrischem Wesen
sprach er beym Essen von der mehreren Freiheit,
die ihm nun bei seinem Alter gegeben werden müß=
te, hinzugehen, wo es ihm gut dünkte, ohne es
vorhero anzuzeigen, auch wolle er zur Zerstreuung
aufs Land reisen, doch nicht etwa zu den Großäl=
tern,

fern, wo er fonft fehr gerne war — fondern wo es
beffer und vergnügter zuginge, tadelte unfre ein-
förmige und eingezogene Lebensart, und wünfchte
fich wieder in feinen verlaffenen Auffenthalt.

Man gab nach, wie folches gefchehen könne,
und nach vollendeter Mahlzeit wollte er fich aufs
Bett legen, wo er wieder gegen die Leute fich ent-
fchoofte, und Liebestrieb ausüben wollte. Darauf
ging er zum Wirth im Haus, fprach vielerlei mit
Munterkeit und Zufammenhang; von da befuchte
er einen dafelbft befindlichen Handlungsdiener, ver-
taufchte feine beffere Uhr gegen eine fchlechtere von
ihm, erwähnte gegen die Mutter des Taufches,
doch gegen mich verfchwieg er ihn, und fo ging er
wieder herunter zum plaudern. Unter diefer Zeit
war der Doktor mit dem Geiftlichen gekommen, und
funden zur eigenen und allgemeinen Sicherheit un-
umgänglich nöthig, daß er befeftiget werden müffe,
und fo dann auf den Waden fpanifche Fliegen ge-
fetzt, wobei auch die Hände anfänglich gebunden
werden follten, um folche nicht etwa loszureiffen.

Nachdem ein lederner Gurt mit einem Schloß
um den Leib zu legen und ein Strick zur Befeftigung
an die Bettpfoften herbeigefchaft worden, fo ließ
ich ihn heraufrufen, Arznei zu nehmen, und der
Arzt, der Geiftliche und ein Verwandter empfingen ihn im Schlafzimmer.

Wir Eltern waren zu beklemmt, um gegenwärtig feyn zu können, ftellten ihm vor, daß zu
feinem

seinem Besten und zur Tilgung der Hitze im Kopf,
die er selbst spürte, spanische Fliegen gesetzt werden
sollten, und damit er sich nicht bei der spürenden
Unruhe schaden könne, würde er auf kurze Zeit im
Bett befestiget werden.

Anstatt, daß man besorget hatte, er würde
heftig gegen diesen Vorschlag toben, war er bald
willig, zog sich selbst aus, und ließ ruhig alles nöthige machen, worauf ich zu ihm kam, und bei der
Versicherung, welche ich auf seine Frage gab, daß
diese seine Lage nicht lange dauern würde, befrie-
digte er sich ganz, und ward auch gleich gegen den
wachthabenden Soldaten gesprächig und freundlich.

Wie nach Verlauf einiger Stunden die Wirkung der spanischen Fliegen anfing, sagte er es mir,
und da ich ihm hierzu Glück wünschte, da dieser
anfangende Schmerz ein gutes Merkmal sei, wurde er vergnügt und brauchte dabei die Arznei gelassen und willig. Nachts um zwölf Uhr zogen die
Pflaster stark, er wurde unruhig, ließ mich rufen
und tobte sehr. Ich redete ihm zu, und besänf-
tigt ihn wiederum; allein gegen Morgen bei dem
immer zunehmenden Schmerz brach er in laute Klagen und Schimpfen aus, wollte sich losmachen, und
als er Widerstand fand, wüthete er gegen den
Wächter, stieß mit dem Kopf an die Wand, und
da sein Bette frei gestellet wurde, erboßte er sich
so, daß er um sich biß und spukte, so daß noch ein
Wächter herzu geholt werden mußte.

Gegen

Gegen mich war er aufs heftigste aufgebracht, daß man so mit ihm umginge, ein gleiches gegen meine Frau, und überhaupt konnte man dem Eintritt einer völligen Raserei entgegen sehen.

Indessen nahm er die Arznei willig, nur mußten ihm Hände und Füsse gebunden werden, weil er sich der Pflaster mit Gewalt entledigen wollte.

Wie der Arzt kam, schimpfte er auf ihn, und verlangte einen andern. Nachmittags langte vom Lande sein Stiefgroßvater an, den er stets sehr lieb hatte, der Empfang war ziemlich freundlich, beym öfteren Sehen aber wurde Er ebenfalls mit Anspucken und Schimpfreden behandelt, so wie die Wärter.

Beide Männer, als Kenner der Symptomen dieser Krankheit, der Arzt und der Geistliche fanden nöthig, Schärfe anzuwenden, und es musten Ruthen gemacht werden. Als den dritten Tag früh der Arzt sich ihm näherte, spuckte er ihn an, da er aber von selbigem einige Schmitze auf das Gesäß erhielt, ward er gleich stiller. Der Balbier hatte beim Auf- und Zubinden der Pflaster viel zu schaffen, und mußte er, ohnerachtet daß er im Bett angebunden war, doch noch von beyden Wächtern dazu gehalten werden.

Den Tag über stieß er öfters Schaudern erregende Reden aus gegen Gott und Menschen, und uns Eltern vermaledeyete er bis in Abgrund, den Stiefgroßvater konnte er auch nicht leiden, spuckte

jeder-

32

jedermann an, versuchte, sich in die Armen zu beissen, auch in die Zunge, jedoch da er Schmerz fühlte, und meinen Ernst sahe, wie man ihn allein lassen würde, ließ er hiermit nach. Unterweilen sprach er auch viel von einem zurückgelassenen Mädchen frölich, die seine ganze Liebe habe, und wollte zu ihr.

Die Wärter musten sich der Ruthe zuweilen bedienen, um ihn ruhiger und folgsamer zu machen; indessen nahm das wüthende Schreyen und Toben immer zu. Am Abend verlangte er ununterbrochen, wieder an den verlassenen Auffenthaltsort gebracht zu werden, wenn es auch in Ketten und Banden wäre; Schimpfen und Drohen ließ die ganze Nacht nicht nach, und die Raserei war äusserst heftig. Der hierauf folgende Tag war wie der vergangene, doch nahm er gehörig die Arzenei. Den kommenden Morgen ließ das Anspucken nach, und die Wächter vermochten mittelst der Drohung mit der Ruthe ihn zu bezwingen, auch bezeigte er sich gegen selbige folgsamer und gefälliger, nur gegen uns stieß er schändliche Reden aus, erzählte auch den Wächtern während der Abwesenheit häßliche Dinge von uns, mit dem Anstrich der Wahrheit. Die Idee der Liebe gegen das erwähnte Mädchen, zeigte sich ebenfalls äusserst lebhaft, wobei es nicht an höchst schlüpfrigen Ausdrücken fehlte. Eine neue Phantasie kam ihm nun in den Kopf, Husar zu werden, wozu er schon das Königliche Patent als

Cor

Cornet vom König nebst dem Säbel und Tasche erhalten zu haben glaubte, die wir Eltern ihm nur immer vorenthielten und weshalb er wiederholt den
Wächtern anbefahl, alles bei uns abzufordern.

Hierzu mochte etwa ein Freund, der ihn besuchte, einige Veranlassung gegeben haben, welcher,
durch seinen freundlichen Empfang getäuscht, ihn
zur Zerstreuung von diesem und jenem, also auch
unter andern vom Soldatenstande unterhalten hatte, das er sogleich mit freudiger Regung ergriff,
da er so nun nicht mehr studiren könne, höchstens
etwa eine der niedrigsten Stufen bei einem Collegio
zu erhalten vermöchte, und also Soldat zu werden das
beste sey; und von der Zeit an blieb diese Idee die
herrschende während der Krankheit; seine Schlaf-
mütze war die Husarenmütze, die Wärter mußten
ihm Knoten in die Haare knüpfen, und wir sollten
Pelz, Säbel und Patent überliefern, sonst würde
es der Regimentsadjutant abfordern, dem er anbe-
fohlen, es zu holen.

Vielleicht trug der Stand der beiden Wächter,
die Soldaten waren, zu dieser Phantasie auch etwas bei. Dieselbe Lage und Aeußerungen ver-
blieben am nächstfolgenden Tage; zeither hatte sich
kein Schlaf eingefunden, Tag und Nacht sprach er
ohne Unterlaß mit schreyendem Ton von Liebe, dem
Soldatenstand, exercirte und kommandirte sehr laut,
wobei Schimpfen und Verachtung, ja Haß gegen
uns fortdauerte: dieß war indessen die erste Nacht,

wo er etwas schlief; doch war sein Schlaf von keiner
Tauer, und auch von keinem besseren Erfolg; denn
beim Erwachen rasete er wie vorher fort, mitunter
äußerte er onanitische Wollusttriebe, und die Unterlaß
sung mußte mit Schärfe bewirket werden, sang lu
stige Arien und war Husar und unser Verläumber,
vertraute den Wächtern Wahrheiten und Unwahr
heiten an, und blieb gegen selbige meist gut gesinnt,
wenn sie auch zur thätigen Bestrafung geschritten
waren.

Am zehnten Tage rieth Arzt und Prediger an,
wir Eltern sollten uns nicht vor ihm mehr sehen
lassen, wenn er auch noch so heftig nach uns ver
langte: dieß geschah, und er schickte mehrmalen
nach uns, schrie heftig, daß wir kommen sollten,
und lermte den Tag über wie sonst bis in die Nacht
ohne Unterlaß, und schlief darauf einige Stunden.

Am eilften Tage nahm er ein abführendes Pul
ver früh, welches Abends wirkte, die spanischen
Fliegen wurden geschärft, und die rasende Wuth
fing an, sich zu mindern. Diesen Nachmittag ward
er weichmüthig, wünschte uns zu sehen, sprach von
Sterben, als etwas, das gewiß erfolgen würde,
sehnte sich nach mir vorzüglich, doch immer im al
ten verworrenen Zustand, und abwechselnd mit
Weinen und Lachen, und Untermischung eines frö
lichen Liedes oder Gesanges.

Der darauf folgende Tag war ziemlich ruhig,
auch die Nacht: Nur Liebe, Wollusthang und der
Solda

Soldatenstand blieben seine Hauptideen und Empfindungen.

Am dreizehnten Tage wurde er wieder unruhiger und lermender, allein die Nacht schlief er etwas. Der vierzehnte war äußerst schlimm, vom Morgen an bis auf den Abend um neun Uhr rasete und plauderte er, ohne nur minutenlang zu schweigen: dann betete er auf seine sonst gewöhnliche Weise, und schlief von zehn bis gegen vier Uhr.

Das den funfzehnten Tag eingenommene Abführungsmittel wirkte dießmal gut, und sein zwar beständiges Plaudern ward gelassener, und der Husar kommandirte nur gemach und hieb gegen die Türken nur schwach ein. Diese Ruhe dauerte aber nur bis gegen Abend, anstatt zu mediciniren wollte er Obst und überhaupt Essen: da er solches nicht bekam, schimpfte er auf uns wieder los, mischte lustiges Zeug mitunter, und foderte endlich die Arzeney, nahm aber das hernach angebotene Essen nicht an. Bis Nachts gegen zwölf Uhr war er gegen die Wächter äußerst muthwillig, doch ein paar Ruthenschmitze verschaften Stille und Schlaf bis Morgens um sechs Uhr.

Am sechzehnten Tage hielt ein ruhiges Betragen bis um vier Uhr Nachmittags an, dann schlief er zum erstenmal im Tag drei Stunden sanft, blieb bis vier Uhr Morgens auf gleiche ruhigere Weise wach, und wachte so früh gegen sechs auf, nahm seinen Thee und Arzenei gut zu sich, fiel Nachmittags in einigen Schlaf, erwachte aber mit Heftigkeit um vier Uhr, stieß die Medicin drei Stunden lang von sich, wüthete laut, und ihm mußte mit Hülfe der Ruthe die Arzenei beigebracht werden. Um sieben aß er Suppe, mußte nachher wieder durch Schärfe zum Einnehmen bewogen werden, worauf er von zwölf bis fünf Uhr schlafend zubrachte.

Den 18ten bis den 23sten Tag blieb abwechselnd die alte Lage, das Abführungsmittel wirkte nicht nach Wunsch, und die gewöhnliche auflösende Medicin mußte noch nicht genugsam eingegriffen haben: er fing an, dieselbe auch völlig überdrüßig zu werden, und der Arzt änderte beides ab; er bekam nun Tropfen und Pillen, und nun ging es mit dem Einnehmen und der Oefnung besser; der verworrene Zustand indessen und das unabläßige Plaudern Tag und Nacht dauerte fort; allein mehr lustig und fröllch wie mürrisch. Mit den Wächtern ging er als Soldaten freundlich um, hingegen gegen die Dienstbothen war er das Gegentheil. Der Schlaf bei Nacht fand sich zu vier bis sechs Stunden ununterbrochen ein, und er erwachte auch meist heiter, bis wenn die Fliegenpflaster geschärft waren und die Bevestigung am Bett mittelst des Gurtes um den Leib ihn böse machte.

Am 24sten Tage kam unvermuthet vom Lande der Großvater zu ihm; er war den Morgen über wild gewesen, doch hatte er seine gewöhnliche Kost, Suppe, gekocht Obst und ein Butterschnittchen mit

Appe-

Appetit gegeſſen, an dem es ihm überhaupt nicht
fehlte. Um zwei Uhr empfing er den Beſuch ſehr
vergnügt, ſprach mitunter ordentlich und verlangte
kurz darauf wieder Eſſen: weil ihm wegen des Me-
dicin-Gebrauchs ſolches nicht gegeben werden durfte, fing er ſogleich wieder an, zu ſchimpfen und zu
lermen, welches ſich in heftiges Weinen fünf viertel
Stunden lang abänderte, wobei er über heftiges
Kopfweh klagte, wieder vom Sterben ſprach und
viel Waſſer mit Himbeereſſig vermiſcht trank.
Hierauf ward er ruhiger und brauchte auch willig
Arzenei. Als er um ſieben Suppe gegeſſen hatte,
wollte er die Butterſchnitte nicht nehmen, weil ſie
zu klein, und ſelbige von ſchwarzem Brod oder
Semmel ſeyn ſollte; tobend ſchrie er darnach, und
die Ruthe mußte wieder herbeigeholt werden, worauf dieſer vorher weinerliche und hernach lermende
Paroxismus ſich in volle Luſtbarkeit verwandelte,
und er ſtark und viel lachte.

Der Großvater ging hierauf wieder zu ihm,
den er gut empfing, aber viel untereinander ſchwär-
mete, und erſt am Morgen um vier Uhr einſchlief.
Zwei Tage drauf gingen ziemlich ruhig vorüber, ſo
auch die Nächte, und es fanden ſich anhaltendere,
zuſammenhängendere Gedanken ein. Hierbei fällt
mir die Bemerkung ein, von dem außerordentlich
feinen Gehör, ſo wie der lebhaften Einbildungs-
und Erinnerungskraft, die er auch bei dem heftigſten Paroxismus zeigte. Sehr oft fing ich ohne

C 3   Pan-

Pantoffeln an seine Stubenthür zu horchen, sofort
ward er vermuthlich durch die leise Eröfnung der
Thüre mich gewahr, redete dann oft gegen mich
unanständig, und das einemal rief er laut aus:
„Horcher an der Wand, hören ihre eigene Schand.“
Meinen Gang auf dem Saal hörte er sogleich, und
rief mich dann oft zu sich, welches aber, wie er
wähnt, untersagt war. Eben so genau behielt er
früh die Nahmen der beiden Soldatenwärter, welche täglich abwechselten, und wenn sie wiederkamen,
rufte er sie sofort wieder bei ihren Namen, bemerkte auch augenblicklich ihre leibes- und auch wohl
Geistesmängel, satyrisirte darüber und hänselte sie
ihrer Schwächen wegen. Einer von ihnen hatte
was gelernt, und redete ihm mehrmalen zu, unterhielt ihn auch von Schulkenntnissen; den konnte
er niemals leiden, vermuthlich wegen seiner Vorzüge.

Der 27ste Tag war wieder mürrischer und das
beständige Sprechen nicht so laut, indessen beglei-
teten ihn sechs Oefnungen, und er schlief darauf
acht Stunden, worauf ein ruhiger Tag erfolgte,
auch Nachmittagsschlaf, nur wurde nachher sehr
viel geplaudert und oft dabei gespucket. Nun öf-
nete sich der Leib immer fünf bis sechsmal. Nach
vierstündigem Schlaf erwachte er den 29sten Tag
lustig und singend; da aber der Arzt zu ihm kam,
ging Schimpfen und Toben wieder an, und der
Soldatenstand war wieder die Lieblingsmaterie.
Zunge und Verwirrung blieben außerordentlich ge-
län-

läufig, erst früh gegen fünf Uhr schlief er zwei Stunden, hatte die Nacht häufig sein klares Waſſer getrunken, und der 30ſte Tag verging ſtiller und beſſer.
Eine ſehr ruhige Nacht mit neunſtündigem Schlaf
verſchafte ihm den folgenden Tag Ruhe, und er
blieb luſtig und guter Dinge, und lachte viel. Hingegen ſchlief er dieſe Nacht gar nicht, blieb aber
am 32ſten Morgen gelaſſen, doch Nachmittags kam
wieder ein halbſtündiges lermen beim Einnehmen,
hernach ward das verlaſſene liebe Mädchen der
Hauptgegenſtand des Sprechens.

Nach ſieben Stunden Schlaf wachte er auf,
und man fand, daß er den Haken am Gurt losge-
riſſen hatte, ſo daß das Schloß nicht mehr beveſti-
get war, welches er ſich ruhig wieder verbeſſern
ließ, auch ſich furchtſam bezeigte, daß ſolches vor-
gefallen ſey. Inzwiſchen begegnete er dem Arzt
trotzig, und das Schimpfen ging wieder an, welches
abwechſelnd dauerte, bis auf den Abend, wo die
Ruthe und das Händezuſammenbinden Stille ver-
ſchaffen mußte. Von ein Uhr bis gegen ſechs hatte er geſchlafen, doch vorher eine ganz neue baum-
wollene Mütze in zwei Stücke zerriſſen, und die
Wächter ziemlich vexiert mit Heraus- und Herein-
heben ins Bett.

Den 34ſten Tag fing er wüthend an; dieß dauerte bis auf den Abend ſo, und Schärfe mußte angewendet werden. Einer guten Nacht folgte ein
ruhiges Erwachen, und man vermochte, ihm ruhig

C 4   am

am Fuß eine Ader öfnen zu lassen, welches guten Erfolg hatte, so daß der 36ste Tag stille anfing, aber bei der Mittagssuppe war das Butterbrod zu klein, es wurde weggeworfen, da aber kein grössers erfolgte, aß er es gelassen. Den Abend besuchte ihn sein Freund der Geistliche, und die Unterredung war höflich, jedoch verwirrt. Der heftige Paroxismus hatte den nächsten Tag sich fast gar nicht gezeiget, und der Abgang blieb zeither so reichlich, als wenn er täglich sechs volle Schüsseln zu speisen kriegte.

Am 38sten Tage wollte er mit dem Arzte gar nicht sprechen, und versteckte sich unters Bett; indessen verfloß er ziemlich ruhig. Vor dem Einschlafen ward er bis ein Uhr wieder sehr laut, begehrte eine Aderlaß, doch schlief er hierauf fünf Stunden. Vorher aber hatte er das Schlößchen am Gurt wieder losgesprengt, und selbigen diesen Morgen völlig aufgeschnallt. Mit Schimpfen ließ er die Befestigung geschehen, mußte wieder mit Gewalt zum Einnehmen gezwungen werden, und bis Nachmittags drei Uhr wüthete er gräßlich. Nachher sprach er mit den Leuten viel, wurde lustig, und auf Bitten brachten ihm die Wärter auf einen Stuhl ans Fenster, wo er eine Stunde vergnügt saß, und sich wieder willig niederlegte, auch dieser 39ste Tag gelassen beendiget wurde.

Mit heftigem Lermen wachte er am 40sten Morgen um 5 Uhr auf, daß wir ihn vernehmlich
um

im andern Zimmer hören konnten; nachdem er
Thee getrunken und etwas Semmel gegessen, beruhigte er sich bis um acht Uhr, dann ging es wieder
los, der Barbier konnte beim Fliegenpflasterverbin-
den nicht fertig mit ihm werden, gegen den Arzt,
so nachgebend dieser sich auch bezeigte, war er äusserst mürrisch und drohend, aß außer der Suppe
nichts und klagte über Kopfweh. So dauerte es
bis um zwei Uhr, wo er zu weinen anfing, traurig
wurde, und auch von gewissem baldigem Sterben
sprach; keine Medicin nahm er mehr, und als der
Zwang ihn dazu brachte, spuckte er sie erst weg,
dann schluckte er sie zwar hinunter, brachte sie aber
mit dem Finger im Halse wieder hervor, und brach
sie mit Ungestüm nebst dem zu sich genommenen
Obst fort. Um fünf Uhr ging das Weinen wieder
an, er stöhnte viel und wollte sterben. Da der
Arzt gern ein Clystier beigebracht haben wollte, so
wurde er durch den Barbier, der durch Ernst und
Scherz über ihn am meisten vermochte, dazu gebracht,
doch unter dem Versprechen, ich sollte zu ihm kommen, welches diese Wochen her, auf Geheiß des
Arztes, noch nicht geschehen war, so oft er auch gut
und hart darnach verlangt hatte; auch die Mutter
wünschte er den Abend zu sehen. Diese Zusage
ward geleistet, wenn er sich würde ruhig haben ein
Clystier setzen lassen, und nach geschehener Sache,
die gut wirkte, kam ich allein zu ihm, umarmte
ihn zärtlich, und ward freudig empfangen.

Von

Vorher, ehe das Lavement gesetzt wurde, richtete er sich auf, hielt eine Predigt über die Unsterblichkeit der Seele, vollständig mit Einleitung und richtiger Eintheilung, auch Beobachtung des Gesanges, wie gewöhnlich. Mit philosophischen Gründen fing er den Beweis an, blieb eine Viertelstunde lang in der Ordnung, dann mischte er verwirrte Geschichte darunter, beschloß aber mit einer guten Anwendung.

Die Mutter folgte auf sein Verlangen mir nach, und er begehrte, daß ich ihm lieber vorlesen sollte, worüber er um eilf Uhr einschlief und früh um sechs Uhr sein vorgeschriebenes Frühstück wohlschmeckend genoß. Um sieben war die Einnehmezeit, welches er von mir annahm, und bis Mittags um eilf Uhr sanft schlief, daß auch der Arzt, ohne ihn zu sprechen, wieder wegging. An diesem 41sten Tage bekam er zum erstenmal Kalbfleischsuppe, beides schmeckte ihm gut. Er schlief gut, nur weigerte er den Arzneigebrauch des Morgens, bis ich dazu kam, und war er diesen Tag über nur wenig mürrisch. In dieser Nacht versuchte er wieder — was schon mehrmalen geschehen war — die spanischen Fliegen loszubinden, und dieß gelang ihm zuweilen heimlich, so genau auch die Wächter aufpaßten; er hinterging sie oft, denn viele List und Verstellung war überhaupt bei seinem Betragen.

Weil er am 43sten Tage wiederum von den Leuten nicht einnehmen wollte, drang ich darauf, und

er

er folgte nachher immer. Am darauf folgenden, weil ich bemerkt hatte, daß die hellen Zwischenräume zunähmen, sich auch die anhaltende Soldatenlose, wenigstens in meiner Gegenwart, wo er stets ansichhaltender war, verwischte, legte ich ihm Gemälde und Kupferstiche vor, die er mit Vergnügen durchsah, und vorzüglich über die rothe Farbe eines kleinen Bildes heitere Empfindung äußerte, und sich lange dabei verweilte; bei den Kupferstichen ging es hurtiger, und es sollte immer Abwechselung kommen. Des Abends sprach er zu meiner unausdrücklichen Freude lange zusammenhängend mit mir; wir spielten Karten, zogen Dame, und alles geschah mit wenigen Fehlern. Auch mit dem Arzt hatte er sich gut unterhalten. Sowohl am Tage als die Nacht drauf erquickte ihn der Schlaf, und der 45ste Tag blieb dem vorigen gleich, insbesondere so lange ich bei ihm war; alsbann fing er mehr mit den Leuten allein zu reden an, und delirirte wieder, nur alles gemäßigt. Die zwei nächsten Tage wurden etwas mürrischer und verworrener zugebracht, allein im Ganzen ging es doch vorwärts.

Am 48sten Tage ward er zum erstenmal am Stocke von den Wärtern im Zimmer herumgeführt, und die Schwäche war nicht so stark, als man besorget hatte. Weil er den Tag über viel geschlafen, war er des Nachts unruhig, und hatte die Karten alle aufgelöst und zerrissen: jedoch erwachte er heiter, wollte wieder herumgehen, beim

Auf

Aufsteigen bildete er sich aber ein, der eine Fuß sey durch die spanische Fliege kürzer geworden, und wollte nicht auftreten. Viel Ueberredung kostete es, um ihm vom Gegentheil zu überführen; endlich gelang es, und er ging selbst ohne Stock eine Stunde lang auf und ab, bezeigte sich gegen den Arzt sehr gesittet, der Zusammenhang im Reden wuchs an, die Ueberlegung äußerte sich merklich, und so wurden fünf Tage mit Gehen, Sprechen, guter Wirkung der öfnenden Mittel, geschmackvollen Appetit und sanftem Schlaf trostvoll zugebracht.

Den 54sten Tag wollte er sich selbst gern mit etwas beschäftigen, hatte schon vorher eine Stunde im Kinderfreund gelesen, und die Mutter gab Farben, um einen Kupferstich zu illuminiren, wobei gut angefangen, hernach aber nur gesudelt wurde; gegen Abend ward wieder mehr gefaselt, um zehn spielte er mit den Wächtern Karte, allein konfus, ich ließ sie weglegen, und er schlief sieben Stunden. Nach dem Frühstück und Einnehmen ward wieder einige Stunden geschlafen, dann mochten die geschärften Pflaster ihn verdrießlich machen, indessen griff er Nachmittags wieder zum Malen; man wollte ihm bessere Anleitung dazu geben, er widersprach und glaubte es gut zu machen, sprach auch viel und unzufrieden untereinander bis gegen Abend, wo ich mich mit ihm unterhielt und Ordnung im Reden war; doch war die Nacht sehr unruhig und mit Schimpfen auf die Wächter bis drei

Uhr

Uhr zugebracht. Um fünf erwachte er schon wieder.
Dieser 56ste Tag ward auch mürrisch verbracht, und
wollte er gar nichts vornehmen; der folgende erschien heiter und blieb so. Heute ging er auch wieder viel auf und ab. Eben so verfloß der 57ste.

Am 58sten fiel ihm eine Schreibtafel ein, die
er glaubte mitgebracht zu haben, da man sie aber
nicht fand, auch ungewiß war, ob er sie bei dem
Anfang der Krankheit nicht weggeschenkt hatte —
denn die ersten Wochen gab er alles an seine Wärter weg, und man mußte die Sachen verbergen —
argwohnte er, die Mama wolle sie ihm nur nicht
geben, ward darüber äußerst verdrießlich und hernach gegen den Wärter sehr zornig; indessen ging
auch dieß vorüber, und dieß war die erste Nacht,
wo nur ein Wächter bei ihm blieb.

Den 59sten stand er schon gegen sieben Uhr auf,
ging herum, beschäftigte sich mit Malen und lesen,
jedoch nicht glücklicher als vorher, schlief Nachmittags, und gegen Abend war er beim Besuch seines
geistlichen Freundes gut, nur auf die letzt, als ihm derselbe einiges nicht in seinen Kram dienendes anrieth,
schwärmte er etwas verdrießlich. Nach einem sie-
benstündigen Schlaf erwachte er mürrisch, sprach
übel aufgeräumt, weinte über ein trauriges zukünf-
tiges Schicksal, und mein Zureden griff wenig ein,
denn auch mit meiner Begegnung war er unzufrieden.

So fing der 61ste Tag auch wieder an; er bat
mich, ihn sich allein zu überlassen, setzte sich im Win-

kel

46

kel und war ganz Heavtontumorumenos. Diesen
Tag war der Soldat Wärter, welchen er nie wegen seiner Schulkenntnisse und Ermahnen leiden
konnte. Schon seit einer Woche lag er des Tages
unangebunden im Bette; einmal ging ich heraus,
und weil er gegen mich höchst mürrisch sich betragen
hatte, erinnerte ihn der Soldat, wie viel Mühe
ich seinetwegen hätte, er solle es besser erkennen u.
s. w. Plötzlich fuhr er aus dem Bette heraus, ohr-
feigte denselben, und das Mädchen, die just im
Zimmer war, erhielt mit dem Strick, der noch am
Gurt war, auf Arm und Rücken einige Schläge.
Man rief mich, ich konnte nicht sogleich ihn be-
sänftigen; er schrie laut über unanständiges Begegnen der Leute, welches aber falsch war; doch mußte
er sich wieder das Anbinden gefallen lassen. Dem
herbeigeholten Arzt ward gleichfalls schnöde begeg-
net, aber wie derselbe befahl, auf die alte Art hart
mit ihm umzugehen, wurde er geschmeidiger; zog
sich gleich selbst aus, und rührte sich nicht aus dem
Bette. Von zwei bis fünf Uhr des Nachmittags
schlief er hierauf, war beim Erwachen artig und
ordentlich gegen mich, und blieb es so.

Nach einem dreistündigen Schlaf weckte ihn
am 62sten Tage ein heftiger Nachtsturm um ein Uhr,
der Fensterscheiben entzweiriß, und nochmals um
vier Uhr erweckte ihn ein morschgewordenes Stück
Gesims, welches von der Stubendecke mit Krachen
herabfiel und Staub um und auf sein Bette brachte;

te; gegen die Wächter zeigte er sich deshalb voll
Schreck und Furcht, wie ich zu ihm kam, erzählte
er den Vorfall mit Unruhe und Besorgniß mehrerer
Gefahr. Anfänglich hatte ich Mühe, ihn zu be=
ruhigen, hernach aber wurde er überzeuget von der
Unschädlichkeit für ihn, nahm den Arzt sehr gesittet
und freundlich an, las und malte den Tag über mit
weit besserem Erfolg wie sonst, und sprach mit mir
vernünftig; doch, wenn ich abwesend war — wie
schon bemerket worden — ging mit den Leuten wie=
der das geschwindere Sprechen und auch das un=
wahre Erzählen von Vorfällen am verlassenen Ort
an, nur gemäßigter und schwächer.

Von heut an wurden die Fliegenpflaster wegge=
lassen. Der 63ste Tag war vollständig ein ordent=
licher zufriedener Zeitpunkt, und die Selbstbeschäf=
tigungen gingen gut von statten, so wie seine Lei=
beskräfte merklich zunahmen, welche überhaupt,
nach einem so langen heftigen Leiden, nicht allzusehr
gesunken waren. Ein siebenstündiger Schlaf ver=
ursachte ein fröliches Erwachen und einen vollkom=
men heitern Tag. Es war mein Geburtstag;
gleich früh beschaftigte er sich mit Malen, und da
mir das Mädchen gesagt hatte, wie er seines Pa=
pier holen lassen, und schon einige Tage vorher bei
seinem Vetter Band malen zu lassen hatte bestellen
wollen, so vermuthete ich einen Glückwunsch und
ließ ihn des Morgens meist allein. Wie wir bei
Tisch saßen, schickte er auf einem Teller einen mit
Ein=

Einfassung selbst gemalten halben Bogen, worin beiliegende Reime mit dem Pinsel geschrieben waren.

HORATIUS.

Grata superveniet, quae non sperabitur hora.

Sie sind vorbei die Stunden
   Von jugendlichem Lenz;
Für mich sind sie verschwunden;
   Die Rose ist schon hin,

Die einst im Lenz Dir blühte,
   Der Sterblichen Gewinn
Du Rose! o Liebling der Götter,
   Des Frühlings größter Stolz.

Du Schmuck der goldgeschmückten Flur!
   O, daß die reizende Natur
Am heut'gen Freudenfest
   Dich, meinen Vater, krönte!

O, daß Philomele
   Mit Silberton
Doch baute ihr Nest!

Ihm müsse Autumnus selbst grünen
   An Pallas milder Hand!
Stets sey das Gewebe des Lebens
   So glatt, so rosenfarb und licht,
      Als möglich ist!

Doch, was soll ich erst wünschen,
Dir alles erst wünschen,
Was Deiner so werth?
Das Glück erst beschweren,
Den Wunsch zu erhören,
Daß Dich es verehrt.

Nur unter Scherz und Küssen,
Muß er Dir froh verfließen

Der

Der Winter des Lebens!
Nicht sey er vergebens,
Mein Herzenswunsch!
O, träf er doch ein!
Wie froh wollt' ich seyn.

Am nichtvergessenen 17ten Nov. 178–.

Voller Freude wurde er, wie ich ihn gerührt dafür umarmte, und Zähren flossen unsere Wangen herab. Wie eine schöne Sommernacht verfloß dieser frohe Tag eilig, und ein neunstundenlanger Schlaf hatte meinen lieben Genesenden augenscheinlich erquicket. Voll Zufriedenheit erwacht führte ich ihn am 64sten Morgen zum erstenmal in unser Wohnzimmer, wo ihm alles neu war; voll Vergnügen besah er die darin hängenden Bilder und ließ überhaupt viele Neubegierde blicken, sah alles durch, doch hielt er sich bei keinem lange auf. Ich ließ ihn laut lesen, welches mit Bedacht und Empfindung des Inhalts geschah, nur zu geschwind und mit zu lauter Stimme, die aber ihm angemessen der Sache schien.

Eine der vorigen ruhigen Nacht gleiche erfolgte hierauf, und so zwey ähnliche Tage; außer daß er den zweiten Abend, da er Griechisch und latein mit Emphasi einige Zeit las, und die Mutter ihn davon abrieth, weil diese Beschäftigung noch zu zeitig und zu ernsthaft sey, verdrießlich wurde und in seine Stube verlangte, auch, da ich bei seinem Abendessen verblieb, darüber mit selbiger noch immer haderte; so wie ich bei dieser Gelegenheit eine rü

brige Wendung seiner sonstigen Gesinnungen gegen
die Stiefmutter anmerke, die er immer geachtet
und geliebt. Diese widrige Gesinnung hatte sich
während der Krankheit so fest eingewurzelt, daß es
mir Ueberredungskunst und wirklich Mühe gekostet
hat, ihn nach und nach ins alte Geleise gegen selbige zu leiten; und lange Zeit erst nach der völligen
Wiedergenesung ist es mir gelungen, das alte Zutrauen wieder zu erregen und zu bevestigen.

Der 67ste Tag war wieder mit trüben Wol-
ken umzogen. Noch mußte er auf Anrathen des
Arztes den Gurt um den Leib behalten, und des
Nachts zu mehrerer Sicherheit an der Bettstelle
mit dem Strick bevestiget werden: dieß war ihm
schon seit einigen Wochen ein Hauptanstoß gewesen, und da die Fliegenpflaster hinwegwaren, wollte
er auch diesen nicht mehr dulden. Oft satyrisirte er
über diese Vorsicht lachend, oft aber murrte er
auch bitter und wehmüthig darüber; indessen kamen wir der Vorschrift des einsichtsvollen und sicher
handelnden Arztes nach. Heut war er gleich des
Morgens so gestimmt; Sanftmuth und Ernst vermochten von meiner Seite nichts zu bewirken, theils
klagte er laut, theils weinend über diese ihm an-
scheinende Härte, und als am Abend der Geistliche
ihn besuchte, machte selbiger auch mit seinen mancherlei Vorstellungen keinen Eindruck auf ihn, seine Gedanken dünkten ihm die richtigsten; so blieb
er, und verließ uns unzufrieden, immer doch mehr

mir

mir nachgebend als der Mutter, deren Belehrungen mit Unhöflichkeit erwiedert wurden; und sie beschloß daher, ihn nun ganz gehen zu laßen und gleichgültig sich zu bezeigen.

Er schien den folgenden Tag nicht darauf zu merken, war zwar aufgeräumter, weil der Barbier das Heilungspflaster von den Waden nahm und zum letztenmale bei ihm war, sonst aber betrug er sich, ausgenommen gegen mich, vier Tage lang etwas spöttisch und achtungslos gegen dieselbe.

Am 72sten Tage schien helle Sonne bei ihm; der Arzt befreyete ihn vom Gurte, und nun zog Zufriedenheit, Folgsamkeit und anständiges Betragen gegen einen jeden bei ihm ein. So dauerte es fort, und die Munterkeit nebst richtiger Ueberlegung wuchsen sichtbar an. Der Gebrauch seiner zeitherigen auflösenden und abführenden Mittel endigte sich am 77sten Tage, wo er stärkende Tropfen erhielt, und Nachts und Tags viel und stärkend alle Tage schlief. Den folgenden Tag fuhr ich mit ihm zum erstenmal aus, Reden und Betragen blieb vollständig gut, und die Urtheilskraft hatte wieder Festigkeit bekommen. Herzlich vergnügt kamen wir nach Hause, und das Vesperbrodt war Nektar und Ambrosia für ihn.

Seitdem blieben auch die verdrießlichen Unterredungen aus; auch die unzüchtigen Reden und Geberden waren weg, wovon er besonders die obscänesten vorgebracht hatte; obschon ich außer allem Zweifel

ver-

verſichert war und bin, weder dergleichen That noch
Worte ſind je von ihm in ſeinem natürlichen Zuſtande vorgenommen worden: gegentheils iſt er für ſeine
Jahre noch ſehr ſchamhaft. Gegen uns äußerte er
nichts mehr von der Neigung zum Soldatenſtand;
allein gegen die Wächter und übrigen Leute verſicherte er es noch, und wünſche er nur, es mir
ſchon vorgetragen zu haben.

Am 86ſten Tage gingen die Wächter ab, und
ich legte mich in ſeine Stube, wo auch die Nacht
von nun an alles ruhig ablief, ſo wie der gute
Schlaf die Kräfte merklich ſtärkte.

Den 89ſten Tag ging ich mit ihm zu Fuß ſpa-
ßieren, und am 92ſten that er es in der Stadt allein, ohne daß Furcht oder Blödigkeit nach ſo lang-
wieriger Stubenhütung bemerkt wurde. Den
94ſten ging er mit dem Großvater zufrieden auf den
Jahrmarkt, kam mit Beängſtigungen nach Hauſe,
die ſich aber den folgenden Tag verloren hatten,
und ſo fuhr er fort, ſeine alten Freunde zu beſuchen,
die nichts verändertes an ihm verſpürten; und
endlich wurde er den 107ten Tag von aller Arzenei
freigeſprochen, mit der Erlaubniß, mit uns die gewöhnlichen Speiſen zu genießen, und ſeine alte Lebensart wieder anzufangen, doch zu ernſte Beſchäf-
tigungen noch zu vermeiden.

So hatte alſo dieſer ſchaudervolle Zuſtand über
drei Monate hier gedauret, und wenn ich den vor-
hergegangenen Tiefſinn in ſeinem Schulort hinzu-
rechne,

rechne, ist er an acht Monate Patient gewesen.
Durch keine ausschweifende Lebensart hat er sich
dieß Uebel zugezogen, denn vorerst hat er nie Nei=
gung dazu unter meiner Aufsicht im geringsten spü=
ren lassen; und an dem Schulorte war er bei Ver=
wandten, die genau auf ihn Obacht hatten, und
auch nie etwas dergleichen bemerket haben. Im
Gegentheil, man hat ihn vom Fleiß zurückhalten
und in Gesellschaften oft zwingen müssen, wo er
aber denn auch gern war, wenn selbige nach seinem
Geschmack waren. — Seine nun täglich zuneh=
mende und daurende Gesundheit war mit keiner Ab=
änderung seiner sonstigen Konstitution verbunden,
als daß er die ersten Monate oft stiller wie gewöhn=
lich war; übrigens nahm er seine Schularbeiten
für sich bald wieder vor, und mußte von den ma=
thematischen Beschäftigungen abgehalten werden,
nach denen er am liebsten griff.

Da mir hinterbracht wurde, sein Soldaten=
hang blieb unbeweglich, und er sich gegen mich dar=
über nicht ausließ, die Gelegenheit indessen entstand,
wo ich meinem Oberen über ihn mündlich Nachricht
zu geben hatte, so fing ich davon an, und foderte
seine wahre Entschließung vorher darüber: das für
und dawider wurde ventilirt, und das Resultat
blieb dafür. Wie er dieses vom Herzen hatte,
ward er wieder munterer, und es wurden Veran=
staltungen getroffen, um diesen Endzweck vortheil=
haft zu erreichen. Hierüber ging der Frühling und

D 3   ein

ein Theil des Sommers vorbei, die er sehr heiter und gesellig zubrachte. Er bezeigte sich wirklich munterer und zufriedener, als in seinen jüngeren Jahren.

Um sich im Reiten zu üben, besuchte er seinen Großvater auf dem Lande, that mit diesem verschiedene kleine Reisen, ließ sichs wohl schmecken, und brachte drei Wochen nach seinen mir geschriebenen Nachrichten sehr vergnügt und auch nützlich zu. Ganz unvermuthet kam er mit diesem zurück, weil einige Tage vor der Abreise wieder kleine Anfälle von Ueberspannung und lautem Betragen bei Tag und Nacht bemerkt worden waren, welche vermuthlich durch zu gute reichliche Kost, übermäßige Bewegung bei der Hitze, mathematische und theologische Ausarbeitungen ihren Ursprung herhaben mochten.

Auf eine Aderlaß und die abführenden Mittel wurde sogleich der schlimmere Fortgang gehemmet. Indessen ereigneten sich einige hitzige Auftritte, wo ich Ernst anwenden mußte, um sie zu unterdrücken, und die wieder Spuren vom alten Uebel zeigten. Sie verloren sich aber bald, und Lustigkeit trat an die Stelle, wobei er beim lesen von Dichtern eine Menge scharfsinniger Anspielungen auf Bekannte extemporirte, und Liebestrieb wiederum äußerte, doch gemäßigt und anständig; sonst spürte man keine Unordnungen, und nach Verlauf von acht Tagen genossen wir wieder der schönen Herbstwitterung

rung zusammen vergnügt und wie im gesundem Zustande.

Nur überraschende Hitze übereilte ihn zuweilen bei kleinen Anläßen. Doch wurden überzeugende Proben von Geistesfähigkeit abgelegt, indem er unter andern drei angehörte Predigten zu Hause so umständlich auffeßte, nach Verlauf einer Stunde darauf, daß der Geistliche sie beim Durchlesen vollkommen seinen gehaltenen gleich fand.

Mein Amt erfoderte in diesen Monaten öftere Reisen aufs Land, wo er reitend und fahrend mich begleitete, vergnügt und artig war, nur zu freigebig sich gegen die Einwohner erwieß, welches seiner Börse nicht angemessen sich befand; doch streute er ohne alles Geräusch und heimlich seine Geschenke aus.

Zuweilen zeigte er in der Stadt beim Grüßen noch zu viel Höflichkeit, ohne den zu bemerkenden Unterschied des Standes; und nur ein Anschein von Beleidigung von jemand veranlaßte zu hißige Gegenbegegnung. In einigen Wochen darauf verlor sich aber auch dieses alles völlig; und durch ein bei einer gewissen Gelegenheit von mir gegen ihn geäuſsertes grosses Zutrauen in seine überlegende Beurtheilung ward er sichtlich dahin gebracht, sorgfältig auf sein Betragen gegen jedermann von selbst acht zu haben, und seitdem ist er vollständig der alte gute, gesittete Jüngling. Gott laſse ihn so fortfahren!

56

Folgende Anmerkungen will ich noch beifügen: Viel gelitten habe ich, und anfänglich konnte
ich mich gar nicht überreden, daß dieses so schrecklich abgeänderte Betragen, und diese Aeußerungen
eines sonst so gutgearteten Sohnes, natürliche Ereignisse der Art von Krankheit wären.

Ich kränkte mich innerlich; Verführung am fremden Ort, dachte ich, bringe manche Zote, manches pflicht-
widrige Kindesbetragen hervor. Nur seine so oft
wiederholten Betheurungen von längst angewohnter
Verstellung, und das lästerliche Ausstoßen gegen
Schöpfer und Religion richteten mich auf, da ich
ihn bis in das 16te Jahr um mich gehabt und seinen
moralischen Charakter genau kennen gelernt hatte,
daß es unmöglich sey, so plötzlich vom Guten ins
Schlimme überzugehen, um so mehr, weil er die
dritthalb Jahre seiner Abwesenheit wöchentlich die
besten Zeugnisse von Fleiß und Aufführung von
sämmtlichen Lehrern in zugeschickten sogenannten
Conduitenzettels bei der achttägigen festgesetzten
Conferenz ununterbrochen erhalten hatte. Auch die
Funken von sonstiger Zuneigung, Gehorsam und
Furcht gegen mich, welche bei den hellen Zwischen-
räumen durchsprühten, beruhigten mich dann und
wann, und Hofnung gewann die Oberhand, da
selbige bei dem voll Menschenliebe weisen Arzt, wegen der Jahre des Kranken und seiner mehrmali-
gen Erfahrung dergleichen Zufälle, nie sank, auch
mein

mein guter Sohn werde wieder in seinem natürlichen Zustand zurückkehren.

Meine Vermuthungen der Entstehungsursachen dieser Schaudererregenden Unordnungen in seiner Maschine gehen dahin, daß die Begierde, hervorzuragen — denn von jeher war Ehrbegierde der Haupttrieb zum angestrengten Fleiß — über seine Mitschüler, wo er meistentheils den Preis davon getragen hatte, obschon Naturfähigkeiten nicht die ergiebigsten waren, den Kopf zu sehr angegriffen und hauptsächlich mit zu vielerlei (für sich, ohne weise Gradation, überladen hatte. Hiezu trat ein Sterbefall eines geschätzten Freundes, den er in der Krankheit besorgt hatte, auch einige für sein weiches Herz empfindsame häusliche Ereignisse, welches zusammengenommen Nerven und Fibern, die zeither überspannt worden waren, auf einmal herabgeschwächt hatte; wozu noch das zwanzigjährige Alter eines sonst vollen, gesunden Jünglings bei guter Kost und Enthaltsamkeit, auch manches beigetragen haben mag.

Fast bin ich überzeugt, nicht darüber im Irrthum zu seyn; so wie ich zugleich in diesem traurigen Zeitpunkt noch gewisser geworden bin, wie vielen Einfluß der Mechanismus des Körpers auf die Seelenwirkungen habe, und daß es Schwachheit sey, gleich über Materialisterei zu schreien,

D 5   wenn

wenn der philosophische Physiolog glaubet, daß ma-
terielle Dinge durch Mittelursachen etwas über geistige Wirkungen vermögen, und daß mechanische
Veränderungen einigen Einfluß auf Denken und
Wollen haben.   Der körperliche so wie der geistige
Theil des Menschen sind beides Theile eines Ganzen, und stehen folglich in der genauesten Verbindung miteinander.

III.

Geschichte eines im frühesten Jünglingsalter intendirten Brudermords.

Als ich, ungefähr im vierzehnten Jahre, mit meinem jüngsten leiblichen Bruder eine zeitlang in einem Bette schlief, übereilte mich eines Abends, da
ich etwas spät in dem Zimmer, wo wir schliefen,
mit Schularbeit beschäftiget war, plötzlich der
Schlaf; ich legte mich zu ihm nieder, nachdem er
schon ziemlich lange sanft geruhet hatte. Aber statt
des Schlafs überfiel mich nun eine fürchterliche
Angst, ich hörte gleichsam eine Stimme, die mir
sagte: nimm das auf dem Tische liegende Federmesser und stoß es ihm in den Hals —

Die

Die brüderliche Liebe kämpfte mit dem vermeinten Berufe ihn zu tödten je länger je heftiger, ich bewunderte die sanfte Ruhe desselben, umarmte den so unbekümmert Schlafenden, küßte ihn, stand auf; ergriff das Messer — — legte es zusammen, verbarg es sorgfältig zwischen Bücher und Papier, legte mich wieder zu ihm nieder, umarmte ihn nochmals und — betete.

Meine Ruhe und Seelenstille kehrte nach und nach wieder, und unaussprechlich groß war meine Freude, daß mir kein anderes als grade ein Einlegemesser zur Hand gewesen, und daß ich meinen lieben kleinen Bruder nun nicht tödten sollte. Ihn rettete also vom Tode und mich von der fürchterlichsten Angst und unmenschlichsten That, schwärzer in der Ausführung, als je eine Kainshandlung — das versteckte Einlegemesser und ein inbrünstiges Gebet, wodurch das verwirrte Gewebe meiner gegenwärtigen Ideen vereinfachet, die unwillführlichen abgeleitet, und freiwilligere wieder herrschend wurden.

Wie fest nun dieser Mordentschluß bei mir war, beweiset theils die immer noch von ängstlichen Mißtrauen begleitete Freude, da der Paroxismus bereits vorüber war; theils, daß ich nicht an die darauf gesetzte Todesstrafe dachte, da ich doch damals von der, diesem Alter in solchen Falle bewilligten Begnadigung, zuverläßig noch nichts wußte.

wußte. Dieß erschwert die Ergründung der Ur=
sachen dieses mörderischen Vorsatzes sehr, und die
damals noch so wenig entwickelte Anlage des Ko=
pfes und Herzens macht diesen in seiner Art ein=
zigen Zustand des Gemüths noch unerklärbarer.

Woher also dieser Sturm — woher diese un=
erhörte Mordlust in einer so jungen Seele? Rach=
begierde war es nicht, denn er hatte mich nicht
beleidiget, jener nicht selten nach überspannter
Seelenanstrengung tobende Geist des Unmuths
und der Mißlaune, wenn die Thätigkeit durch ir=
gend ein entgegenstrebendes Hinderniß, wie hier
vom Schlafe, gehemmt wird, konnte es in diesen
Jahren wohl auch nicht, so wenig als eigentliche
Bosheit oder Verzweifelung, seyn. Unzufrieden=
heit, daß er so sanft schlief und ich nicht schlafen
konnte, war vielleicht eine entfernt wirkende Trieb=
feder, wer weiß, selbst die Dunkelheit der Nacht,
die mich damals oft zu schwarzen ängstlichen Ge=
danken veranlaßte, konnte hier mit im Spiele
seyn. Freilich war es mir auch eben so recht nicht
gelegen, einen Beischläfer zu haben, aber über=
zeugt von der Nothwendigkeit und guten Absicht
meiner Aeltern, hatte ich mich schon längst darein
ergeben.

Vielleicht, aber nur vielleicht, war es an ei=
nem Tage, wo ich einen Mörder vom Leben zum
Tode hatte bringen sehen. Vor solchen schauder=

vollen

vollen Auftritten war ich in jenen Jahren, gewöhnlich des Delinquenten wegen, sehr ängstlich
und bekümmert, sobald aber die Handlung geen-
digt war, empfand ich eine Art von Gleichgültigkeit und Verachtung des Todes.

Ist es nun mehr Stärke oder Schwäche der
Seele, wenn sie oft zu raschen Entschließungen
übergeht? Schwäche kann wenigstens eben sowohl eine Mutter grausamer als schändlicher Handlungen seyn. Jenes Selbstgeständniß beweißt,
daß uns die geringfügigsten Umstände zu Handlungen von den wichtigsten Folgen verleiten können. Das frey und offen liegende spitzige
Messer ängstigte mich eben so sehr, als es mich
hinterher beruhigte, da ich es zusammengelegt
und versteckt hatte. Durch diese Täuschung
gewann meine Seele Zeit, jenen höllischen To-
desengel zu besiegen, und ich schlief freudig ein.

Wer wünscht mir nicht Glück, daß ein so
schrecklicher Gedanke seitdem nicht wieder in mir
erwacht ist; so wie ich auch von dem innern
heißen Drange, am unrechten Ort laut reden zu müssen, da ich mir öfters in der Kirche
mit der Hand den Mund fest zuhalten mußte, seit
einigen Jahren nichts mehr weiß.

Das Resultat ähnlicher Selbstgeständnisse und
Erfahrungen wird am Ende unwidersprechlich dar-

auf

auf hinauslaufen: es drången sich oft Vorstellungen und Vorsåtze auf, die wider unsern Willen
zu lebhaft werden, wo die Freiheit der Handlungen in Gefahr kommt, weil sich unsre Seele in einem fieberåhnlichen Zustande, in einem Stande
der Sklaverei befindet, worin sie sich blos leidend zu verhalten scheint: und da die Seele überhaupt das Neue liebt, so handelt der Mensch oft
in dieser Art von Betäubung nach dunklen Gefühlen und Empfindungen, die ihm selbst unerklär-
lich bleiben. Ferner: die Seelenkrankheiten haben, gleich den Krankheiten des Körpers, ihre
Paroxismen, wo sich die Krankheit vermehrt; so
auch ihre Intervalle, wo der Mensch ungesäumt
Gegenstände und Gedanken verändern muß, um
sich, immer doch mit nicht geringem Widerstande,
von der Tyrannei widerstrebender Ideen loszu-
winden.

V...ß in Br—g.

Zur

Zur
Seelennaturkunde.

I.

Eine Selbstbeobachtung auf dem Tod-bette.

Ich schicke Ihnen hier eins der seltensten Doku-mente von Selbstbeobachtung, das wenigstens dieser Seltenheit wegen Ihren Lesern nicht unange-nehm seyn wird: — ein Fragment von Bemer-kungen über sich selbst, die der Selbstbeobachter in seiner letzten sehr schweren Krankheit ge-macht hat.

Hätte dieser Mann den Anfang Ihres Jour-nals erlebt, er wäre gewiß einer der eifrigsten Be-förderer desselben geworden; denn der Bildung der menschlichen Seele nachzuspüren war sein lieblings-studium. Als ein Mittel vom ersten Range dazu schätzte er nun freilich Selbstbeobachtung; allein diese Art von Beschäftigung, und die dadurch ent-stehende Selbstkenntniß war ihm noch in manchem andern Betracht äußerst wichtig und schätzbar.

Er hielt die Kenntniß des innern Zustandes sei-ner Seele und das Vermögen, jede Veränderung derselben schnell und richtig zu bemerken, für eine der edelsten Fähigkeiten des Menschen, für ein gros-

ses

ses Mittel zur Tugend, für das wahre Mittel zur
möglichstgrößten Wirksamkeit eines jeden —

Doch warum laß ich ihn nicht selbst reden, da
ohnehin Gedanken über die Vortheile der Selbstkenntniß nirgends besser Platz finden können, als in
einem Werke, welches das γνωθι σαυτον an der
Stirne trägt? — Hier sind also seine eignen Worte:

„Ich will das nicht einmal anführen, in welche
„Verirrung es den Menschen stürzt, wenn er sich
„unrichtig beurtheilt, und daß der Uebergang vom
„Guten zum Bösen gewöhnlich durch Selbstbetrug
„verursacht wird; nur das will ich bemerken: wie
„gewaltig müßte ein Geist nicht in allen andern
„Vollkommenheiten zunehmen, der seine Fähigkei-
„ten, und den besten Gebrauch derselben, der die
„ganze Richtung seiner Neigungen völlig kennte!
„Wenn wir nur hier auf der Erde mit unsern Ge-
„danken bleiben, was würde ein Mensch nicht aus-
„richten können, der eben keine außerordentlichen
„Naturgaben hätte, aber der diese nun gerade auf
„das richtete, wozu sie eigentlich gestimmt sind;
„und seine Seelenkräfte so wirken ließe, wie sie mit
„dem möglichstgrößten Erfolge wirken könnten!
„Dem ginge keine angewandte Bemühung verloren;
„seiner Seele ganze Kraft würde gehörig gebraucht,
„und er würde in diesem Stück dem ihm in diesem Le-
„ben erreichbaren Ziel nahe kommen, und das ist hoch.

„Kennte ein Mensch seiner Neigungen wahre
„Richtung, so würde er jetzt schon wissen, wieviel
„jede

„jede zukünftige Sache ihm Vergnügen oder Schmerz
„verursachen würde; und dieß setzte ihn in den
„Stand, sein wahres und falsches Glück aufs ge-
„naueste zu unterscheiden. Und wie fest müßte sich
„nicht ein Mensch in der Tugend machen können,
„der sie immer von der Seite betrachtete, wo sie
„jedesmal für ihn den stärksten Reiz hätte, und die
„Mittel zu ihrer Beförderung wählte, die für ihn
„gerade die wirksamsten wären! Darum ist Selbst-
„kenntniß mit dem Vermögen, richtig und schnell
„jede Veränderung seiner Seele zu bemerken, et-
„was sehr vorzügliches, darnach der Weise mit Ei-
„fer trachten und nicht aufhören muß, es auszubil-
„den, bis er sich so genau kennt als Gott, das ist,
„niemals.‟

Dieser große Werth, den Selbstkenntniß in
seinen Augen hatte, und überdem die starke Neigung seiner Seele zu innrer ununterbrochner Wirksamkeit, und zu jeder Art des abstracten Denkens,
die aus vorzüglicher innrer Anlage dazu entstanden
war, und die er durch viele Arbeiten in der Mathematik und Philosophie noch immer mehr ausgebildet
hatte, waren die Ursachen, daß er sich sehr früh
zur Selbstbeobachtung gewöhnt hatte, und daher
war seine Fertigkeit darin durch Uebung zu einem
ungewöhnlichen Grade gestiegen, und er hatte dazu
einen so großen Hang bekommen, daß er die Befriedigung desselben unter seine vornehmsten Ver-
gnügungen rechnete.

Vermuthlich redete er fast ganz aus eigner Erfahrung in folgender Stelle: „Wer immer bei seinen Handlungen und Wünschen auf den ersten „Grund derselben zurückgeht, und gleichsam so ver- „fährt, als wenn er aus einzelnen Zügen eines „Fremden Character entwerfen wollte, der kommt „zuletzt so weit, daß er die Fähigkeiten und Trieb- „seines Geistes, auch die sehr verborgenen, ziemlich „genau bestimmen lernt. Und diese durch Ver- „nunft und Aufmerksamkeit vermehrte Selbstkennt- „niß hat nun wieder die Folge, daß der Geist ins- „künftige auf jede kleine Veränderung, die in ihm „vorgeht, acht giebt, und daß auch sogar sein Ver- „mögen, die geringste andre Richtung der Vorstel- „lungen in sich selbst zu bemerken zunimmt.“

Mit dieser Selbstbeobachtung war beinahe na- türlich verbunden die genaueste Beobachtung aller seiner, auch der kleinsten, Schicksale, die Schä- ßung ihres wahren Werths in Beziehung auf ihn, und besonders ihrer Wirkungen auf seine Moralität. Diese Aufmerksamkeit hatte bei ihm dieselbe Folge, die sie bei jedem unbefangenen und aufrichtig Wahr- heitsuchenden Beobachter haben muß; nemlich den unumschränktesten Glauben an Vorsehung; und wirklich, er hatte eine sehr hohe Stufe von Erge- bung in den Willen Gottes erlangt; wie er sich auch auf der andern Seite einen seltnen Grad von Tugend und Selbstbeherrschung erworben hatte.

Die

Dieſer Mann bekam nun den 10ten Juni 1781 frühmorgens den erſten Blutſturz, nachdem er vorher einige Tage an einem leichten Schnupfenfieber krank geweſen war. Sobald nur ſein Körper einigermaßen in Ruhe war, ſo nahm ſeine Aufmerkſamkeit wieder ihre gewohnte Lieblingsrichtung auf den innern Zuſtand ſeiner Seele an, (wie man aus den nachfolgenden Blättern ſehen wird) welches ohne die vorhergehende Uebung und Gewohnheit ſchwerlich mit der Anhaltſamkeit und Deutlichkeit möglich geweſen wäre.

So gefährlich indeſſen auch ſein Zuſtand war, ſo ließ er nicht das minbeſte von Kleinmuth merken. Ihm wurde nun ein ſehr ſtrenges Verhalten von ſeinen Aerzten verordnet, welches er auf das pünktlichſte erfüllte; er vermied jede, auch die geringſte Bewegung, lag faſt unbeweglich ſtill, ſprach kein Wort, und alles, was er genoß, wurde mit der größten Sorgfalt abgemeſſen, damit er ja nichts mehr bekam, als er durfte, und damit er auf dieſe Art alle Pflichten der Selbſterhaltung erfüllte, die er ſich und den ſeinigen ſchuldig war — er lebte damals faſt blos von dickgekochtem Haberſchleim.

Eben ſo ſuchte er auch ſeinen Geiſt in der gleichförmigſten Ruhe zu erhalten, und vermied jeden Anlas zu ſtarken Empfindungen. Dieſer Zuſtand der Unthätigkeit und Unbeweglichkeit währte ungefähr vier Wochen, während welchen er einige Rückfälle der Krankheit hatte. Endlich ſchien die Lunge

E 3 beſſer

beſſer zu werden, und er durfte wieder außer dem
Bette ſitzen; nur das Reden und eine weniger ſtren-
ge Diät erlaubte er ſich noch nicht, und gehen konnte er nicht viel; in dieſer Zeit hat er die folgenden
Blätter geſchrieben. Er befand ſich aller ſeiner
Beſchwerden unerachtet jetzt in einer großen Heiterkeit, und erlaubte ſich nun auch einige ſanfte Gefühle, angenehme Rückerinnerungen oder ſchmei-
chelnde Hofnungen.

Nun ſtellte ſich eine unmerkliche Auszehrung
ein, mit noch immer anhaltender Schwäche verbunden. Seine Diät und Lebensart blieb noch die
nehmliche; ſeine Seele befand ſich in einer ſtillen,
ſanften Ruhe, und es ſchien, als wenn er nicht mehr
nöthig hätte, ſeine Empfindlichkeit zu bekämpfen.

Vielleicht war er durch die lange Gewohnheit
in eine gewiſſe Unempfindlichkeit verſetzt, oder es
war Folge von den allmählig ſinkenden Kräften. Er
hatte daher gar nichts von dem eigenſinnigen, mür-
riſchen Weſen, welches oft bei langwierigen Krankheiten iſt; ſeine ganze Seele ſchien abgeſpannt zu
ſeyn, er hofte und fürchtete nichts. Daher kam
es auch wohl, daß er in dieſer Zeit nichts mehr zu
den folgenden Bemerkungen geſchrieben hat. Dieß
dauerte bis zu Anfang des Monats Auguſt.

Mit dieſem Monat erhielt die Krankheit eine
andere Wendung; er bekam mehr Heiterkeit und
Lebhaftigkeit, erlaubte ſich mehr zu reden, hatte
viel heftigere Empfindungen, und der Mann, der

ſonſt

sonst so wenig Wünsche hatte, dem es in seinem
kleinen Kreise so wohl war, machte jetzt viele weit-
aussehende Projecte. Diese Lebhaftigkeit stieg nun
immer mehr, bis zum 21sten August, wo das Ner-
venfieber überhand nahm, und er in der Nacht anfing, heftig zu phantasiren. Des Morgens kam
er wohl wieder zu sich, aber seine Seele hatte eine
ganz andre Stimmung; er empfand alles mit der
größten Heftigkeit, keine Ideen von seinem gewohn-
ten Leben hatte er; dachte er noch zu leben, so waren es Reisen, neue Entwürfe u. dgl., die ihn be-
schäftigten; oder er unterhielt sich mit der Vorstellung des Himmels, und dachte sich schon im Kreis
der Seligen. Diese Idee war aber doch meistens
die bleibendste.

Mit großer Freude hofte er überhaupt auf die
Entwickelung seines Schicksals, die nun nicht mehr
weit entfernt seyn konnte. In solchem Zustande,
bald mehr bald weniger bei sich, verlebte er seine
letzten Tage.

Sonderbar war es, daß er einst in der Phantasie etwas sehr richtig berechnete, und überhaupt
sich in dieser Zeit der arithmetischen Berechnung der
Wahrscheinlichkeiten für und wider eine Sache bediente, um über sie zu urtheilen, weil ihm dieß sein
Urtheil erleichterte; und hiebei verließ ihn die Richtigkeit der Berechnungen nicht, bis in seine letzten
Tage — offenbar eine Folge davon, daß er sich ehemals so viel mit Mathematik beschäftigt hatte.

Nach

Nach dieser überspannten Heiterkeit versank er endlich in einen Schlummer, der sich den 26sten August mit seinem Tode endigte. Er starb im 30sten Jahre.

Ich glaube, diese kurze Krankengeschichte wird Ihren Lesern nicht ganz unangenehm seyn. Ich habe, soviel möglich, nichts darin aufgenommen, was nicht entweder zur Erklärung und Verständlichkeit des folgenden Aufsatzes dient, oder doch psychologische Bemerkungen, soviel äußere Beobachter sie machen konnten, enthält, die gewissermaßen zur Fortsetzung seiner Selbstbeobachtungen dienen könnten.

Ich hoffe nun, daß die folgenden Blätter völlig verständlich seyn werden. Die Bemerkungen selbst sind fast ohne alles Räsonnement; aber offenbar sind sie bei aller Treue, mit der sie angestellt sind, doch in der Absicht hingeschrieben, um einst darüber zu denken und zu räsonniren; wie denn auch schon zuweilen Fragen zum einstweiligen weitern Nachdenken aufgeworfen sind.

Man wird es mit mir bedauern, daß der Bemerkungen nicht mehrere sind; besonders da sie soviel Beweise von der großen Herrschaft des Körpers über die Seele enthalten. Ich habe es gewagt, einige wenige Anmerkungen hinzuzusetzen, nicht um die Erklärungen des Beobachters zu ersetzen, sondern blos um meine Gedanken hie und da andern zum Fingerzeig weitern Nachdenkens dienen zu lassen.

5 — d.

Bemer-

Bemerkungen über mich selbst in meiner Krankheit,
die den 10. Junius 1781 anfing, von R.

Heute (den 15ten Jul.) sind es nun fünf Wochen.
Noch darf und kann ich nicht allein gehen, noch
nicht viel reden, noch bin ich fast in allen Stücken
eingeschränkter als andre Kranke in der Mitte ihrer Krankheit. Und doch weiß ich lange keine Zeit
so vergnügt zugebracht zu haben, als diese letzten
Tage, die immer in einem Gleise bleiben. — —
Während mich andre beklagen, bin ich glücklich —
war auch wohl zuweilen, wenn sie mich beneideten,
elend.

Erstaunlicher Einfluß des Körpers! Sobald
der Körper sich den 10ten Jun. durch den Auswurf
des Bluts erleichtert hatte, war auch die Seele un-
befangen und heiter. *) Drei Möglichkeiten stellten
sich mir vor: Wiederherstellung und längeres Leben mit noch mehrern Beschwerlichkeiten und ängst-
licherer Vorsicht, als bisher; oder in einigen Ta-
E 4 gen

*) Als nemlich das Gehirn von dem Blute, wodurch es
gedruckt worden, sich erleichtert hatte, so wurden seine
Bewegungen leichter und ungehinderter, und die Ideen
heller. — Ueberhaupt enthalten diese Blätter viele,
zum Theil neue, zum Theil aber auch sonst schon bekannte, Beobachtungen zur Lehre von den materiellen
Ideen, oder wie Platner Aphor. 1. Theil, §. 298.
wie ich glaube, sehr gut nennt, von den Bewegfertig-
keiten in den Gehirnfibern.

gen tod; oder langſam nach verſchiebenen Reciti-
ven zum Tode ſchleichende Schwindſucht. Meine
Einbildungskraft war vermögend, in jeder dieſer
Vorſtellungen etwas Angenehmes zu finden, und
dieſes zu faſſen.

Am wahrſcheinlichſten war ihr der letzte Fall;
den mittelſten konnte ſie nicht wohl denken, eben
weil ich mich ſo behaglich fühlte; und vom erſten
hatte ich zu wenig Beiſpiele gegen die Menge der
entgegengeſetzten geſehen.

Eine Sache, deren Nothwendigkeit und Pflicht-
mäßigkeit ich erkannte, war neben der äußerlichen,
die innerliche Ruhe. Abſtrahirt alſo mußte werden von Ueberdenkung aller Folgen der Krankheit
auf meine ganze äußerliche Lage, und dieß ſchwere
Vorhaben iſt mir noch bis jetzt (den 17ten Jul.)
zum Erſtaunen geglückt.

Ich habe bisher noch an das mancherlei Unangenehme, das nothwendigerweiſe, wenn es auch
am glücklichſten geht, Folge dieſes Vorfalls ſeyn
muß, gar nicht oder kalt und ohne Theilnehmung
gedacht; und es iſt mir noch, Gott ſey Dank!
nicht ſchwer geworden, ihm die Lenkung deſſelben
ungeheuchelt anzuvertrauen. Wie aber dieß mir
Hypochondriſten möglich geweſen iſt, kann ich auf
keine Weiſe begreifen, als 1) aus der Leichtigkeit
und Sparſamkeit der Nahrungsmittel; 2) dem
Mangel dicken Bluts; 3) der Einförmigkeit aller
mich umgebenden Gegenſtände und Folge der Zeit;
und

und 4) als Ich schon im Genesen war, aus der Mannichfaltigkeit, welche ich in die Einförmigkeit meiner Beschäftigungen, nebst etwas Ordnung und Zweck, gebracht hatte. — Eine von den möglichen beschwerlichen Folgen kehrte ich sogar in etwas Angenehmes um: nemlich die, vielleicht lange, vielleicht stetsanhaltende Entäußerung von manchen Genüßen des Lebens.

Mir hatte schon lange vorher das Beispiel des Mannes, der sich mit der größten Diät seine Unzen Nahrung zuwog, beneidenswürdig geschienen. Ein Hauptgrund dagegen war: es möchte den Körper im Ganzen wohl gesund, und den Geist behaglich erhalten, aber beide schwächen. Allein jezt, da es nothwendig ward, fielen alle Gründe dagegen weg, und ich weidete nun meinen Blick mit der Aussicht in ein Leben voll Geistesbehaglichkeit mit ein paar leicht verschmerzten sinnlichen Aufopferungen erkauft.

Bei aller Indifferenz (ich weiß kein besser Wort) aber war die Empfindlichkeit erstaunlich. Wer nur schnell, nicht einmal laut, redete, brachte meinen Puls gleich in Unordnung. Der bloße Anblick von mehr als höchstens drei Personen in meiner Kammer erhitzte mich. Diese so hochgespannte Empfindlichkeit hatte noch eine andre Folge. Jeder Keim von Trieb, jeder Ueberrest eines alten bedurfte nur die geringste Veranlassung, um die ganze Seele zu seinem Eigenthum zu machen; gleich kleinen

E 5   nen

nen Häufchen Pulver, die man nie bemerkt haben
würde, wenn nicht das ganze Zimmer in Brand
gerathen wäre, die nun aber, so wie an jedem die
Flamme kömmt, den Glanz des übrigen überstra-
len. Die flüchtigen Regungen, welche sonst zuweilen durch die Seele fliegen, und ehe sie wahrgenommen werden, verschwinden, verwandelten sich
bei mir in bleibende ausgemahlte Bilder; die unbe-
merkte vorübereilende gefällige und mißfällige Empfindung an etwas hielt nun an, und schien die
Stelle eines festen Begehrens und Verabscheuens
einnehmen zu wollen; denn alles, was gereizt ward,
war in der gleichgültigen Lage der Seele Herr.

Dieß gab zum Theil schreckliche Phänomene;
der Gedanke, den ich verfluchte, ward Bild, an-
nehmliches Bild. Das heftige Mißfallen an diesem entdeckten bösen Zuge, und oft gar die Unfä-
higkeit, ihn nur so weit zu dämpfen, daß er nicht
wirklicher Wunsch ward; und bei allen diesem,
Kraftlosigkeit sich zu ermannen, die Zügel der Einbildungskraft zu ergreifen — das alles versetzte
die Seele in — nicht Traurigkeit, sondern — Unmuth und Verdrießlichkeit. — Ich würde mich
unendlich schämen, wenn zu solcher Zeit ein Mensch
meine Seele hätte sehen können. Deswegen fühle
ich mich auch zu schwach, einen einzelnen von diesen Fällen hier anzugeben, obgleich ich erwarten
kann, daß diese Art von Erscheinung wohl von jedem
redlichen Beobachter seiner selbst wahrgenommen ist.

Aber

Aber dieß scheint mir doch bemerkenswürdig. Da der Ausbruch jedes Triebes und jeder Gesinnung stärker sich auszeichnete, so hätte dieß bei den guten eben sowohl Statt finden müssen.

Lagen also in meiner Seele eben soviel gute als böse Triebe schlafend, so mußten sich beide unter diesen Umständen gleich häufig entdecken. Das war aber gar nicht der Fall. Es ist wahr, zuweilen überströmte ein gutes Gefühl die Seele eben so gänzlich, als ein böses; aber weder hatte das gute den Grad von Edelmuth, welchen das böse von Niederträchtigkeit; noch hatte ich so oft Ursache, mich des hellen Gedankens der Tugend zu freuen. — Ist denn nun meine Seele in gleichem Grade gut und böse? — Und woher rührt denn das merkliche Uebergewicht der Triebe, die ich seit so vielen Jahren, vielleicht vom Anfange meines vernünftigen Denkens an, nie ohne Abscheu und heftiges Gegenstreben der ganzen Seele gegen sie in mir bemerkt habe? *) — Aber Gottlob! Unterschied ist zwischen Triebe haben und Triebe nähren.

Die

*) Dieß geschieht oft bei vorzüglicher Schwachheit des Körpers; und viele treue Selbstbeobachter werden vermuthlich dieselbe Bemerkung gemacht haben. — Vielleicht kann man dieß so erklären: das Blut und die Säfte des groben Körpers tobten umher, wirkten durch Bewegung, Stoß, Druck oder Berührung auf den feinen Nervengeist, und weckten dadurch die verschiedensten Ideen. Die guten, als solche, an die der Geist ohnehin schon gewohnt war, fielen durch nichts auf;

Die Nacht vom 11ten bis zum 12ten Jun. war eine von den übelsten. Vor- und Nachmitternacht erfolgten zwei neue Blutstürze, das Blut tobte ungestüm durch alle Adern; Ideen von der verschiedensten Art kreuzten unordentlich durcheinander, und ich war halb im Zustande der Phantasie.

Was

auf; destomehr aber zogen die seltner gereizten bösen die Aufmerksamkeit der Seele durch ihre Neuheit auf sich; und da die Seele ihrer Aufmerksamkeit ohnehin nicht mächtig war, so wurden diese durch den stärkern Reiz so hell und wirkend. Vielleicht wäre bei bösen Menschen das Gegentheil erfolgt; vielleicht läßt sich ein Theil der beruffnen Bekehrungsgeschichten auf dem Todbette mit aus diesem Phänomen erklären. Wenigstens wird man mir es, wie ich hoffe, vergeben, wenn ich ein psychologisches Problem lieber aus der Philosophie als aus der Theologie zu erklären suche, obgleich es viele Erklärungen von entgegengesetzter Art von theologisirenden Philosophen, besonders aus der ersten Hälfte dieses Jahrhunderts, giebt. — Ein analoger Fall ist bei den figirten Ideen; nehmlich bei einer grossen Schwäche des Gehirns eine sehr unbedeutende Idee sogar leicht figirt werden kann, so kann bei einer beträchtlichen Unordnung und Unruhe desselben manche schlechte wider Willen sehr lebhaft werden. — Das im Texte angeführte Gleichniß von kleinen Häufchen Pulver u. s. w. scheint mir für dieß Phänomen ganz unpassend zu seyn.

Noch will ich hier bemerken, wie offenbar sich das Gegenstreben der Seele hiebei von den vorgestellten Ideen so sehr unterscheidet; wie denn auch in Spaldings Fall, dessen in einem der vorigen Hefte gedacht worden, die vorgehaltnen Ideen von der Einwirkung der Seele sich auch bei dem Selbstbeobachter merklich unterschieden gezeigt haben.

Was ich von den Vorstellungen dieser Nacht noch herausbringen kann, ist etwa dieß: Zur Genesung war alle Hofnung verschwunden, und des nahen gewissen Todes Bild schwebte mir vor: Hier kamen einige verwickelte Phänomene zum Vorschein. Wenn ich die Frage aufwarf: ob ich lieber jetzt sterben, oder meinen siechen Körper noch ein halb Jahr hinschleppen wollte? so wählte ich gleich mit Empressement das letztre.

Die Todesfurcht schien also ganz die Oberhand zu haben. Analysirte ich aber diese Wahl weiter, so fand ich, daß meine Seele nicht den Tod heut und den Tod nach einem Jahr verglichen hatte, sondern es ging so zu: Sie dachte sich einen Schwindsüchtigen, freilich mit vielen Unbequemlichkeiten dem Grabe entgegenschleichend, der aber doch ein wenig reden, ein wenig gehen, ein wenig sich bewegen konnte. Ich hingegen lag, ohne Hand oder Fuß regen, ohne ein Wort reden zu dürfen, in der unbequemsten Stellung, die mir an manchen Orten empfindliche Schmerzen machte; mein Athem drängte sich durch die beklemmte Brust, und in dieser Verfassung sollte ich die Ankunft des Todes erwarten. Da war das Bild dessen, der doch ein wenig mehr Freiheit hatte als ich, offenbar angenehmer.

Bald präsentirte sich der Tod in einer andern Gestalt als Ende aller Unbequemlichkeiten und Besorgnisse. Ich fing wieder an zu husten, ein throm-
bus

bus verſchloß die luftröhre, und den nächſten Augenblick waren alle die dunkeln Gegenſtände um
mich her verſchwunden, ich lag ohne Bewegung
und war der Erde entflohen. In dieſer Geſtalt
mißfiel mir der Tod nicht, und ich machte noch mitten im Paroxismus die Bemerkung, ob es nicht
Täuſchung iſt, daß wir den Tod fürchten ſollen;
ob nicht Todesfurcht bei jedem, Schauer vor dem,
was den Tod begleitet, vorhergeht, oder fol-
get, ſey?

Die Zukunft nach dem Tode wirkte gar nicht
auf mich. Kein lebhafter Gedanke von Ewigkeit,
Sünde, Strafe — nichts davon! Ein unabſehli-
ches Blachfeld, das ich nicht kannte, auf dem ich
nicht wußte, wo ich war, war alles, was ich mir
von der Zukunft dachte. Das Bild war nicht anziehend, aber auch nicht widrig.

Was dem Unangenehmen das Uebergewicht
gab, war das Schauervolle, was Ungewißheit
immer mit ſich führt. Und hieraus entſtand denn
natürlich der Wunſch, lieber noch von dieſer Seite
des Styx das gegenüber liegende Ufer etwas zu betrachten, als gleich überzuſchiffen. Kurz alles,
was ſich der Seele vormahlte, waren ſchwebende
Bilder, die, nie ruhig, immer eins vor dem andern vorbeitanzten. In dem Augenblick, da ſie
vorſchwebten, fällte die Seele ſchnelle Urtheile und
Wahrnehmungen — denn ſie war nicht matt, ſie

war

war gereizt. *) — Von Gegenständen des ge,
meinen Lebens, Bekannten, Freunde u. s. w. ka,
men keine Bilder vor. **)

Der darauf folgende Tag (den 12ten Jun.) war
wieder etwas ruhiger. Die Nacht darauf kamen
von neuem zwei Blutstürze, die mich aber weniger
unruhig machten. Ich wollte doch etwas, soviel
ich konnte, meine Seele zu dem grossem Schritte
bereiten, aber ich fand das, was ich immer ge,
glaubt und mit Nachdruck eingeschärft habe, sehr
wahr, daß es auf dem Krankenbette, so lange die
Krankheit Ernst, schwerlich angeht, sich zum To,
be vorzubereiten. Das einzige, was, wie ich mich
erinnere, etwas wirkte, war der Gedanke: Gott
betrübt die Menschen nicht von Herzen. Die
grosse, lange Reihe von Folgerungen aus demselben
in meiner gegenwärtigen Laye schwebte meinem
Blick vor, und gab Stärkung.

*) Weil hier überhaupt die Thätigkeit des Nervengeistes
äußerst unruhig war, so war es natürlich, daß die
Vorstellungen in unordentlicher Reihe aufeinander folg,
ten. Eben dieser Unruhe wegen waren die Ideen auch
in ihrer Lebhaftigkeit sehr verschieden.
**) Auch dieß ist sehr erklärbar. Die heftige Span,
nung der Aufmerksamkeit auf den einen Gegenstand
machte, daß er seine Ort, und Zeitverhältnisse ver,
gaß; wie dieß bei tiefem Nachdenken oft zutrifft, und
besonders hier, da überdem noch die äußern Sinne in
einer großen Betäubung lagen, um desto eher zutref,
fen konnte.

II. Hand=

II.
Handlung ohne Bewußtseyn der Triebfedern,
oder die Macht der dunkeln Ideen.

Dierbolz den 4ten Januar 1785.

Im Sommer 1783 mußte ich eine Reise nach Göttingen machen. Bekanntlich ists mit dem Verreisen eines Arzts immer so eine Sache — und darum freute ich mich recht sehr, alle meine Patienten auf so erwünschter Besserung zu sehen, daß ihnen schriftliche Instructionen ein vollkommenes Genüge leisten konnten.

Frau Pastorin Soltenborn befand sich mit unter der Anzahl der Reconvalescenten, die ich zurücklassen mußte, und nach allen medicinischen Gründen zu urtheilen, konnte ich ihrentwegen ganz unbesorgt seyn. Zwar hatte sie einen schwachen und empfindlichen Körper, und war auch, durch Schuld ihrer ehemaligen Kinderwärterin, auf der einen Seite etwas verwachsen; aber demohngeachtet genoß sie immer eine gute Gesundheit.

Etwa ein Vierteljahr vor ihrer letzten Krankheit bemerkte ich, daß sie auf einmal sehr blaß wurde, und mit verstörtem Gesicht plötzlich die Gesellschaft, worin ich mich auch befand, verließ. Nachher sagte sie mir, es wäre ihr auf einmal übel geworden, und sie hätte heftiges Herzklopfen und starke Beängstigung gespürt. Weil aber diese Zufälle

fälle fast eben so geschwind, als sie entstanden, wieder vergangen waren, so glaubte sie sich zu einer
neuen Schwangerschaft Glück wünschen zu können.
Doch sahe sie sich zwar bald in ihrer Erwartung getäuscht, indessen befand sie sich wohl.

Die Krankheit, womit meine seelige Freundin
im vorigen Sommer befallen wurde, war nichts
anders, als ein gelindes und gutartiges anhaltendes
Fieber, welches sie sich wahrscheinlich durch vieles
Wachen und ängstliches Sorgen, bei den Krankheiten ihrer Kinder, zugezogen hatte. Kühlende
und ausleerende Mittel hatten so gute Wirkung,
daß am sechsten Tage wenig Fieberhaftes mehr
wahrzunehmen war, die Patientin sich größtentheils
außer Bett aufhalten konnte und ihr Appetit zurückkehrte. Kurz alle Zeichen einer baldigen völligen Genesung waren vorhanden.

Nun hätte ich zwar gut und gern schon am dritten Tage der Krankheit meiner Patientin reisen
können, so wie ichs mir auch vorgesetzt hatte; aber
ich weiß nicht, was es war, was ich so bedenklich
bei meiner Patientin fand. — Soviel weiß ich
wenigstens, daß ich es mir nicht angeben oder erklären konnte, was es war. Wie ich sechs Tage
lang meine Patientin recht genau beobachtet und
noch gar nicht hatte finden können, warum ich mich
beunruhigte, so entschloß ich mich, abzureisen. Um
recht sicher zu gehen, brachte ich eine Instruction,
die auf alle Fälle, die ich mir als möglich bei der

Krankheit dachte, eingerichtet war, zu Papier, und
erklärte diese meinem Apotheker, dem ich in meiner
Abwesenheit alle meine Kranken übertrug, aufs
genaueste.

Kaum war ich eine halbe Stunde weit von
Diepholz, nach meiner Abreise, entfernt, als sich
allerlei ängstliche Vorstellungen, über den baldigen
Tod meiner Kranken, von neuem recht lebhaft bei
mir einfanden. Durch meine Abreise glaubte ich
die Pflichten als Arzt und Freund verletzt zu haben
— ich stellte mir die Folgen meines Vergehens von
der schlimmsten Seite vor, kurz meine Imagination
mahlte mir die schrecklichsten Bilder. Von der andern Seite bemühte ich mich mit kalter Vernunft
das Täuschende meiner Imagination aufzudecken.
Recht unpartheyisch wiederholte ich mir in Gedanken die Geschichte des Verlaufs und Entstehens und
aller Zufälle der Krankheit; aber so sehr auch meine Pathologie und Semiotik mich fest überzeugten,
daß es mit der Krankheit nichts auf sich habe, so
vermogte doch meine Vernunft nichts gegen meine
innere Empfindung. Ich fühlte es, daß die letztere mit der erstern davon lief, und ich konnte es
nicht ändern. — So war ich nun im heftigsten
Selbstkampf beinah zwei Meilen weit weggeritten,
als sich meiner Brust eine so grosse Beklemmung
bemächtigte und mein Herz so heftig zu schlagen anfing, daß ich nicht weiter reiten konnte. Noch
einmal erwägte ich, was das Publikum von meiner

Rück-

Rückkehr urtheilen würde, und wie nothwendig
meine Reise wäre; — aber alles umsonst! Fast
unwillkührlich wandte ich mein Pferd und jagte so geschwind es laufen konnte, nach Diepholz zurück.
Kaum war ich wieder in die Stadt geritten, als
ich es recht lebhaft fühlte, wie närrisch ich gehan-
delt hatte. — Gern hätte ich von neuem meine
Reise angetreten, aber mein Pferd schwißte genug
für heute. — Mit einem rechten Verlegenheits-
gesichte ritt ich vor dem Hause meiner Kranken vorbei und wußte gar nicht, was ich machen sollte, als
ich sie am Fenster stehen und mich freundlich grüßen
sahe. Es war mir nicht möglich, eine andere Ursach meiner Rückkehr zu erdichten, — und meiner
Patientin wars nicht möglich, sich des Lachens zu
enthalten.

Nachdem ich nochmals alle Umstände der Krankheit genau erwogen und mich von dem Ungrunde
meiner Bangigkeit überzeugt hatte, ritt ich am fol-
gendem Morgen von neuem ab. Zwar war ich
jetzt in soweit Herr über mich, daß ich nicht wieder
linksum machte; aber die quälenden Vorstellungen
vom nahen Tode meiner Kranken, die konnte nichts
unterdrücken. Umsonst bemühten sich meine Göt-
tingischen Freunde, mich zu zerstreuen, und umsonst besuchte ich die Oerter wieder, wo ich als Kind
und als Jüngling soviel Freude genossen hatte. —
Nichts, nichts wollte mir behagen. Darum hielt
ich mich nur zwei Tage in Göttingen auf, und mach-

F 2   te

te mich eilig auf meine faſt zwanzig Meilen weite
Rückreiſe, ohne mich erſt ordentlich ausgeruht zu
haben.

Meine Tour ging über Rinteln, wo ich meinen alten Freund den Herrn Profeſſor Kümmel
beſuchte; auch machte ich daſelbſt einer vornehmen
Dame mein Kompliment. Aber Himmel, wie er-
ſchrack ich, als mir dieſe die Nachricht vom Tode
der Frau Paſtorin S. noch ganz warm mittheilte!
Ich weiß faſt ſelbſt nicht, wie ich zum Hauſe her-
auskam, und wohl ein Paar Stunden ging ich
herum, ohne zu bemerken, wo, bis ich wieder zu
meinem Freund Kümmel kam. Die unerſchöpfli-
che Beredſamkeit und der muntere Witz dieſes gelehrten Mannes konnten nur bei mir ihrer Wirkung
verfehlen; ſeine gütige Bemühung, mich zu erhei-
tern, war umſonſt. Es konnte nicht fehlen, daß
die heftige Erſchütterung meines Gemüths von üblen Folgen auf meine Geſundheit begleitet werden
mußte. — Erſt nach ein Paar Tagen, die ich in
dem Hauſe meines gelehrten Freundes, unter der
entkräftenden Bemühung, meinen Gram zu ver-
beiſſen, zugebracht hatte, befand ich mich wieder
im Stande, meine Rückreiſe von neuem anzutreten.

Niemand konnte mich hier beſſer tröſten, als,
wer hätte es denken ſollen? der Gatte meiner ſeeli-
gen Freundin. Er verſicherte mir, ſeine ſeelige
Frau habe ſich nach meiner Abreiſe, bis auf die letzte Stunde ihres Lebens, wohlbefunden. Auf einmal

mal habe sie aber gesagt, es knacke ihr was in der
Brust, und da sei sie in fünf Minuten mit einem
starken Röcheln verschieden. Nach dem Tode habe man gefunden, daß ihre eine Seite ganz blau
gewesen wäre. Etwa eine Stunde vor dem Tode
seiner seeligen Frau, fuhr mein Freund fort, habe
er einen Brief an mich auf die Post gesandt, worin
er mir versichert hatte, daß hier alles gesund und
seine Frau fast völlig hergestellt wäre. Darum
habe er mich auch gebeten, ja recht mit ruhigem
Geist die Wonne der ungebundenen Freiheit in Göttingen zu schmecken und sie auch einige Tage länger
zu genießen, als ichs vorher willens gewesen wäre
u. s. f. Diesen Brief, der fünf Tage nach meiner Abreise geschrieben war, hatte ich nun freilich
nicht erhalten können.

Nun erfuhr ich auch von einer Person, welcher
die seelige Pastorin, unter dem Beding der geheimsten Verschwiegenheit, es anvertraut hatte, daß
sie schon seit vielen Jahren auf der Seite, wohin sie
verwachsen war, öfters Stiche hinter den Rippen
empfunden und allda ein Pflaster getragen hätte.
Mir, und auch sonst keinem Menschen, hatte die
seelige Frau hievon nicht das geringste gesagt, weil
Leute, die solche Fehler an sich haben, sie gern verbergen mögen.

Während der Krankheit hatte die seelige Frau
keinen beträchtlichen Husten, auch klagte sie nicht
über Engbrüstigkeit; und doch ist es gewiß genug,

daß

daß ein besonders situirtes und plötzlich aufgebroche=
nes Geschwür die wahre Ursach des Todes gewesen
seyn müsse. Doch ich rede hier nicht als Arzt.

Woher kams, daß ich bei allen den guten Um=
ständen, die ich bei der Krankheit (an der nun
freilich eigentlich auch die Patientin nicht starb)
wahrnahm, so besorgt wegen eines schlimmen Aus=
gangs derselben war? Von dem innerlichen Feh=
ler, woran die Patientin starb, konnte ich kei=
ne deutliche Idee haben, konnte sein Daseyn
gar nicht vermuthen. Wenigstens weiß ich mich
nicht zu erinnern, daß ich je daran gedacht hätte.

Aber sollte ich deswegen wohl nicht vielleicht
eine dunkle Idee von einem solchen Fehler gehabt
haben können? Finden doch solche dunkle Ideen bei
den sogenannten Ahndungen, wenn sie eintreffen,
auch wohl statt.

Folgt nicht aus dieser Erzählung, daß die dun=
keln Ideen, solche nehmlich, deren Entstehen und
Verhältnisse wir nicht genau kennen, uns oft zum
Handeln determiniren? Folgt nicht ferner, daß
die dunkeln Ideen und Vorstellungen, wenn sie nur
die lebhaftesten sind, uns zu Handlungen zwin=
gen, die uns klare Ideen widerrathen? Folgt nicht
endlich hieraus die Bestätigung des Satzes, den
der junge Jerusalem so evident erwiesen hat, und
den ich so gewiß als mein Daseyn glaube, daß un=
ser Handeln unwillkührlich ist. Haller lehrte
den Satz, auf den stärksten Reiz der Muskelfaser
                                                    folgt

folgt die stärkste Reaction, und der stärkere Reiz
vernichtet den schwächern (lumen maius obscu-
rat minus). Ists mit der moralischen Reizbarkeit nicht eben so? Der Reiz kann wirken, ohne
daß wir ihn kennen.

Allem diesem füge ich nur noch die Anmerkung
bei, daß, ob ich gleich eine sehr lebhafte Imagination besitze, mich doch mein medicinisches Studium, welches ich eifrig treibe, gewöhnt, nach
klaren Begriffen zu handeln. — Endlich gehöre
ich auch ganz und gar nicht zu den zuckersüßen und
empfindsamen Modeärzten, sondern bin zum strengen Ernst geneigt.

Fräulein von May, ein mit einer sehr lebhaften
Imagination begabtes aber dabei sehr scharfsinniges
und kluges Frauenzimmer von etwa funfzig Jahren,
zog mich wegen einer Unpäßlichkeit zu Rathe. Ich
stellte ihr vor, daß keine Arznei ihr geschwinder helfen würde, als ein Brechtrank, und sie entschloß
sich auch wirklich, ohne sonderliche Widerrede, am
folgenden Morgen diese Arznei zu nehmen. Eine
andere Arznei würde ich gern meiner Patientin verordnet haben, wenn mir der überaus große Widerwillen, den sie von jeher gegen Brechmittel gehegt
hatte, bekannt gewesen wäre. Die Arznei wurde
noch des Abends geholt, und die Patientin legte
sich mit den angstvollsten Gedanken an das morgen

ein-

einzunehmende Vomitiv schlafen. Des Morgens um vier Uhr stand sie schon auf und weckte ihr Mädchen, welches ihr die Arznei reichen und Thee zum Nachtrinken bereiten sollte. So wie das Mädchen erzählte, sah das Fräulein schon, ehe es die Arznei nahm, ganz verstöhrt aus, und sprach ganz ungereimte närrische Dinge. Völlig wahnwitzig nahm das Fräulein den Brechtrank ein. Etwa eine Stunde nachher ließ mich die Frau Mutter des Fräuleins, die über den sonderbaren Zustand ihrer Tochter äußerst beunruhigt war, zu sich rufen. Die Patientin delirirte in einem hin und sprach von allerlei Dingen, die größtentheils, wie bei vielen Arten von Verirrungen, an und für sich gar nicht unvernünftig, nur nicht am rechten Ort gesagt waren. Besonders redete sie viel von ihrem nahen Tode, den sie dem Brechmittel beizumessen hätte, und wodurch sie öffentlich an den Tag legte, welch ein großes Zutrauen sie in mich setzte, da sie auf mein Anrathen ein Mittel genommen habe, wovon sie die tödliche Wirkung vorhergesehen hätte u. s. f. Das Erbrechen erfolgte übrigens so, wie ich es gewünscht hatte, und hielt nicht viel über eine Stunde an. Während dem Erbrechen schlug der Puls etwas lebhaft, nachher aber ganz natürlich. Der Wahnwitz dauerte bis um ein Uhr des Nachmittags, da die Patientin in einen tiefen Schlaf verfiel, woraus sie nach einigen Stunden, an Seel und Leib gesund, wieder erwachte. Weil ich dieses nicht anders

ders erwartet hatte, so verordnete ich auch keine andere Arznei, als des Nachmittags um drei Uhr eine gute Dosis laudanum. Nachher wußte sich das Fräulein weiter nichts von dem Vorgange der ganzen Sache zu erinnern, als, daß sie Abends vorher zu Bette gegangen, und daß sie sich wunderte, wie sie in die Kleider und in ein anderes Bette gekommen wäre.

Offenbar hat hier nicht das Brechmittel, sondern die Furcht vor dem Brechmittel, den Wahnwitz, der als ein wahrer Traum anfing und in den Zustand eines Nachtwandlers gewissermaßen sich umänderte, hervorgebracht.

D. G. Ch. G. Wedekind,

Königl. und Churf. Physikus der Grafschaft
Diepholz.

III.

Die natürliche Religion eines Taub-stummen.

Wenn er ausdrücken will ich weiß nicht, so zeigt er mit dem Finger auf die Stirn, und schüttelt dabei mit dem Kopfe. Will er sagen ich

F 5   glau=

glaube nicht, so ist dieselbe Pantomime mit einer gewissen vernachläßigenden oder wegwerfenden
Bewegung der Hand verknüpft.

Nun wohnte ich mit ihm in einem Garten und
es war im Frühlinge. Die Bäume fingen gerade
an, Blätter zu gewinnen, und das erste junge
Grün keimte auf dem Boden.

Wir standen zusammen am Fenster. Ich
habe schon von ihm erzählt, daß ihm durch Zeichen von seiner Mutter, schon in seiner Kindheit,
fast alle religiösen Begriffe von Christo u. s. w.
beigebracht waren.

Da ich nun seine Pantomime wußte, wodurch
er das Glauben bezeichnete, so wollte ich einen
Versuch machen, ob wohl eine Art Ueberzeugung
von diesen Dingen bei ihm statt fände.

Ich machte also mit ausgebreiteten Armen,
wie eines Gekreuzigten, die Pantomime, worunter er sich Christum dachte, und zeigte mit Kopf-
schütteln, und einer Bewegung der Hand, auf die
Stirne, welche bei ihm so viel hieß, als: **ich
glaube nicht!**

Seine Antwort hierauf war, daß er mit aus-
gespreizten Fingern die Krallen des Teufels nach-
ahmte, welcher mich wegen dieses Unglaubens holen würde.

Ich

Ich wiederhohlte meine vorige Pantomime, daß ich auch nicht an den Teufel glaubte.

Dann zeigte er mit dem Finger gen Himmel, und fuhr sich mit der geballten Faust langsam auf den Kopf herab; welches so viel hieß, als Gott würde mich, wenn ich gleich den Teufel nicht glaubte, mit seinem Donner strafen.

Da er nun in der geoffenbarten Religion so fest zu seyn schien, so wollte ich noch seinen Glauben in der natürlichen Religion prüfen. Ich zeigte mit dem Finger gen Himmel, und dann auf meine Stirne, und schüttelte mit dem Kopfe, zum Zeichen, daß ich auch nicht an Gott glaubte. —

Aber wie rührte mich der Anblick, als ich sahe, daß eine Thräne sich aus seinem Auge drängte, und seine aus Lächeln, Wehmuth und Unwillen zusammengesetzte Miene, womit er aus dem offenstehenden Fenster auf die grünen Bäume und die aufkeimenden Pflanzen hinzeigte, die Gott, wie er durch seine Pantomime ausdrückte, aus der Erde wachsen ließe; und die Blumen, indem er sich stellte, als ob er sie mit der Hand in die Höhe führte, um daran zu riechen; und dann wieder mit dem Finger gen Himmel zeigte, daß auch diese Gott habe hervorwachsen lassen.

Ich

Ich suchte jezt durch eine Pantomime ihm zu bezeichnen, daß ich glaube, die Erde bringe diese Blumen von selbst hervor — als er mit verdoppelter Lebhaftigkeit durch ein Geräusch mit dem Munde, und eine Bewegung mit den Händen den herabströmenden Regen bedeutete, den Gott schicke, um die Erde zu befruchten.

Es ging so weit, daß sein Unwille über meinen leztern Zweifel beinahe in eine Art von Zorn und Drohung ausartete; da er doch die beiden erstern Zweifel mit viel leichter hatte hingehn lassen.

Da ich ihm nun nach einer Weile ernsthaft versicherte, daß ich einen Gott glaubte, und er aus meiner Miene die Wahrheit schloß, so heiterte sich sein Gesicht wieder auf, er blickte mich lächelnd an, und zeigte noch einmal triumphirend auf den Garten und die Blüthen, und von den Blüthen zum Himmel. — —

M.

Zur

Zur
Seelenzeichenkunde.

I.
Beobachtung jugendlicher Charaktere.

Ich hatte einen Zögling, der etwas über eilf Jahr
alt, schwerfällig und von stärkern Gliedern
war, als sie in den Jahren zu seyn pflegen. Seine
Seele war, und ist zum Theil noch, was man gemeine Seele zu nennen pflegt; außer einem ziemlich glücklichen Gedächtniß, zeichnet sie sich weder
durch vorzügliche Anlagen, noch durch Reizbarkeit
und Schnelligkeit der Empfindung aus. Er äuf-
fert wenig Theilnehmung an äußern Gegenständen;
ich habe ihn öfters rührenden Scenen ohne sichtbare Theilnehmung beiwohnen, interessante Geschichten und Erzählungen mit anhören sehen, ohne daß
er darüber besondere Mitfreude oder Traurigkeit
geäußert hätte. Er bleibt in seiner behaglichen
Ruhe, in der ihm allein wohl ist, und aus der ihn
selten etwas, am wenigsten Musik herauszubringen
im Stande ist. Dabei ist er ein äußerst gutmü-
thiger Knabe, wen er einmal liebt, an dem hängt
er mit Leib und Seele; aber ein Druck der Hand,
ein poßierliches Hinzudrängen zu ihm, ist alles,
was man in dem Fall von ihm erwarten kann.
Selten

Selten überrascht man ihn bei einem treuherzigen Ge-
spräche; nie hat er mich seiner Liebe zu mir versichert, aber ich weiß gewiß, daß er mich herzlich
lieb hat, und um destomehr, je weniger er in dem
Falle gewesen ist, es mir sagen zu dürfen.

Diese Schilderung mußte des Folgenden wegen vorhergehen. — Ich hatte die Gewohnheit,
meine Kinder öfters, besonders in den langen Win-
terabenden, um mich her zu versammlen, ihnen
entweder etwas vorzulesen oder vorzuerzählen, oder
auch wohl auf dem Klaviere vorzuspielen und mit
ihnen gemeinschaftlich einen Gesang anzustimmen,
überzeugt von der wohlthätigen Wirkung der Harmonie auf weiche Kinderseelen. Ich hatte oft
und viel gespielt, ohne daß jemals dieser Zögling
das geringste Zeichen von Theilnehmung merken
ließ. An einem Abend spielte ich zufällig eine
Stelle aus Türks Sieg der Maurerei, wo die
Hörner in leichten Sext- und Quintengängen eine
simple Melodie spielen, und plötzlich sprang er vom
Tische auf, umfaßte mich sehr heftig und begleitete mit dem ganzen Körper und unmäßigen Sprün-
gen jede Bewegung so nachdrücklich, daß mir seine
Begleitung sehr beschwerlich fiel. Mit jeder Wie-
berholung dieser Stelle nahm seine Entzückung zu,
sein Gesicht ward so heiter und froh, als ich es
vorher nie gesehen hatte, und die Bewegungen
seines Körpers gränzten ans Konvulsivische. Ja,

am

am Ende machte es ihm eine schmerzhafte Empfindung, er bat mich aufzuhören, und selbst dann,
wenn er schon im Begriff war ins Bette zu steigen, und in einer Entfernung von dreien Zim-
mern den Satz spielen hörte, kam er mit flehen-
dem Geschrei hervorgerannt und unterbrach mich.
Mein Bitten, sich doch in seiner Ausgelassenheit
zu mäßigen, mein Verbieten endlich, das Ge-
lächter, dem er sich dabei aussetzte, der Spott
der kleinern, meine Versuche ihn festhalten zu
lassen, alles half eine Zeitlang nichts, und er riß
sich entweder loß, oder er strengte sich bis zur
gänzlichen Erschlaffung an. Daß er nicht affek-
tirte, nicht betrog, dafür bürgte mir seine ehrli-
che Einfalt und sein natürliches Unvermögen, eine ihm so fremde Rolle zu spielen; und warum
sollte er es auch thun? Niemand konnte weniger
geneigt seyn, sich bemerkt zu machen, als er; überdem bewiesen seine Thränen und das Mißvergnü-
gen, dem ihn die allgemeine Neugierde und Ver-
spottung der andern Zöglinge aussetzten, das Gegentheil zur Gnüge.

Ich spielte die Stelle lange nicht mehr, um
ihn ganz davon abzuführen und dem ganzen Spiel
ein Ende zu machen; oder ich mischte die Stelle
so sehr unter fremde Sachen, wich in der Form
und Harmonie so aus, daß er mich bei seiner gänzlichen Unwissenheit in der Musik, und bei seinem

Man-

Mangel alles muſikaliſchen Gehörs, unmöglich hin‐
tergehen konnte. Aber dennoch merkte er den
Satz, wenn er noch ſo ſonderbar mit andern ver‐
bunden war, und er that gleiche Wirkung auf
ihn. Wie denn am Ende ſich alles abſtumpft,
ſo verlor ſich auch bei ihm dieſe zufällig erregte
Reizbarkeit; man that ihm Gewalt an, hatte ihn
beſtändig zum Beſten, und peinigte ihn vom Mor‐
gen bis zum Abend damit.

Ich kann mir dieſe ſonderbare Begebenheit
nicht anders erklären, als daß in ſeiner früheſten
Kindheit eine ähnliche Melodie, die ihm ſeine Mut‐
ter oder ſeine Amme vorgeſungen haben kann, ſich
in ſeiner zarten Seele feſtgeſetzt hatte, nun durch
den Zufall wieder aufgeweckt wurde und in eine leb‐
hafte Empfindung überging. Mir ſchien der Vor‐
fall des Aufzeichnens immer werth zu ſeyn, und
ich wünſche, daß er wenigſtens dazu diene, Erzie‐
her aufmerkſamer auf die Aeußerungen ihrer Kin‐
der zu machen, und ihnen Gelegenheit gebe, den
erſten Quellen ihrer öfters ſonderbaren Gewohn‐
heiten, Neigungen und Abneigungen nachzuſpü‐
ren, bei Ausrottung ſchädlicher, und Einpflanzung
guter Neigungen immer, wo möglich, einen Hin‐
blick auf ihr ganzes Selbſt, beſonders auf ihren
Unterricht, auf die Umſtände, auf die Geſellſchaft
und auf die Perſonen zu werfen, die ſie zuerſt um‐
gaben und von denen ſie den erſten Gebrauch ih‐

rer

rer Sinne lernten, und so auf dieser Grundlage
fortzubauen. Wie wichtig dieß freilich etwas
mühsame Studium, hingegen wie schädlich die
Vernachläßigung dieser Bemühung sey, lehrt die
Erfahrung den, der sich selbst einmal in dem Falle
befand, wo man auf verkehrte Voraussetzung ihn
verkehrt behandelte, wo man ihn zu etwas deter-
minirte, wovon kein Funke in seiner Seele lag,
oder wo man ihn von etwas zurückzog, wohin
sein inneres Streben ging, und seinen Anlagen und
Empfindungen gerade entgegenarbeitete.

Die ersten Jahre des Lebens, wahrlich sie sind
die wichtigsten. Das entschieden schon Monta-
gne, Locke, Rousseau, und Dank diesen und vielen andern verehrungswürdigen Männern unserer
Zeit, daß sie sich mit solcher Wärme der Säug-
linge und Unmündigen öffentlich annahmen. Leichter wärs freilich immer gewesen, das Verderben
und die Ausartung der menschlichen Seele auf die
sündhafte Natur zu assekuriren, und das, was
Mütter und Väter und Ammen und Schulmeister
verdarben, nach dem Stammbaum in gerader Linie
bis zum Adam hinauf, auf die Vorwelt zu schie-
ben, als durch Streben und Forschen und Weg-
räumen schon in der ersten Lebensperiode die Erziehung anzufangen. Und doch haben die Folgen davon von jeher sichtbar seyn müssen. Vorausgesetzt,
was nun bewiesen genug ist, daß wir ohne bestimm-

te Neigungen auf die Welt kommen, und das ab=
gerechnet, woran die nothwendig individuelle Ver=
schiedenheit der Organisation und die von den El=
tern uns mitgetheilte Empfänglichkeit, die ich
Empfindungsfähigkeit nennen möchte, Theil
hat, so ist gewiß, daß in dieser Periode der Grund
zu sehr vielen gelegt wird, was uns noch in spä=
tern Jahren karakterisirt. Nur ein Beispiel!
Musikalisches Talent, Leichtigkeit, von Tönen afficirt
zu werden und sie in ihrer Verbindung zu fassen,
die sich augenscheinlich bei einem Kinde mehr als
bei dem andern, besonders bey dem Genie, äussert;
das durch das stete Unterhalten und Studiren der
Harmonie beförderte Gefühl für Schönheit und
Kunst; — vielleicht liegt dazu schon der Keim in
den ersten Tagen der Kindheit, wurde vielleicht
schön in dem ersten Moment des Daseins, bei dem
ersten wundervollen Entwinden des Embryons aus
dem Schooße der nachtvollen Dunkelheit der Seele
eingewebt, eingepflanzt: vielleicht faßte die noch
schlummernde Seele einen Ton auf, der sie erschüt=
terte und bis in ihr Innerstes erbeben machte: oder
— wenn es nicht zu sinnlich ist — vielleicht drück=
ten sich die Töne den zarten Fibern seines Ge=
hirns zu stark, zu mächtig ein, ruhten wie feiner
Staub auf der Maschine, bis sie, von erschüttern=
der Thätigkeit angestoßen, sich mit dem heiligen
Denkmale vermischten und sich unter die übrigen
Ideen gesellten. Kann seyn, wir wissens nicht.

Ist

Iſt aber die Seele nur im allerfeinſten Verſtande materiel, ſo läßt ſich der Traum ſchon hören, und wenigſtens ſoviel daraus abziehen, daß die erſten Eindrücke, die die Seele durch irgend einen Sinn auffaſt, ſehr mächtig ſeyn müſſen.

Die Empfindungen, in den erſten Jahren er» weckt und hervorgebracht, halten ſich ſehr lange; und ſie laſſen ſich mindern, auf einen andern Zweck lei= ten, aber, wie ich glaube, nie ganz aufheben. Es bleibt gewiß immer etwas übrig, was wir aus unſern Ju= gendjahren ins reifere Alter mit hinübernehmen, eine Art der Empfindung, der Neigung, eine ge= wiſſe Form zu denken und die Gegenſtände unſerm Denken und Empfinden anzupaſſen, die, ſie mag auch mit der Zeit noch ſo künſtlich modificirt wor= den ſeyn, doch immer den ſcharfſichtigen Beobach= ter das erſte Jugendgepräge unverkennbar bemer= ken läßt. Die Schwärmerei in der liebe, z. B. die das Herz eines Jünglings anſteckt, der von ei= niger lebhaften Empfindung iſt, kann nach meh= rern Jahren zu erkalten ſcheinen; ja, er kann es ſo= gar dahin bringen, alles das, was ihm ehemals ſo heilig und von ſeiner Glückſeeligkeit ſo unzer= trennlich ſchien, nun im vollen Ernſt lächerlich zu finden, und auf Empfindelen und platoniſche See= lenſchwärmerey Epigrammen zu machen; aber man glaube ja nicht, daß nun ſeine Empfindſamkeit ganz aufgehört hat, und aus ihm ein ganz anderes We=

ſen

sen geworden ist. Er kann dem Tone der Welt,
ja seinem Verstande selbst das Opfer bringen; aber
in seinem Herzen glimmt immer noch ein Funken
der Schwärmerey fort, der sich bald entzündet
und unvermuthet irgendwo auflodert. Der Mann
mit der ersten herrschenden Empfindung findet sich
immer wieder. Sterne, Petrarka und unser
großer vaterländischer Dichter W. würden sich auf
dem Wege, der am weitesten von ihrem Herzen
abführt, wiederfinden lassen, und ich rechne es dem
letztern als große Kenntniß des menschlichen Herzens an, daß er seinem Agathon in seinen spätern
Jahren eben die Reizbarkeit, eben die Fühlbarkeit,
nur in einem andern Grade, giebt, die er in
den bezaubernden Myrthenhainen des delphischen
Apolls früh einsog. — Ich hatte einen Freund,
der sich von aller Empfindsamkeit, zu der sein Temperament und die Nahrung der Modeschriftsteller
ihn trieben, mit gewiß männlichem Muthe losgemacht
hatte, der am Ende selbst Religionsempfindungen
verwarf, und alles auf kalte Schlüsse und strenge
philophische Beweise gründen wollte. Aber ich sah
ihn öfters, wenn er unter eine Bauergemeine trat
und einen einfachen Choral in herzlichlautem Tone
von einer Orgel begleitet, von andächtigen land-
leuten ihrem Gotte entgegentönen hörte; da
überwältigte ihn seine Empfindung so sehr, daß
er wie ein Kind in Thränen zerfloß. Ich sah
ihn einmal vor süßer Wehmuth hinter einem
Kirch-

Kirchstuhle unbemerkt niedersinken, und sich da
dem unwiderstehlichen Ausbruche seines Gefühls
überlassen.

Er hatte als Kind und Knabe mit seinem
Vater die Versammlungen der mährischen Brüder fast alle Abend besuchen müssen, und die Bilder, die damals seine junge Phantasie erhitzten,
waren in Empfindungen übergegangen und drangen sich ihm noch in seinen spätern Jahren mit ungemeiner Lebhaftigkeit auf.

Es erfolgt aus dem allen nun wohl von selbst,
wie sehr man uns vor falschen, verderblichen Bildern in Acht nehmen müsse. Schade, ewig
Schade, daß die Kraft der schönen Künste nur
zu oft in verrätherische Hände kömmt, warum
wollen wir uns nicht vor der Sünde hüten, und
wahrlich das Tödten der Unschuld — durch
thätliche Verführung, leichtsinnige Reden und
Schriften, durch schlüpfrige Gemälde, im Grunde alles Eins — ist eine der größten. — Warum wollen wir unsere Kinder und Zöglinge,
durch Veranlassung schädliche Dinge früh zu sehen
und zu hören, um das herrlichste Geschenk des
Himmels, um den Sonnenschein ihrer Unschuld
bringen, an dem sich ihre Seelen bis zum männlichem Alter hin erwärmen sollten? —

G 3   Es

Es folgt ferner daraus, wie gut es wäre,
wenn man Allem, was den jungen Menschen um-
giebt, das Gepräge des Geschmacks, der Anmuth,
der Ordnung und Schicklichkeit geben, und ihm
dadurch schon früh Gelegenheit verschaffen könnte,
seinen Geist und sein Herz durch das Gefühl des
Vollkommenen zu reitzen, und seine Empfindungen und alle Seelenkräfte allmälig an dem An-
schauen des Schönen und Guten zu entwickeln und
zu verfeinern. Alles reizt den Geist zu Beobachtung solcher Dinge, wodurch er selbst seine Ausbildung bekömmt, und alles flößt dem Herzen durch
die angenehmen Empfindungen, die von jedem
Gegenstande erweckt werden, ein sanftes Gefühl
ein. Und dieß ist das wahre Gefühl, das
man erregen, anfachen muß, seiner darf sich auch
der gesetzteste Mann nicht schämen. Nicht jene
leere, schale Empfindelei, woran unser halbes
Deutschland seine Söhne und Töchter darnieder
liegen sahe. Weise Leitung ist also nöthig, damit unsere Empfindungen stufenweise so geleitet
und gemäßigt unterhalten werden, daß sie uns zur
Ausübung des von der Vernunft erkannten Guten
Wärme geben und uns zum lebhaftern und stärkern Genuß der edlern Menschenfreuden zu jeder
Zeit empfänglich machen.

Die Frage: wie und wiefern muß man Kindern die Religion versinnlichen und sie zur Andacht
ge-

gewöhnen, damit sie vor religiöser Schwärmerei verwahrt und zu vernünftigen, warmen Gottes verehrern gebildet werden — liegt hier gar nicht aus dem Wege. Ich wünschte sie von einem Andern, der mir an Kräften und Erfahrung weit überlegen wäre, in ihrem ganzen Umfange beantwortet zu sehen, weil sie von äusserster Wichtigkeit ist, und sich nach dem, was der geschickte Kinderschriftsteller Salzmann darüber gesagt hat,*) noch immer viel interessanter sagen lassen müßte.

Was könnte man endlich in den Jahren für den Künstler thun, der überhaupt schnelle und scharfe Empfindungen haben und leicht das schöne in der Natur und in den Werken der Kunst fühlen und wahrnehmen muß. Aus diesen Theil der Erziehung, da man auf Leitung und Richtung der Empfindungen Rücksicht nähme, ließe sich allerdings viel von der Beförderung des Zwecks und der Wirkung oder Nichtwirkung der schönen Künste, erklären, die mehrentheils auch darum noch nicht in aller ihrer Kraft, auf menschliche Seelen haben wirken können, weil diese zu wenig Sinn, vorbereitetes Gefühl und die gehörige Empfänglichkeit dafür hatten.

Geleitet müssen die Empfindungen immer werden, sie mögen seyn von welcher Art sie wollen.

Frei

*) Ueber die wirksamsten Mittel, Kindern Religion beizubringen.

Freilich giebts dabei manche mislungene Verfuche,
und gewiſſenhaftes Studium der menſchlichen
Seele iſt darum das erſte Erforderniß eines Erziehers. Erfahrung auch; denn es gehöret ein
ſcharfes Auge dazu, wahre Empfindungen von ge-
heuchelten und ſcheinbaren, die vom Eigenſinn,
der Laune, der Diſpoſition des Körpers oder von
einem andern zufälligen Umſtande abhängen, zu
unterſcheiden. Indeſſen darf man die Natur doch
ſchlechterdings nicht in allen Fällen ſich ſelbſt über-
laſſen. Soll der Jüngling ſeine Ideen und Empfindungen, ſelbſt, ſo gut er kann, bilden, entwickeln und berichtigen, ſo iſt die Gefahr unvermeidlich. Eigene Erfahrung iſt zwar unterrich-
tend, aber ſie kömmt in den mehrſten Fällen auch
theuer zu ſtehen. Man wird öfters das traurige
Opfer ſeines empfindungsvollen, jeder Leidenſchaft
entgegen glühenden Herzens, und macht ſich unglücklich, ehe man ſich einen Spruch der Weisheit
daraus abſtrahirt hat. — Zur Beſtätigung dieſer Warheit ſchließ' ich mit den Worten eines
großen Dichters, den man hoffentlich an der
Sprache erkennen wird:

„Es giebt ein zweifelhaftes Licht, worin die
Grenzen der Tugend und der Untugend ſchwim-
men; worin Schönheit und Grazien dem Laſter
einen Glanz mittheilen, der ſeine Häslichkeit über-
goldet, der ihm ſogar die Farbe und Anmuth der

Du

Tugend giebt. Es ist allzuleicht, in dieser ver-
führerischen Dämmerung sich aus dem Bezirke
der letztern in eine unmerkliche Spirallinie zu verlieren, deren Mittelpunkt ein süßes Vergessen unsrer selbst und unsrer Pflichten ist."

II.

Einige Scenen aus meiner Kindheit.

So oft ich im Herbste spaziren gehe und besonders gelbgewordene Baumblätter herabgewor-
fen sehe, so oft fällt mir eine Scene aus meiner
ersten Kindheit ein. Ich konnte noch nicht über
sechs Jahre alt seyn, als ich an einem Sonnabend
um eilf Uhr aus der Schule kam. Auf meinem
Wege nach Hause sang ich mir etwas von dem
Liede, daß zum Schlusse der Woche gesungen worden war, und meine junge Seele hing besonders
an dem Bilde, daß im ersten Psalm vorkömmt,
und wo der Fromme mit einem Baume verglichen
wird, der an Wasserbächen stehe. Dies Bild
war in diesem Liede nachgeahmt, und ich kann
nicht sagen, mit welcher Freude ich das Bild bey
mir unterhielt, und mit welcher Innigkeit und
herzlichen, kindischen Einfalt ich besonders die Worte sang:

G 5

Sei.

Seine Blätter werden alt,
Und doch niemals ungestalt.
Gott giebt Glück zu seinen Thaten,
Was er macht muß wohlgerathen.

Mehr noch als bei allem fühlte ich bei dem
Worte: Und doch niemals ungestalt, wo ein beruhigender Uebergang der Harmonie ist, und wo
sich der Gesang aus dem feierlichen Mollton mit
ungemeiner Kühnheit in den zunächst verwandten
Durton auflöst. Freilich versteht sich, daß ich
mir das jetzt denke, was damals nur dunkle Empfindung war. Aber es rührte mich doch vorzüglich, und noch jetzt singe und spiele ich mir
die Stelle mit mehr Wohlgefallen, als sich von
der simpeln Wirkung eines gut aufgelösten
Akkords erwarten läßt; es drängen sich mir alle
die Ideen von meiner Kindheit auf, wo mir jeder Gegenstand der ewig schönen Schöpfung noch
neu war, und diese Neuheit einem jeden Gegenstand einen Reiz gab, der mit jedem Genusse
schwächer wird. — Vorzüglich erinnerlich ist
mir noch dieses — und das vermehrte die Stärke des Eindrucks. — Wie ich so im besten
Singen begriffen war, befand ich mich unter
einem großen Nußbaum. Ein heftiger Herbstwind, der den ganzen Tag über anhielt, rauschte stark in die dürren Baumblätter, und ich
stand mitten in lauter gelben Nußblättern. Das
Rau

Rauschen meines Fußes in denselben war mir
etwas schreckhaft, und noch jetzt gehe ich nicht
gern durch einen Haufen zusammengewehter
Blätter. Ich weiß noch eben, wie ich unter dem Baume bastand, und mit einer gewissen Wehmuth in die halb entblätterten Aeste lange Zeit hinauf sahe, bis mein Bruder hinzu kam
und mich nach Hause rief.

Diese Erzählung soll mir zu einer und der
andern Folgerung Anlas geben.

Erstlich. Diese Verse von dem einfachen
Gesange begleitet, rührten mich, drückten sich
mir ein, ich hatte Wohlgefallen an ihrer Wieder-
holung. Wie kams, daß ich von alle dem, was
ich die übrigen Vormittagsstunden gehört und
gesehen, — doch nein, was mir eingebläut worden war, nichts behielt und noch weniger jetzt
das Geringste davon weiß, da hingegen ich mir
jene Scene lebhaft, bis auf jede Kleinigkeit vor-
malen und nachempfinden kann, was ich damals
empfand? Ohne Zweifel, weil die Worte simpel, verständlich und — bildlich waren. Ich
habe nachher mit unglaublicher Anstrengung Vokabeln und grammatikalische Regeln, und noch
dazu in Versen gelernt, und konnte sie unter dem
aufgehobenen Zepter meines despotischen Schul-
monarchen ohne Anstoß hersagen. Aber ich
ver-

verstand sie nicht, nicht einmal die einzelnen
Worte, aus denen sie zusammengesetzt waren,
sie interessirten mich unendlich weniger als mein
Kräusel, und für die schreckliche Qual, die ich
bei Erlernung der Regel: mascula sunt tho-
rax, wo sich alle Wörter in x endigen und wo
dem Gedächtniß nichts zu Hülfe kömmt, als
allenfalls der gleichförmige Schall der ausgespro-
chenen Silbe ex, ist mir jetzt nichts mehr übrig
geblieben als der Anfang davon und das traurige
Andenken an die damaligen Zeiten.

Es ist beinahe überflüssig zu erinnern, wie
sehr beim ersten Unterricht es darauf ankomme,
mit Kindern in schicklichen Bildern zu reden; ihnen alles, so viel es geschehn kann, zu versinnlichen; sie nichts lernen zu lassen, was sie nicht
verstehen können, was nicht aus ihrer Sphäre
hergenommen ist, oder nicht durch irgend eine
Beziehung darauf deutlich gemacht werden kann.
Besonders heilsam wäre es aber, wenn jeder
Lehrer bei Gedächtnißübungen — die allerdings
für sich als Vorbereitung zum Sprach- und
wissenschaftlichen Unterricht nöthig und dienlich
sind — etwas mehr sich auf die Gesetze der
Einbildungskraft und des Gedächtnisses, die auf jenen
beruht, verstände, durch Aehnlichkeit, Aneinan-
derkettung und Beziehung der Ideen aufeinander,
das meist so martervolle Auswendiglernen den

Kin-

Kindern erleichterte; wodurch er zugleich einen
Zweck mehr erreichen, ihren Verstand beschäfti=
gen und ihre Thätigkeit mehr und zweckmäßiger
anregen und unterhalten, und ihnen dadurch Lust
und Neigung zum lernen überhaupt einflößen
würde.

Zweitens. Man hört und lernt oft etwas
besser wegen der äussern Umstände oder der Ge=
müthslage, in der man sich befindet. Was auf
diese Weise interessirt, setzt sich in der Seele
mehr fest, verwebt sich gleichsam mit dem Em=
pfindungssystem, und daher ist in der Zukunft
ein zufälliges Wort, ein Zeichen, ein Laut, eine
Idee, die der in der Seele schlummernden Idee
analog ist, im Stande, mit einemmale alle ähn=
liche Ideen zu wecken und Leben in die ganze See=
le zu bringen. Daher die Kunstgriffe des ver=
ständigen Erziehers und des öffentlichen Redners,
Kinder und das Volk zu rühren, von so erstaun=
licher Wirkung seyn können. Wie gut wäre es
also, wenn Erzieher auf diese Erfahrung fort=
bauen, die Umstände und Merkmale an jedem Or=
te der Unterweisung, auf dem Felde und in dem
Lehrzimmer, vervielfältigen, und, bei dem Vor=
satz, einem Kinde eine Sache, eine Wahrheit ein=
drücklich zu machen, schickliche Gelegenheiten dazu
veranlassen, und Zeit und Umstände wählen
wollten, die auf die Seele desselben besonders wir=
ken,

ken, als z. B. Tod, Krankheit, Trennung von
den Seinigen oder denen, die ihm lieb sind, Ge-
burtstagsfeier, ein ausserordentlicher Spaziergang,
eine einsame Unterredung an einem besondern
Orte u. s. w. die Nebenumstände, die Hülle,
in der etwas gekleidet ist, thun nach den Gesetzen
der Einbildungskraft öfters das meiste, und ein
konkreter Fall, eine Fabel, eine Geschichte und
Erzählung sind für das Kind mehr werth, als
tausend abstrakte Wahrheiten, für die es keinen
Sinn hat. Es abstrahirt zwar seit den ersten
Tag seines Lebens, macht bald Schlüsse, ohne
es zu wissen: aber das ist etwas anders; daran
ist mehrentheils Sprache, Redegebrauch und
Nachahmung schuld.

Drittens. Wie behutsam muß man bei
der Wahl der ersten Eindrücke und Bilder seyn,
die man, soviel es in unsrer Gewalt steht, in
ihnen rege macht und ihnen vor die Seele
führt! Wie viel Vorsichtigkeitsregeln sind dabei
zu beobachten, weil dergleichen Eindrücke in
spätern Jahren sehr oft unerklärbare Neigungen, Abneigungen, Launen und Gewohnheiten
erzeugen, und sich nicht selten in unerkannte
Motive zu Handlungen formiren! Schon daraus,
wenns auch an sich nicht schon schädlich wäre,
erhellet, wie sehr man sich in Acht nehmen müs-
fe, Kindern unschickliche und schreckhafte Vor-
stel-

stellungen von Gott, und abergläubische Schilderungen von der Hölle und Gespenstern beizubringen, und ihnen grämliche, menschenfeindliche Bilder von der Welt und andern Menschen zu entwerfen. Warum wollen wir ihnen nicht lieber, soviel wir können, alles unter der Gestalt des Angenehmen darstellen und ihnen schon die ersten Scenen ihres frohen Jugendalters im voraus verfinstern, da sie überdem noch manchen Regentag erleben müssen und des dicken Nebels noch genug übrig bleibt, der ihnen die freie Aussicht benehmen wird.

Viertens. Es ist vielleicht gut, Kindern, besonders solchen, auf die wenig oder gar keine eigentliche Erziehung gewandt werden kann, einen simpeln, kräftigen Spruch, ein gutes, faßliches Lied beizubringen, das ihnen vielleicht im Alter, wenn sie den Katechismus sammt der Glaubenslehre längst vergessen haben, noch übrig bleibt und ihnen Trost und Erbauung gewährt. Es scheint sich daraus erklären zu lassen, warum der gemeine Mann und besonders alte Leute so steif auf alte Lieder halten, und es scheint gewissermaßen grausam zu seyn, ihnen alte umgeänderte, oder ganz neue Lieder und Gesangbücher aufdringen zu wollen, ihnen einen Spruch zu rauben, an dem manchmal ihre ganze Beruhigung und Trost im Leiden, ja vielleicht ihre ganze Religion hängt.

Fünf=

Fünftens. Sehr gut ists auch wohl, wenn
man den Gesang mehr zu einem Hülfsmittel der
beffern Erziehung und Ausbildung erhebt und ihn
allgemeiner macht. Versteht sich, nur den guten, einfachen Liedergesang. Sollte man auch
nicht überall den Zweck erreichen, daß dadurch
der Sinn für Harmonie und Wohlklang, musikalisches Gefühl und folglich Verfeinerung der
Seele, sofern sie davon abhängt, befördert wird,
so kann man ihn doch zum Vergnügen, zur Auf-
heiterung und dazu brauchen, wozu der Arzt seinen Gold- und Silberschaum braucht, zur Einfassung gewisser Lehren, die ohne Zusatz genossen,
dem Kinde nur zu bitter seyn und entweder gar
nicht genossen oder bald vorbeigegangen seyn
würden.

Noch eine Scene aus meinen Schul-
jahren.

Ich war noch ein kleiner Knabe und konnte kaum lesen. Mein Lehrer, den ich wegen
der Pfefferkuchen, die er alle Sonnabend aus-
theilte, ungemein lieb gewann, schrieb nach der
Hähnischen Litteralmethode, lauter Reihen-Na-
men und Anfangsbuchstaben von Wörtern an
die Tafel, von denen ich noch nichts verstand.
Ich, der ich durch ihn nicht beschäftigt werden
konn-

konnte und als ein lebhafter Knabe doch un-
terhaltend seyn wollte, machte mir dadurch selbst
Beschäftigung, daß ich theils mit meinen Nach-
baren spielte, theils Kirschkerne, die ich zu dem
Ende mit in die Schule genommen hatte, bald
in die Tasche hinein, bald herauszählte, und
wenn ich konnte, verstohlen auffknackte.   Ein
unversehner derber Schlag auf die Hand verlei-
dete mir indeß dieß Händespiel und ich sahe nun
auf die Tafel.   Mein Blick und meine freudige
Mine, mit der ich dem Manne nie von der
Hand wegsahe, nahmen ihn wieder für mich ein!
Er hielt das für Aufmerksamkeit auf die Sachen, die er anschrieb, und im Grunde das, was
mich anzog, waren seine Hembeknöpfe, die ich
von ungefähr zu Gesichte bekam, und die von
Glas, in Silber eingefaßt waren, und eine rothe
Folie zur Unterlage hatten.   Mit jeder Bewegung der Hand, die durch das Anschreiben geschahe, bewegten sich auch die Knöpfe, und mit
innigem Wohlgefallen bemerkte ich, wie sie sich an
dem weißen Hembe stießen und schimmerten.
Mir ist noch, als sähe ich die Mine des ehrlichen Mannes, mit der er mir entgegenlächelte
und sich mir nahete.   Mit jeder Annäherung
verdoppelte sich meine Freude, denn die lieben Knöpfe kamen mir dadurch näher, und
nicht froher war ich, als wenn ich mir
mit   Wohlgefallen   die   Hände   zurückstrich

und dann die Knöpfe mein Haupthaar berühr-
ten. —

Lehrer und Erzieher, wie oft werdet ihr von
dem kleinsten Kinde hintergangen! Aber noch öfter seyd ihr es selbst, die ihr euch hintergeht. Hätte mein Lehrer damals verstanden, daß Aufmerksamkeit für Kinder eigentlich Anstrengung der
Seele ist, und daß ein starres, ununterbrochenes
Hinsehen auf eine Tafel voll unverständlicher
Wörter entweder Betrug oder Einfalt beweisen,
so würde ein Knabe, wie ich, ihn nicht haben be-
trügen, und er in Austheilung der Belohnungen
und Strafen gerechter seyn können.

Karl Spazier,
Lehrer am Dessauischen Erziehungs-Institut.

Nachtrag
zur Seelenkrankheitskunde.

I.

Ein neuer Werther.

Auszug aus einem Briefe.

Nunmehr machen Sie sich gefaßt, die traurige Geschichte des L.....*) ganz ausführ-
lich, und dabey Sachen zu hören, die über alle
Ihre Erwartung gehen.

H 2 Ich

*) Dieser L..... war schon in seinem achtzehnten Lebens-
jahre durch allerlei Ausschweifungen sehr berüchtigt Da
er seinen Eltern die ängstlichsten Sorgen verursacht
hatte, wurde er nach Berlin geschickt. Hier betrug er
sich eine Zeitlang gut, alsdann fing er wieder an, aus-
zuschweifen, schlich sich auch einmal des Nachts aus
dem Hause weg, worin er in Pension war, und ging
in ein H...haus. Als er hier alles zugesetzt hatte, lieh
er eine Pistole, kaufte Pulver und Schrot und ging
in die Hasenheide, um sich zu erschießen. Er saß
auf der Erde, hatte das Pulver vor sich liegen, und
wollte die Pistole zubereiten, als ein Funke ins Pulver fiel, welches auffog, und ihn versengte. Ganz
betäubt von Schreck fiel er um, sah aber einen Mann,
dem er bat, nach seinem Hause zu gehen, und zu bitten, daß man ihn in einer Kutsche abholen möchte,
welches auch geschahe Ein halbes Jahr nachher er-
schoß er sich wirklich, wie in diesem Briefe des Herrn
L. R. Sch. beschrieben steht.

Ich mußte verreisen, als er noch an demjenigen Stücke zeichnete, so er zum Geburtstage seines Herrn Vaters gemacht hat, dieses war ihm schon vorher zweimal verunglückt, und es gefiel mir sehr, daß er dessen ohngeachtet Lust hatte, es auch zum drittenmal zu machen.

Ich empfahl ihm daher Fleiß und gute Aufführung, bat ihn, seine Eltern zu grüßen, und gab ihm Vorschrift, was er arbeiten sollte, während meiner Abwesenheit.

Hätte er nicht gerade die Arbeit vorgehabt, und wäre ich nicht, meine Reise zu beschleunigen, gezwungen gewesen, so hatte ich beschlossen ihn mitzunehmen. Indessen versicherte mir meine Frau in allen Briefen: L..... ist fleißig und gehet wenig aus.

Ich schrieb also: den Sonntag als den ersten Feyertag oder Sonnabend vorher hoffte ich wieder einzutreffen, kam aber schon den Donnerstag als den 12ten Mai eben zurück, als meine Frau im Begriff war, nach dem Thiergarten zu ziehen, wo wir alle Jahre wohnen.

Er kam herunter gelaufen, und schien sich über meine Ankunft zu freuen, hatte aber den Landconducteur B..., der auch zurückgeblieben war, und eben, als ich ankam, im Fenster lag, gleich gefragt, da dieser ihm sagt, der
Kr.

Kr. Rath kommt: ist auch l... mit dabey? Dieser ist ebenfalls ein Conducteur, den ich bey mir habe, der aber schon verpflichtet ist, und in Königl. Diensten stehet.

Ich hatte noch nichts gegessen, als ich um 3 Uhr Nachmittags ankam, setzte mich zu Tische und ließ ihn mit B... herunter zu mir rufen. Er erzählte mir, daß er einen Brief von seinem Herrn Vater erhalten, und daß er auch an seine Mutter geschrieben hätte.

Ich frug ihn: was er gearbeitet habe? alles was ich ihm aufgegeben, war die Antwort, und da ich von meiner Frau gleich bei meiner Ankunft die Nachricht erhalte, daß er sich gut aufgeführet und fleißig gearbeitet, so war ich damit zufrieden, folgte meiner Frau nach dem Thiergarten, und hatte meinen Wagen bestellet, daß ich den 13ten Freitags um 7 Uhr wieder in der Stadt seyn wollte.

Der Conducteur l... war zu seinen Verwandten gegangen, und kommt Abends wieder zu Haus, gehet mit dem B... zu rechter Zeit schlafen; und weil l..... nicht mit will: so fragen sie ihn: warum nicht? er müße noch schreiben, giebt er zur Antwort, hat sich aber vorher barbiret, rein angezogen, und sich einen neuen Zopf gemacht, so daß die andern ihn fragen: warum er das thue? darauf antwortete er: der Kr. Rath kommt morgen zeitig herein, da muß ich gleich fertig seyn.

Kurz

Kurz k... und B... gehen zu Bette. Nachmitternacht ungefähr kommt k..... nach der Stube, wo sie schlafen, gehet nach seinem Koffer, und
langt sich etwas heraus, darüber erwacht k... und
sagt: sind Sie doch noch nicht zu Bette! O ich habe Sie wohl gestöret? das schadet nichts: und so
schläft k... wieder ein.

Des Morgens frühe, da mein Bedienter um
sechs Uhr hinzukommt, und auch in die Stube,
wo die Conducteurs arbeiten, herein will, um
Nachtigallen zu füttern, findet er solche zugeschlossen; er gehet nach der Stube, wo sie schlafen,
und siehet, daß k....s Bette noch gemacht, worüber er, so wie die übrigen beiden Conducteurs,
die beim Anziehen begriffen, sich wundern, zusammen nach der Stube gehen, mit Gewalt die Thür
eröfnen wollen, aber so wenig damit als mit dem
stärksten Lerm daran, das geringste ausrichten können.

Sie gehen also in meine Stube, wo man auch
durch eine Thür hereinkommen kann, allein auch
diese, welche ich beständig verschlossen gehalten,
können sie nicht öfnen.

Von ohngefähr siehet sich mein Bedienter um,
und wird ein Bund Schlüssel gewahr, passet alle
durch und findet den dazu gehörigen. Er ruft
die

die beiden Conducteurs und sagt, ich kann nun auf-
schließen, allein aber gehe ich nicht hinein.

Sie kommen also, um mit dabey zu seyn.
Mein Bedienter schließet auf, und da er die
Thüre, so nach inwendig aufgehet, kaum einen Fuß breit aufgemacht, so siehet er den L.....
vollkommen angezogen, mit fliegendem Haar ganz
weiß als Kreide stehen, und saget schon die Worte:
Herr L..... — um weiter zu sprechen: was fehlet
Ihnen? aber ehe er letzteres sagen kann, hebt er
schon die Pistole in die Höhe, setzt solche ins rechte Auge, und Knall und Fall ist eins.

Alles aufs äußerste erschrocken, läuft bestürzt
die Treppe herunter — nachdem sie sich vom
Schreck erhohlet, gehen sie zusammen wieder her-
auf und finden ihn todt, ohne ein Zeichen des
Lebens zu geben, auf dem Gesichte zur Erden lie-
gend, und im Blute schwimmend. Auf seinem
Tisch lieget der Werther aufgeschlagen S. 218,
wo es heißt: es ist zwölf — sie sind geladen,
u. s. w.

Eine ganze Schachtel voll Kugeln und über
ein halb Pfund Pulver liegt auf dem Tische.
Aus den Betten, die auf der Stube stehen, hatte er
sich zwei Unterbetten herausgenommen, auf ein
Canapee gelegt, und vermuthlich die Nacht darauf
geschlafen.

Aus

Aus allem vorhergehenden schließe ich, daß er mir den Schreck zugedacht hat, ihn sich todtschießen zu sehen; denn er wußte, daß ich um 7 Uhr kommen wollte, daß zu der Thür kein andrer als ich den Schlüssel hatte: und wollte vermuthlich so lange warten, bis ich die Stube öfnen würde.

II.

Verrückung aus Liebe.

In H......t lebte noch im Jahr .... ein Fräulein von N....ż, die eine jüngere Schwester bei sich hatte, welche sinnloß war. Diese Person aber ist seit ihrem funfzehnten Jahre in diesen traurigen Zustand gekommen; die ältere Schwester erzählte, daß eine Liebschaft die Veranlassung dazu gegeben.

Sie hatte sich nehmlich wider Wissen ihrer Eltern mit einem jungen Edelmann versprochen, verschiedentlich heimliche Zusammenkünfte mit selbigem gehabt, welches aber den Eltern entdecket worden, die denn diesen Umgang ihr untersaget, und sie an einen andern hatten verheyrathen wollen, gegen den sie vielen Widerwillen bezeugte, und nicht zu bewegen war, seine Bewerbung anzunehmen,

Wäh

Während dieſer Zeit hat ſie noch Briefe mit ihrem
Liebhaber gewechſelt, auch von ihm verſchiedene Prä⸗
ſente erhalten, worunter das einemal Backwerk ge⸗
weſen, wovon ſie noch ihrer Schweſter angeboten,
die es aber nicht annehmen wollte; worauf ſich die
Nacht nach dem Genuß dieſes Backwerkes eine Art von
Melancholie bei dem Fräulein, und einige Tage
darnach eine Wuth äußerte, auf die eine völ⸗
lige Verwirrung des Verſtandes erfolgte, die auch
bei aller gebrauchten Medecin bei ihr unheilbar
geblieben iſt.

Die Familie und die Schweſter behaupteten zu
der Zeit, da ich ſie kennen lernte, noch immer, daß
in dieſem Backwerke etwas müſſe geweſen ſeyn, was
der gemeine Mann einen Liebestrank heiſt.
In wie weit dieſe Sage ihren Grund hat, kann
ich als Frauenzimmer nicht beurtheilen, ob ich
ſchon glaube, daß es Betrüger geben mag, die
leichtgläubigen Liebhabern und Liebhaberinnen ſchäd⸗
liche Sachen als Mittel zu beſtändiger Liebe verſchaf⸗
fen, die aber dann eine ſo unglückliche Würkung, als
eben dieſe, verurſachen können. —

Doch wieder zu dem Betragen dieſer Unglück⸗
lichen: da ich ſie das erſtemal ſahe, mochte ſie 38
bis 39 Jahr ſeyn; ſie ging frei herum, da ſie keinen
Menſchen etwas zu Leide that, und betrug ſich Tage,
auch oft Wochen lang ganz ordentlich, indem ſie ſich
dann und wann mit Stricken beſchäftigte; hingegen

H 5   aber

aber war sie auch viele Monate ganz ohne Ver=
stand, sprach bloß von ihren Liebhabern, die sich
um sie betrübten, nennte ihre Anzüge, und bot allen,
die ihre Schwestern besuchten, einen oder den an=
dern an, nur den rothgekleideten, bat sie, ihr nicht
zu nehmen; Vermuthlich mußte ihr erster Liebha=
ber so gekleidet gewesen seyn.

Bei dergleichen Paroxismen genoß sie
nichts, außer etwas rohe Erbsen, Hafer oder
Weitzen, von welchem Getreide sie immer in ihrem
Koffer vorräthig hatte, und oft hat sie zu vierzehn
Tagen ohne alle Nahrung zugebracht; schickten wä=
rend dieser Zeit ihr gute Freunde etwas zu essen,
so nahm sie es zwar an, aß aber nicht davon, oft
aber warf sie es auch dem Ueberbringer nach; eben
so wenig sprach sie mit jemand, da sie doch sonst
sehr gesprächig gewesen war; sobald sie aber des
Abends zu Bette ging, ward sie laut, sang bald
geistliche Lieder, bald Arien, sprach viel mit ihrem
Liebhaber, änderte die Stimme, als wenn man
ihr antwortete, sang alle Stunden dem Nacht=
wächter nach, und blieb so unruhig bis gegen Mor=
gen, wo sie denn wieder stille ward, außer, daß
wenn die Schwester ihr zuredete, sie selbige mit
Schimpf und Fluchworten von sich wieß.

Bei diesem starken Paroxismus saß sie be=
ständig in einer sehr unbequemen Stellung
auf einem Stuhle, so daß sie die Füße
auf

auf den Sitz des Stuhles zog, beide Hände
hielt sie an den Kopf und die Ellbogen setzte
sie auf die Knie; es war besonders, daß sie in
dieser Stellung Tagelang ohne sich zu bewegen
sitzen konnte, diese Stellung auch nur die Nacht
verließ. —

Nun starb ihre Schwester, die sie bisher bei
sich gehabt hatte — da diese Personen kein Vermögen hatten, und meist von andrer Wohlthaten lebten, so ward die Unglückliche zu ihres Vaters Bruder, der als ihr nächster noch lebender Verwandter
für sie sorgen sollte, und auch die Vermögensum-
stände dazu besaß, geschickt; dieser aber hatte sie
mit vielem Ungestüm von sich gewiesen, und
sie ward wieder zurück nach H......t gebracht, wo
sie in das Hospital gegeben wurde; bei dem Tode
ihrer Schwester und bei dem harten Betragen ihrer Verwandten hatte sie heftig geweinet, welches
sie sonst nicht gethan, da sie nur zwei Leidenschaften
in ihrer Thorheit zeigte, entweder viele Freude
und Lachen, oder ein mürrisches Betragen.

Schon vor dem Tode ihrer Schwester flüch-
tete ich mit meinen Eltern aus Schlesien, da die
russische Armee durch Pohlen in diese Gegend kam;
und ich kann daher nur noch erzählen, was mit
dieser Person weiter vorfiel, weil ein Oncle von
mir Augenzeuge davon gewesen. Diesen Oncle
hat-

hatte sich die Unglückliche zu ihrer Zuflucht gewähe
let, und da derselbe unter dem dortstehenden Regie
ment gewesen, nachher aber im Orte wohnte so
hatte sie sich nach der Zeit fast immer an ihn ge=
wendet, und ihn mit Aufträgen beschweret. —

In dem Jahre 1759 ward H......t von den
Russen in die Asche geleget; während dem Bran=
de lief alles aus dem Hospital, und die un=
glückliche v. M......tz rettete sich in einen alten
Stall, der noch stehen geblieben, und nahe an
dem Bartsch=Strome stand; ob durch ein Ohn=
gefähr oder mit Vorsatz die Thüre dieses Stal=
les ist zugeschlossen worden, kann man nicht mit
Gewißheit sagen; genug diese Person und noch
eine Hospitalitin sind 3 Tage dort versperret ge=
wesen, die letztere ist aber gleich den ersten Tag
darinn gestorben; mein Oncle, der den britten
Tag nach dem Brande in diese Gegend des Stal=
les kommt, höret daraus rufen, er gehet näher,
und frägt wer dort sey? die M......tz erkennet
ihn an der Stimme und bittet, ihr herauszuhel=
fen, indem sie schon einige Tage eine Todte zu ihrer
Gesellschafterin hätte; da kein Schlüssel zum auf=
machen da ist, läßt er den Stall aufschlagen,
und findet die Leiche schon in der Verwesung,
die Fräulein v. M......tz aber in einem ganz ver=
nünftigen Zustande.

(B. E.

(Z. E. fie trug, so lange ich sie kannte, einen Rock und Contusch, welche ganz mit allen Arten von Flecken besetzet waren; denn sie nehete sich selbst Flecke von allen Farben, es mochte Seide oder Wolle seyn, wenn sie sie nur habhaft werden konnte, auf diesen Anzug, so daß man von dem würklichen Zeuge, woraus das Kleid bestand, nichts zu sehen bekam, und wie dieser Anzug war auch ihr Kopfputz beschaffen.)

Sie sagt also, wie sie aus dem finstern Orte kommt: Gott! was habe ich für einen Anzug! liebster Herr!.... schaffen Sie mir doch eine andre Kleidung, so kann mich kein Mensch sehen, das ist ein Harlequinsanzug.

Da das Hospital stehen geblieben war, so bringt sie mein Oncle selbst dahin, und es werden ihr andre Kleider gegeben; In diesem vernünftigen Zustande ist sie etwa vier Wochen geblieben; mein Oncle war nach diesem Vorfalle bald nach Breslau gereiset, da seine Wohnung mit im Feuer aufgegangen war, um sich dort einige Zeit aufzuhalten; eines Tages gehet er auf der Straße, und hört sich verschiednemal rufen; auf einmal steht die v. M......ß neben ihm, allein wieder in dem alten vielfarbigten Anzuge worüber sie noch ein schmutziges Hemde trug, welches sie in Form einer Enveloppe um sich gehangen,

und

und mit den Aermeln vorn zugebunden hatte. Sie faßt meinen Oncle am Arm, und dieser ist genöthiget, da sie sich fest an ihn anhält, sie nur geschwinde in ein Wirthshaus zu bringen, wo er sie den Leuten übergiebt, und sie wieder nach H......t abschickt.

Verschiedene Umstände haben mich daran verhindert, mehr besondere Umstände von dieser Person zu erfahren; so viel ist gewiß, daß sie wieder ganz in ihren Wahnsinn zurückgefallen, und nie völlig hergestellt ist.

Jn

Inhalt.

Zur

Inhalt.

Magazin zur Erfahrungsseelenkunde.

Dritten Bandes drittes Stück.

Zur Seelenkrankheitskunde.

I.

Beispiel einer aufserordentlichen Vergeßenheit.

Der litterarischen Gesellschaft zu Halberstadt vorgelesen am 23. Febr. 1784.

von

Joh. Werner Streithorst,
Domprediger zu Halberstadt.

Ich bitte um Erlaubniß, Ihnen H. H. eine ungewöhnliche Erscheinung in der moralischen Welt, nebst den Gedanken, die ich darüber gehabt habe, zur Beurtheilung und Prüfung mittheilen zu dürfen. Ich will mit der Erzählung dieses Vorfalls, deſſen Wahrheit ich verbürge, den Anfang machen. Das in aller Abſicht merkwürdige Faktum iſt folgendes:

Bald nach dem neuen Jahr wurd' ich zu einem Kranken gefodert, der das hitzige Fieber hatte und in ſichtbarer Todesgefahr ſchwebte. Ich traf ihn völlig bei Verſtande, ohnerachtet er vorher ſehr phantaſirt hatte. Seit dieſer Zeit hab' ich ihn Anfangs täglich, nachher, bei zunehmender Beſſerung einen Tag um den andern beſucht, und ihn zwar das eine mal ſtärker, das andre mal ſchwächer, aber doch immer verſtändig gefunden. Schon nach dem vierzehnten Tage fing ſich der Patient zu beſſern an, und die verdorbnen Säfte zogen ſich an einen Theil des Körpers, wo ſie allmählig abgeleitet werden konnten. Er hatte viel zu leiden, empfand es, war aber ſtandhaft genug, alles auszuhalten. Mehrmals erinnerte ſich der Patient, während dieſer Zeit an Lehren und Troſtgründe, die ich ihm mehrere Tage vorher zur Beherzigung empfohlen hatte. Er fragte und faßte meine Antwort, ich fragte und erhielt richtige Antworten. Nicht einmal in der Phantaſie hat er ein ungebührliches Wort geſprochen, oder eine ſchlechte Handlung vorgenommen. Und in guten Stunden äuſſerte er durch Worte und That ſolche ächt chriſtliche Geſinnungen, daß er allen, die wahre Herzensgüte zu ſchätzen wußten, nicht wenig Freude machte. Am Ende des Januars merkte ich

die

die Veränderung an ihm, daß seine Empfindungen
lebhafter zu werden anfiengen, denn er wurde be-
redter und begleitete die frohesten Religionsgefühle
gewöhnlich mit Thränen. Einige Tage darauf
war mit ihm eine noch auffallendere Veränderung
vorgegangen. Er war munter, lebhaft und sprach
mit größern Zusammenhang und stärkerer Stimme.
Er empfieng mich und andere, als wenn wir ihn
das erstemal besucht hätten. Zugleich erklärte er
mir, daß er nicht wisse, was mit ihm vorgegangen sey, man habe ihm gesagt, daß er mehrere
Wochen krank gewesen, aber es sey ihm, als wenn
er nur einen Tag länger gelebt hätte. Selbst von
den öftern schmerzhaften Operationen des Wundarztes wußte er sich nur an eine einzige ganz dunkel
zu erinnern, die, nach seinem Ausdruck, wie im
Traum geschehen und von ihm nicht sonderlich empfunden sey. Zum Behuf dieser Operation war er
ausser Bette gebracht worden. Er konnte sich weder an meine vorigen Besuche noch Reden erinnern.
Ich stand voller Verwunderung da, that allerlei
Fragen an ihn, den vorhergehenden Zustand be-
treffend, und er konnte mir keine einzige beantworten, so gern er's auch gethan hätte. Kurz! es
war, als wenn er aus dem Lethe getrunken hätte.
Ueber die Verwandelung, die mit ihm vorgegangen war, gab er mir selbst folgende Auskunft: daß
er sich am letzten Tage vor seinem Krankenlager auf
ein gehörtes Klingeln an der Thür mit großen Un-

ver-

vermögen aus der Stube nach der Thür hinge-
schleppt, dieselbe geöffnet und ein ihm bekanntes
armes Kind welchem er bisweilen ein Stück Brod
oder einen Pfennig zu geben pflege, mit bloßen
Füßen auf dem beschneieten Tritt gefunden habe,
daß er aber dasselbe dieses mal abgewiesen, weil es
ihm unmöglich geschienen habe, diesen Weg, um
ein Allmosen zu hohlen, bei ganz erschlafften Gliedern noch einige mal thun zu können; es sei ihm
aber hinterher sehr nahe gegangen, das arme Kind
abgewiesen zu haben. Das sei die letzte Begebenheit, woran er sich erinnern könne. Damit
habe sich auch sein Bewußtseyn wieder angefangen.
Vor einigen Tagen nämlich sey ihm gewesen, als
stünde das Kind barfuß vor dem Bette und heische
eine Gabe, dieses Bild habe ihn erst nicht verlassen wollen. Allmählig aber wären andre Vorstellungen gekommen, er habe nun nach und nach wieder hören und sehen können, was um ihn her vorgegangen sey und endlich habe er am vierten Tage
darauf eine solche Veränderung in seinem Kopfe gespürt, welche er mit Worten nicht ausdrücken könne, die ihm aber eine solche Freude gemacht habe,
als wenn ihm wer weiß was geschenkt wäre. Die
sichtbare Rührung des Patienten ließ an dieser Versicherung nicht zweifeln; so wie überhaupt die oben
schon bemerkte Rechtschaffenheit des Kranken, sein
christliches Verhalten während der Krankheit auch
nicht den geringsten Verdacht gegen die versicherte
Ver-

Vergeſſenheit des ganzen vorigen Zuſtandes, die eine Operation des Wundarztes ausgenommen, Statt finden läßt. Hier haben Sie alſo, M. H., ein Beiſpiel einer auſſerordentlichen Vergeſſenheit eines fünfwöchentlichen Zuſtandes. Die ganze Zwiſchenzeit zwiſchen dem wirklichen Anblick des Kindes und der Erſcheinung deſſelben in dem Ge-dächtniß, die einen Zeitraum von wenigſtens fünf Wochen begreift, iſt dem Kranken, im eigentlich-ſten Verſtande, verſchwunden.

Ich überlaß' es den Aerzten, dieſe ſonderbare Erſcheinung phiſiologiſch und pathologiſch zu unter-ſuchen, mir iſt ſie in pſichologiſcher Hinſicht merk-würdig. Ich bemerke zum voraus folgendes:

1) Der Kranke hat nichts am Erinnerungs-vermögen verloren, es iſt nicht Schwäche ſeines Gedächtniſſes, als Vermögen der Seele betrachtet, daß er ſich dieſes Zwiſchenzuſtandes ſo wenig erin-nern kann, denn er kann ſich übrigens auf die größ-ten Kleinigkeiten beſinnen, wenn ſie nur nicht in dieſen Zeitraum gehören.

2) Er hat während der Zeit, worauf er ſich ſo wenig beſinnen kann, die Empfindungen und Vor-ſtellungen wirklich gehabt, die er äuſſerte, ſo wie den freyen Gebrauch ſeines Verſtandes in den gu-ten Stunden, denn ſeine Gedanken hatten Ord-nung und Zuſammenhang, wie iezt, wo ſie ſich von jenen durch nichts, als Stärke und Lebhaftig-keit unterſcheiden.

A 3

3)

3) Die Reihe von Eindrücken und Vorstellungen, welche der Patient in dem Zwischenzustande gehabt hat, ist entweder gänzlich wieder aus der Seele verschwunden oder so verdunkelt worden, daß ihre Erneuerung nicht möglich ist.

4) Das Sonderbare liegt darin, daß er sich an nichts als die eine Operation des Wundarztes erinnern kann, und daß sich die Vorstellungen bei wieder lebhafter gewordnen Bewußtsenn an jene anreihen, womit sich das lebhaftere Bewußtsenn verlor, daß der Kranke mit eben dem Gedanken gleichsam wieder erwachte, mit welchen er eingeschlummert war.

Es entsteht also die dem Psychologen wichtige Frage:

Wie ist's möglich, daß eine lange Reihe von Eindrücken und Vorstellungen, so in der Seele verdunkelt werden kann, daß der letzte Gedanke, der vor denselben hergieng, der erste wird, womit die lebhaftern Eindrücke und Vorstellungen wieder beginnen?

Oder

Wie ists möglich, daß unter den erinnerlichen Dingen — im Gedächtniß — eine so grosse Lücke entstehen kann, und daß sich Vorstellungen an einander reihen können, zwischen welchen doch eine grosse Menge anderer in der Mitte lag, die wie abgerissene Stücke einer Kette zerstreuet werden und sich ganz verlieren?

Ich

Ich will es versuchen, diese Frage aufzulösen. Eine bekannte Erfahrung ist es, daß gewisse Eindrücke und Vorstellungen, bei Mangel der Aufmerksamkeit und Beobachtung, die Seele so leise berühren, daß davon gar keine Spur zurückbleibt. So geschieht es, daß viele mit offnen Ohren nicht hören, und mit unverschloßnen Augen nicht sehen. Wenn wir ein Buch lesen, und haben dabei fremde Gedanken, so machen die Worte einen gewissen schwachen Eindruck auf uns, und bringen auch wohl manche helldunkle Vorstellungen hervor, alles aber vermischt sich mit jenen fremden Gedanken und wir wissen am Ende nicht, was wir gelesen haben. Die Erinnerung hängt von der Stärke der Eindrücke und von der Lebhaftigkeit der Vorstellungen ab, je schwächer beide sind, desto schwerer ist nachher die Erinnerung und beim geringsten Grade dieser Stärke und Lebhaftigkeit ist die Vergessenheit unvermeidlich. Darum verwischen sich unzählige Eindrücke in unsrer Seele, wie die zu lose aufgetragnen Farben des Pastelmahlers. Wir verlieren auf diese Art Millionen Vorstellungen wieder, die wir einmal gehabt haben, dergestalt, daß, wenn wir sie in Zukunft mit grösserer Lebhaftigkeit bekommen, sie uns ganz neu zu seyn scheinen. Ich habe in manchem meiner Bücher die merkwürdigsten Stellen unterstrichen, und beim Wiederlesen waren sie mir so neu, als sie es das erstemal nur immer gewesen seyn mögen. Also Stärke der Eindrücke und

leb-

lebhaftigkeit der Vorstellungen macht die Erinnerung möglich und leicht.

Diese Stärke und Lebhaftigkeit hängt aber nicht immer blos von der eignen Stimmung der Seele ab, wie in dem eben benannten Falle; sondern auch von der körperlichen Beschaffenheit. Es gibt nämlich körperliche Zustände, welche nur schwache Eindrücke und matte Vorstellungen zulassen. Von der Art muß der Zustand des Menschen in der ersten Kindheit seyn, weil wir uns von daher auf nichts zu besinnen wissen. Im hohen Alter pflegt das Gedächtniß Lücken zu bekommen, das ist, manche Eindrücke und Vorstellungen können da entweder nicht so leicht oder überall nicht wieder hervorgebracht werden. Der Grund davon liegt ebenfalls in der Beschaffenheit des Körpers.

Dasjenige in unserm Körper, wovon diese Stärke und Lebhaftigkeit abhängt, ist ohnzweifel die Stärke und Spannung der Nerven. Von ihrer Beschaffenheit hängt es ab, wenn wir schwächere oder stärkere, mehr oder minder lebhafte Vorstellungen bekommen; so wie es ebenfalls davon abhängt, ob wir sie reproduziren können, oder nicht, denn bei diesem Reproduziren braucht die Seele den Körper, sie läßt das Gehirn und die Nerven so spielen, wie sie zu wirken pflegen, wenn sinnliche Vorstellungen von aussen in die Seele gebracht werden, weshalb anhaltendes Nachdenken den Körper ermüdet und Kopfweh verursachen kann. Welchen

chen Grad der Spannung die Nerven haben müſſen, wenn unſere Eindrücke die gehörige Stärke und
unſere Vorſtellungen die gehörige Lebhaftigkeit er-
langen ſollen, läßt ſich auf keinen Fall beſtimmen.
Aber ſoviel iſt gewiß, daß zwiſchen beiden Extre-
men, zwiſchen zu hoher Spannung und völliger Erſchlaffung ein mittlerer Tonus Statt haben muß,
wenn die Eindrücke und Vorſtellungen die gehörigen Grade der Stärke und Lebhaftigkeit bekommen
ſollen.   Ueberſpannung erzeugt Schwärmerei;
Wahnſinn und Narrheit.   Erſchlaffung verurſacht
zu ſchwache Eindrücke, zu matte Vorſtellungen,
die wie Irrlichter im Kopfe umhergaukeln, aber
wie dieſe auch leicht verſchwinden und bald wieder
ausgelöſcht werden können.   Beide Zuſtände laſſen keine dauerhafte Eindrücke zu, weil die Seele
im erſten Fall überladen, und im zwoten gleichſam
zu leiſe berührt wird.   Die Empfindungswerkzeuge
treiben da mehr ihr eigenes Spiel, als daß ſie von
äuſſerlichen Dingen in Bewegung geſetzt werden
ſollten.   Die Seele kann alſo während ſolcher Zeit
weder vollſtändige noch dauerhafte Vorſtellungen
bekommen.

Erſchlaffung der Nerven war der Zuſtand,
worin ſich unſer Patient befand, und dieſer Zuſtand dauerte einige Wochen fort.   Die Eindrücke
und Vorſtellungen konnten zu wenig auf ſeiner
Seele haften, und wurden daher auch leicht wieder
verwiſcht. Nach und nach hob ſich die Kraft des

A 5   Kör-

Körpers und mit einem mal erreichten die Nerven
den gehörigen Grad der Spannung wieder, sie wurden wieder heraufgestimmt, die Lebensgeister kamen wieder in gehörigen Umlauf. Das verursachte dem Kranken das bis dahin ungewohnte Gefühl
des Wohlseyns, welches mit der lebhaftesten Freude verbunden war. Jetzt strömten ihm, gleich einem aufgehaltenen Strom, von allen Seiten neue
Eindrücke entgegen. Jene Erschlaffung hatte nur
schwache Eindrücke und Vorstellungen zugelassen,
die also ohnehin nicht leicht reproducirt werden
konnten. Um desto eher konnten sie von den neuen
weit stärkern Eindrücken so überwältiget werden,
daß von ihnen keine Spur übrig blieb. Nur der
Eindruck von der einen Operation des Wundarztes
war stark genug gewesen, um fortdauern zu können, bei welcher Gelegenheit die Nerven eine größ-
sere Spannung durch die Vorbereitungen zur Operation bekommen hatten, denn der Patient war bei
dieser Gelegenheit außer Bette gebracht worden.

Warum aber knüpfte sich der erste Gedanke des
lebhafter werdenden Bewußtseyns an den letztern,
welchen die Seele hatte, als diese Lebhaftigkeit an-
fieng einzuschlummern? — Bestimmt kann ich's
nicht sagen, aber ich darf vermuthen. Wahrscheinlich nahm die Spannung der Nerven in dem
Grade zu, in welchem sie vorher abgenommen hatte, und hatte zu der Zeit, da der Seele das Bild
des armen Kindes vorschwebte, eben den Grad

wie-

wieder erreicht, auf welchem sie stand, als der
Knabe wirklich vor Augen war.   Irgend eine
Aehnlichkeit der Empfindung veranlaßte die Seele,
die damit vergesellschafteten Empfindungen und Vorstellungen zu gleicher Zeit hervorzubringen.   Auch
konnte dieser Eindruck darum zuerst wieder aufleben, weil er der letzte war, der sich tief eingeprä-
get hatte.   In der Körperwelt findet sich etwas
analogisches.   Manche Krankheiten bleiben in ihrer Entwickelung, wenn eine neue dazu kommt, so
lange zurück, bis die neue Krankheit gehoben ist.
Es giebt Personen, welche sich keines Traums in
ihrem ganzen Leben zu erinnern wissen.   Und doch
ist höchst wahrscheinlich, daß ihre Seele nicht mit
dem Körper ruhet.   Sie haben zu schwache Vorstellungen im Schlaf, welche keine Spur in der
Seele zurücklassen und beim Erwachen des Körpers durch die neuen Eindrücke mit einemmal verdrängt werden.

Ich füge noch einige merkwürdige Exempel dieser Art hinzu.   Ein Schullehrer in Briezke bei
Frankfurt an der Oder hatte mehrere Wochen an
einem hitzigen Fieber darnieder gelegen.   Sein
Tod schien unvermeidlich zu seyn.   Er starb endlich nach der Meinung der Umstehenden.   Man
brachte den vermeintlich entseelten Körper in eine
Kammer aufs Stroh.   Die Frau konnte mit ihren fünf Kindern vor Bedrübniß nicht im Hause
bleiben, sondern begab sich zu einen Nachbar, schick-

te nach Frankfurt und ließ einen Sarg hohlen. Der
Sarg kam, und die Frau sah sich genöthiget in ihr
Haus zurückzukehren, um den Todten in den Sarg
zu bringen. Sie öffnete die Thüre, und hatte einen Anblick der über alle Beschreibung ist. Ihr
Mann saß angezogen beim Hackeblock und machte
Küchenholz, wie er sonst zu thun gewohnt gewesen.
Sie stand betäubt da, bis sie durch das Zureden
des Mannes wieder zu sich selbst kam. Der Mann
erkundigte sich nach der Ursach ihres Erstaunens
und der gemachten Anstalten. Man erzählte ihm
alles, und es war ihm unglaublich, denn er konnte sich nicht einmal besinnen, daß er krank gewesen
sey. Nach einem halben Jahre erst war er im
Stande, sich der während der Krankheit geschehenen Begebenheiten zu erinnern (sieh. d. Berichte
der Buchhandl. der Gel. v. 1785.)

In einer nahmhaften Stadt Frankreichs ereig-
nete sich folgender sonderbare Vorfall. Ein Mann
hielt auf dem Gerüste eines zu erbauenden Hauses
eine Rede. Das Gerüste stürzte nieder und er
mit demselben, so daß er für todt nach Hause getragen wurde. Er lag einige Tage Sinn- und Sprachlos. Als er wieder zu sich selbst kam, setzte er seine
Rede fort, die durch den Einsturz des Gerüstes
unterbrochen war.

Vom Professor Musäus in Weimar, dem Verfasser der physiognomischen Reisen und der Volks-
mährchen der Deutschen, ist mir erzehlt worden,

daß

daß er einst nach einer gewissen Krankheit so wenig
Besinnungskraft gehabt habe, daß ihm das Alpha-
bet selbst ganz fremd gewesen, und er daher genöthiget worden sey, mit den Elementen der Schrift-
sprache wieder den Anfang zu machen, bis nach
einiger Zeit alles licht in seine Seele zurückge-
kehret sey.

Alle diese Beispiele, so wie das Meinige, beweisen, was vor ein unentbehrliches Instrument
der Körper für die Seele sey, und wie viel auf
der Güte des Instruments und seiner Stimmung
beruhe. Die Antwort ist mir sehr eindrücklich geblieben, welche ein gelähmter Greiß seinem Arzte
gab, der ihm den groben Materialismus aus seinem gegenwärtigen Unvermögen beweisen wollte.
Geben sie einmal, sagt' er, dem Virtuosen auf der
Violin eine Kindergeige, wird dieser weniger Vir-
tuose seyn, weil er mit einem solchen Instrument
keine Harmonien zu Stande bringen kann? Es
ist unleugbar, daß der menschliche Geist oft mecha-
nisch wirkt; aber man würde sich sehr übereilen,
wenn man daraus schliessen wollte, daß er so mit
dem Körper vereinbart sey, daß er selbst nur eine
Modification gewisser innerer Theile des Körpers,
sey, welche gleichsam die Punkte wären, von welchen die Wirkungen ausgehen, und worin sich die
Empfindungen endigen. Kann der Punkt sich selbst
denken und war je ein Spiegel Beobachter und Gegenstand der Beobachtung zugleich? Wahrlich!
das

das wäre räthselhafter, als das geheimnißvolle
Dunkel, welches dem Menschen sein Innerstes
Wesen verbirgt. Wahrlich! es wäre das räthsel-
hafteste Räthsel, wenn unsere Gedanken so an
unsern Nerven hafteten, wie die Perlen auf einem
Faden zusammengereihet werden, und wenn die ge-
rißne Schnur sich selbst wieder zusammenknüpfen,
nur nicht alle zerstreuete Perlen wieder aufreihen
könnte. Solche Erscheinungen, wie die angeführten, irren mich in dem Glauben an die höhere
Natur und Bestimmung des menschlichen Geistes
nicht, vielmehr bestätigen sie mir beides. Das
Kind ist nicht für das vollkommne Instrument und
das vollkommne Instrument nicht für das Kind.
Aber wenn es die erste Stufe seiner Bildung glücklich vollendet hat, so wird man ihm das vollkomm-
nere Instrument anvertrauen können, und es wird
in die Harmonien der Engel einstimmen.

II.

Sonderbare Gemüthsbeschaffenheit eines al-
ten Mannes, der sich einbildete, daß er
geschlachtet werden solle.

Johann Christoph Becker, (dies ist der Na-
me des Mannes, über dessen sonderbaren Seelen-
zustand ich jetzt etwas gegen sie zu erwähnen gereizt
wer-

werde) ist im Jahr 1710 zu Halberstadt von geringen Eltern geboren, und lebt noch bis jetzt hier
in Quedlinburg, wo er seit mehr als 40 Jahren,
bei der Fürstl. Stifts-Pröbstey, als Pröbstenbote
in Diensten gestanden. Einen feinen Verstand,
oder offenen Kopf, wie man bei dergleichen Leuten
nach ihrer Art doch auch manchmal antrift, hat
er nie gehabt. Er ist immer etwas simpel, aber
doch in seinem Dienst überaus getreu und ehrlich
gewesen, so, daß ich ihm in den sieben Jahren,
da er unter mir gestanden nicht eine einzige Verun-
treuung oder Bosheit nachreden kann, welches ich
auch von meinem Vater, der vor mir an meiner
Stelle gewesen, und über 30 Jahr mit ihm zuthun
gehabt hat, erfahren habe. Bei aller seiner Einfalt hat er doch aber von jeher, immer die Gabe
gehabt, Leute von seiner Art, in Gesellschaften,
ohne jedoch ins Unanständige zu verfallen, zu am-
müsiren, wozu besonders das sehr viel beitrug, daß
er von Jugend auf, häufige Historienbücher gelesen
und eine Menge von alten Geschichten und Anekdo-
ten in seinem Kopfe hatte, von denen er auch zuweilen eine ziemlich passende Anwendung zu machen
wuste. Mit seinem Posten ist die Stelle eines
Zehendmeisters verbunden, und da er auch dies
Amt an die 40 Jahre verwaltet hatte, so waren in
der wirklich weitläuftigen Feldflur, die er unter seiner Aufsicht hatte, wenige Stücke Acker, deren
Eigenthümer und Gerechtigkeiten er nicht gewußt
hät-

hätte. Doch konnte er gar leicht confus gemacht werden, wenn man es entweder darauf anlegte, ihn zu verwirren, oder auf die Probe zu stellen, oder wenn er sonst auf irgend eine Art, aus seinem gewöhnlichen Zuge kam.

Seit ohngefähr 12 bis 15 Jahren hat das Gedächtniß angefangen, ihn zu verlassen, und dieser Fehler hat von Zeit zu Zeit merklich zugenommen. Man mußte ihm eine Sache mehr als einmal bestellen, wenn er sie begreifen, und nicht wieder vergessen sollte, und doch richtete er seine Aufträge oft ganz verkehrt aus. Mehr als einerlei durfte man ihm auch nun nicht auftragen, weil er sonst oft eins mit dem andern verwechselte. Sein Gedächtniß nahm endlich, seit 5 Jahren dergestalt ab, daß er unten im Hause schon alles wieder vergessen hatte, was ihm auf meiner Stube gesagt war. Ich mußte ihm daher einen Denkzettel machen, und alles aufschreiben was er ausrichten sollte. Aber auch dies gieng endlich nicht mehr, denn er vergaß den Zusammenhang und konnte, des Denkzettels ohnerachtet, wenn er an den Ort seiner Bestimmung kam, sich nicht besinnen, was er sagen, oder wie er es vorbringen sollte. Doch behielt er dabei noch übrigens immer seinen gesunden Menschenverstand, sahe auch diesen Fehler selbst ein, und bat immer, daß man nur mit ihm Geduld haben mögte, weil er es nicht ändern könnte.

Da

Da er aber unter diesen Umständen zu seinem
Dienste völlig unbrauchbar wurde, und demselben
länger nicht vorstehen konnte, der Frau Pröbstin
Hochfürstl. Durchlaucht aber ihn, da er ein alter
Mann, und in seinem Dienste immer ehrlich be-
funden war, nicht verstossen wollten, liessen Höchst-
dieselben ihm vor 2 Jahren seinen Sohn adjungiren,
jedoch so, daß der alte Mann alle mit seinem Dienste verbundene Revenüen, bis auf einige kleine Ac-
cidenzien, lebenslang behalten soll, und sein Sohn
so lange besonders salarirt wird.

Von dieser Zeit, ja, ich möchte beinahe sagen,
von dem Tage an, da ihm diese Wohlthat, warum er doch selbst gebethen hatte, widerfuhr, und
er nun aus aller Thätigkeit gesetzt wurde, fing sein
Verstand an, zu scheitern, und all seine Seelenkräfte merklich abzunehmen. Das Gedächtniß ver-
läßt ihm von Tage zu Tage immer mehr, wobei
jedoch das etwas Auffallendes ist, daß er sich solcher Dinge, die vor 30 bis 40 Jahren geschehen,
und besonders ihm selbst wiederfahren sind, noch
oft recht gut erinnert, auch von dem, was er ein-
zunehmen, wenns auch nur Kleinigkeiten sind,
nichts vergessen hat. Seit einem Jahre hat er sich
den unglücklichen Gedanken im Kopf gesetzt, daß
er geschlachtet, und aus seinem Fleische Wür-
ste gemacht werden sollten. Und es ist kein
Mensch im Stande, ihm diesen Gedanken zu benehmen. Daß es keine Verstellung ist, davon

bin

bin ich hinlänglich überzeugt, denn er hat se, we=
der Bosheit noch Verstand genug gehabt, eine sol=
che verstellte Rolle zu spielen.   Hiezu kömmt, daß
er jämmerlich aussieht, vor Furcht und Angst über
sein Schicksal wie der Tag vergeht, und keine
Nacht Ruhe hat.   Oft steht er auf, sich zum To=
de zu bereiten, kleidet sich an, und behauptet stren=
ge, daß der Wagen vor der Thür wäre, auf dem
er zu seinem Ende abgeholt werden sollte.   Ich ha=
be ihn oft zu mir kommen lassen, um ihn seine wahn=
sinnigen Ideen durch vernünftige Vorstellungen,
denen er auch ruhig Gehör giebt, auszureden.   Er
versichert auch, daß er in meinen Vorstellungen
sehr viel Beruhigung fände, kömmt oft von selbst
wieder, mir sein Leiden zu klagen, welches aber im=
mer einerlei ist, und geht, wenn ich all meine Be=
redsamkeit zu seinem Troste angewendet habe, ganz
beruhiget wieder von mir.   Es währt aber kaum
einen oder zween Tage, so erwachen die vorigen
Vorstellungen wieder in ihm, und alle Beruhigung
ist wieder verschwunden.   Er klagt mir, daß ein
langer vornehmer Mann ihn nach dem Leben trach=
te, dem er nicht entgehen könnte, und man hat,
wenn man mit ihm spricht, die größte Behutsam=
keit nöthig, um sich nicht im mindesten eines, auch
nur scheinbar harten Ausdrucks zu bedienen, weil
er sonst gleich glaubt, man sey sein Feind, und
wolle ihn umbringen.   Oft springt er des Nachts
auf, um ins Feld zu gehen, und die Zehendarbei=

.ten zu beforgen; er will auch oft alsdenn feine Frau,
(mit der er sich in vorigen Zeiten nicht gut ver-
trug) schlagen, doch hält er gleich ein, so bald diese ihm sagt, daß sie ihn bei seiner Herrschaft verklagen wollte; denn er ist sehr furchtsam. So sehr
er auch am körperlichen Kräften augenscheinlich ab-
nimmt, und so wenig Ruhe er auch des Nachts
hat, (denn er schläft fast gar nicht,) so hat er doch
als ein 75 jähriger Mann, sehr starken Appetit,
und ißt ungemein. Seine größte Besorgung, die
er auch oft äussert, besteht darin, ob er auch Lebenslang Brod haben werde. Wenn man ihm
seine albernen Phantasien aus dem Sinne geredet
hat, so sieht er zu der Zeit seine Thorheit selbst ein;
es kommen auch Stunden, wo er von freien Stücken davon zu reden anfängt, und sich beklagt, daß
es in seinem Kopfe oft so unrichtig zugienge; dies
währt aber nicht lange, so verfällt er wieder in seinen
vorigen Zustand. Aus der Religion hat er immer
viel gemacht; auch ist er niemals ein Säufer gewesen. Daß ihm bei seinem hohen Alter das Gedächtniß verlassen hat, darüber würde ich mich eben
nicht sehr wundern, wie er aber auf einmal auf
den unglücklichen und ihm nicht auszuredenden Gedanken hat verfallen können, daß er geschlachtet
werden sollte, davon weiß ich gar keinen Grund
anzugeben.

III.

Ahndendes Vorgefühl der Krankheit.

Ich stand in dem vorigen 7jährigen Kriege als
Feldprediger bei einem Regiment, das in einer an-
gesehenen Stadt in Schlesien in die Winterquartiere kam. Ich war kurz vor dem Ende des Feldzu-
ges genöthiget gewesen, auf dringendes Ansuchen
meiner Anverwandten, bei dem Commandeur des
Regiments, auf einige Wochen um Urlaub anzuhalten; um meine sterbende Mutter, die ein grosses Verlangen, mich noch vor ihrem Ende zu sehen, bezeiget hatte, noch vor ihrem Tode zu sprechen. Ich fand sie schon bei meiner Ankunft in
meine Vaterstadt auf der Bahre, und kam nur so
eben zur rechten Zeit, um ihrem Sarge nachfolgen
zu können. Ich hielt mich noch einige Wochen bei
meinem Vater auf, und sobald ich von dem Regiment die Nachricht erhalten hatte, daß es in der
erwehnten Stadt in die Winterquartiere sey verle-
get worden, reisete ich, ohne weitern Verzug, und
nach völlig besiegter Traurigkeit, von meiner Vaterstadt dahin ab. Ich war kaum einige Tage bei
dem Regiment wieder angekommen, als ich bei einem heitern Tage einen Spaziergang um die Stadt
that, und auf demselben auf den in der Vorstadt
belegenen, sehr schön angelegten Kirchhof kam.
So angenehm mir das Aeussere desselben auch in
die

die Augen fiel, so konnte ich mir doch unter einem
empfindlichen Schauer nicht des Gedankens erwehr
ren, sollte auch wohl auf diesem Kirchhof dir dein
Grab bestimmet seyn? Es erwachte damit das An-
gedenken an meine verstorbene Mutter, und an die
Beerdigung derselben, daß ich in geraumer Zeit
mich nicht von diesem Gedanken, und von den da
mit einmal verbunden gewesenen Nebenvorstellun-
gen losmachen konnte. Ich befand mich indeß
gesund und stark, und wohnte bei einem Wirthe,
der vieles Vermögen besaß, und mich sehr lieb gewann. Er ließ mich an allen seinen Gesellschaften,
die insgesammt sehr vortreflich waren, Antheil nehmen; und es fehlte mir auch sonst bei dem Regiment nicht an angenehmen und guten Umgang: daß
darüber der Eindruck jener traurigen Vorstellung,
die ich indeß, weil sie mir doch ihrer Lebhaftigkeit
wegen, zu merkwürdig schien, einigen guten Freunden, ganz beiläufig mitgetheilet hatte, nach und
nach sich fast gänzlich verdunkelt hatte.

Indeß werde ich kurz vor dem Ende der Winterquartiere in ein Lazareth, das in einer weit ent-
legenen Vorstadt befindlich war, gerufen. Es
war das bei den vielen Kranken, die das Regiment
insonderheit in demselben Winter hatte, nichts un-
gewöhnliches. Ich gehe daher auch ohne das geringste Bedenken, oder ohne die geringste Empfindung von Furcht hin, wohin ich gerufen ward. Allein indem ich das Haus betrat, und mir die Laza-

reth-

rechtstube, in welche ich war gerufen worden, geöf-
net würde, so sahe ich einen starken Qualm aus
derselben herauskommen: und indem ich selbst hin-
eintrat, sahe ich eine Anzahl von vielen Kranken
auf beiden Seiten der Stube, neben einander liegen, wodurch freilich ein gewisser Schauer bei mir
veranlaßt wurde, den ich aber sogleich unterdrückte,
und wie ich glaubte, zugleich alle Furcht besiegte.
Es war dieses an einer Mittwoche geschehen, an
welchem mein Wirth bei einem andern guten Freunde zum Abendessen zu seyn pflegte. Ich hätte es
versprechen müssen, wenn ich aus dem Lazareth nach
Hause gekommen seyn würde, und er schon fortge-
gangen seyn sollte, ihm gewiß dahin zu folgen.
Das geschieht; ich finde daselbst noch mehrere gute
Freunde; die sämtlich eine Veränderung an mir zu
bemerken glauben, und mich alle fragen, ob ich
mich nicht wohl befinde, wie sie aus meinem Ansehen hätte schließen sollten. Ich empfand keine
Ueblichkeit, keinen Schmerz, und beklagte es im
Scherz, daß ich zu wenig verzärtelt worden sey,
um mich für krank auszugeben und selbst zu halten,
wenn gute Freunde solche Besorgniß für mich äus-
serten. Den darauf folgenden Donnerstag empfinde
ich schon viele Trägheit, und insonderheit Kopf-
schmerz, und die äusserste Armuth an Gedanken,
da ich die schon angefangene Ausarbeitung der Predigt fortsetzen wollte, die ich den künftigen Sonntag halten sollte. Den Freitag nimmt die Ueblich-

keit

feit noch mehr zu, und ich fange an zu beſorgen,
ob ich auch wohl den Sonntag im Stande ſeyn werde, predigen zu können. Um recht ſicher zu ſeyn,
wünſch ich, mich vertreten laſſen zu können, und
geh um deswillen zu dem Feldprediger eines andern
Regiments, der mit mir einen Sonntag um den
andern predigen muſte. Ich erſuche ihn, den nächſten Sonntag für mich die Predigt zu übernehmen,
weil ich befürchtete, ſelbſt nicht predigen zu können;
ich würde gern zu einer andern Zeit ihm gleiche und
alle mögliche Gefälligkeit erzeigen. Er entſchuldigte
ſich aber: die Zeit ſey für ihn dazu zu kurz. Ich
würde gegen den Sonntag wohl wieder beſſer mich
befinden, und auf allen Fall könnte bei beiden Re-
gimentern alsdann die Kirchenparade abbeſtellt werden, und der Gottesdienſt ausfallen. Das letztere war mir äuſſerſt misfällig; und ich verließ ihn
mit den Worten: das kann ich nicht zugeben, es
komme denn auch wie es wolle. Den Sonnabend erhält die Ueblichkeit einen ganz ausnehmenden Grad;
ich empfinde den heftigſten Kopfſchmerz, und ſtehe
dabei viel aus, an einer Verſtopfung von einigen
Tagen. Mein Wirth beſuchet mich auf meiner
Stube, und da er weiß, daß ich den folgenden
Tag predigen ſoll: ſo erbietet er ſich, dem Commandeur des Regimentes ſelbſt von meiner Krankheit die Anzeige zu thun, und das ich unmöglich
predigen könne. Und hier drang ſich der Gedanke
mit größter Lebhaftigkeit hervor: Nein du muſt pre-

B 4   dibigen: predigeſt du nicht, ſo kömmſt du nicht von dieſer Krankheit auf: predigeſt du aber, ſo ſey von deiner gewiſſen Wiederherſtellung verſichert. Und zum Zeichen davon nimm dies Merkmal, wenn du noch heute Oefnung erhältſt. Ich antworte alſo nach dieſer Vorſtellung meinen Wirth, und bat ihn inſtändigſt, dem Commandeur von meiner Unpäßlichkeit nichts wiſſen zu laſſen, und mir nur einen Thee von Sennsblättern gütigſt beſorgen zu laſſen. Das letztere geſchieht ſogleich, und es findet ſich auch bald darauf ein Stuhlgang ein. Dadurch wurde nun in der damaligen Lage meines Gemüths, der Vorſatz ſelbſt zu predigen, ſo ungemein verſtärkt, daß mich keine Vorſtellungen meines gütigen Wirthes davon zurückbringen konnten. Ich habe eine ziemliche unruhige Nacht, und befinde mich am Morgen äußerſt entkräftet und ſo ſchwach, daß ich kaum vermögend bin, mich anzukleiden. Mein Wirth wiederholt ſeine Vorſtellungen noch dringender. Es ſey noch Zeit, die Kirchenparade ſey noch nicht angetreten, und könne noch abbeſtellet werden. Es ſey unmöglich, daß ich nur auf die Kanzel kommen, geſchweigen dann predigen könne. Ich dankte ihm für ſeine Freundſchaft, und bat ihm, davon nichts mehr zu erwähnen, ich müſte predigen. Mein Leben hinge von dieſer Predigt ab. Ich gehe alſo fort, mit ſchwankenden Schritt und taumelnden Kopf. In der Sacriſtei finde ich dem Feldprediger des andern Regi-

giments schon gegenwärtig. Er sieht mich mit
zurückgehaltener Erstaunung an. Ich bat ihn,
kurz vorher ehe ich auf die Kanzel ging, genau
nach der Uhr zu sehen, und sobald ich eine halbe
Stunde würde geprediget haben, mir ein Zeichen
zu geben. Die Officiere und insonderheit die beiden Obersten saßen sehr nahe bei der Kanzel; meine
Stimme, die schwach und zitternd war, meine
Gesichtsfarbe, meine ganze Stellung war ihnen
zu auffallend, als das sie nicht auf einen hohen Grad
der Krankheit hätten schliessen sollen, die davon die
Ursach sey. Endlich höre ich das verabredete Zeichen, des andern Feldpredigers, ich schließe meine
Predigt und gehe nun halb ohnmächtig von der
Kanzel. Zu Mittage bin ich bei meinem Wirth
zu Tische, ohne freilich etwas zu geniessen. Ich
bin kaum wieder auf meiner Stube, so muß ich
mich ins Bette legen. Um 4 Uhr Nachmittags
sahe ich Flecken auf meinen Händen, und in der
Fieberhitze vermuthe ich daß es die Kräze sey: Mein
Wirth hatte indeß Anstalt gemacht, daß eine ordentliche Cur mit mir vorgenommen werden möchte.
Er hatte den Arzt bestellt, und der findet mich schon
im grösten Delirio. In 4 Wochen weiß ich nun
nicht, was alles mit mir vorgenommen worden
ist, oder was ich geredet oder gethan habe. Man
hat mir verschiedenes davon erzählt, z. E. ich ließ
den Auditeur des Regiments zu mir bitten, und ersuchte ihm, an meinen Vater zu schreiben, und

B 5 zwar

zwar von Wort zu Wort, wie ich es ihm vorsagte:
Er möchte nächsten Morgen Vormittag wieder kommen, ich wollte gern eine Abschiedspredigt an das
Regiment halten, und die wollte ich ihm dicti-
ren. — — Von alle dem aber war nicht die
geringste Erinnerung in meiner Seele zurückgeblieben. Sobald ich aber wieder zum eigenen Bewußtseyn kam, so war der erste Gedanke, mit dem
ich gleichsam zu denselben erwachte, der, du hast ge-
predigt, und nun wirst du wieder gesund — und
nimm die Erfüllung dieser Versicherung als ein
Merkmal von einer andern Versicherung an, die
in Zukunft auch gewiß nicht unerfüllt bleiben
wird. —

Zur

Seelenheilkunde.

I.

Heilung des Wahnwitzes durch Erweckung neuer Ideen, in zwei Beispielen.

Juliane Zernigalln, ein Mädchen von sehr lebhafter Einbildungskraft, ungefähr 17 bis 18
Jahr alt, war in unsern Diensten, als ich noch
bei meiner Mutter unverheirathet lebte. Sie war
fleißig, und bezeigte immer grosse Lust etwas zu lernen; dabei machte sie aber viel Entwürfe auf die
Zukunft. Einen Verwandten, der nach Ostindien
gegangen war, sahe sie nicht nur täglich in Gedanken sehr reich zurückkommen, sondern ihr träumte
auch oft davon. Ueberhaupt beunruhigten mich
ihre Träume sehr; denn ich ließ sie in meiner
Schlafkammer schlafen, weil unsere übrigen Kam-
mern zu entfernt waren.

Von allem, was sie des Tages gesehen oder
gedacht hatte, träumte ihr des Nachts. Waren
es nur gewöhnliche Dinge gewesen, die ihre Leidenschaften nicht erregt hatten, so sprach sie nur mit
mäßiger Stimme; die mich oft aufweckte, die ich
aber, wie das mäßige Rauschen eines Wassers gewohnt ward. Allein wenn ihr etwas angenehmes
oder

oder unangenehmes wiederfahren war, konnte ich
keinen Augenblick schlafen. Hatte sie auch nur in
der Ferne Mufik gehört, so tanzte sie im Schlafe,
warf sich im Bette herum, und sang die Melodie
der Tänze, (ihr verstorbner Vater, obgleich von
seinem 12. Jahre an blind, war ein geschickter Mu-
ficus gewesen) mit so starker Stimme, daß ich zu
ihr gehen und sie aufwecken mußte, damit das Kind
meiner verstorbnen Schwester, deſſen Wiege vor
meinem Bette ſtand, nicht im Schlafe geſtört
ward; das zum Glücke immer feſt ſchlief.

Um ſie zu ermuntern, mußte ich ſie allezeit in
die Höhe richten und lange ſchütteln. Zuweilen
zankte ſie im Schlafe ſehr heftig, mit jemanden,
der Obſt aß, und dem Kinde nichts davon geben
wollte — und überhaupt träumte ihr oft vom Ob-
ſte. Ihr väterliches Haus lag mitten in einem
groſſen Obſtgarten.

Dabei war ſie aber von Natur gutmüthig,
und folgte gerne den Ermahnungen, die ich ihr zuweilen gab, wenn ich ihre kleinen Thorheiten des
vorigen Tages in der folgenden Nacht, aus ihrem
Sprechen erfahren hatte.

Sie ward bald mit einem wohlgeſtalten jungen
Manne, von ihres Vater Stande, der das väter-
liche Haus annahm, dem Anſehen nach glücklich
verheurathet; und ich hatte nach meiner Verheura-
thung wohl in zehn Jahren nichts von ihr gehört,
als ich meine Vaterſtadt beſuchte, wo man mir

ſagte,

sagte, daß sie seit länger als einem Jahre, den Verstand verloren, und vom Arzte und Beichtvater als unheilbar aufgegeben sey.

Man erzählte mir: Ihre beiden kleinen Töchter wären zugleich an Blattern gestorben, von welchen sie die Jüngste noch an der Brust gehabt. Das Zurücktreten der Milch und ihre unmäßige Betrübniß, wären ohne Zweifel die Ursachen einer grossen Bangigkeit gewesen, die sie auf den Gedanken gebracht, sie habe die Ehe gebrochen, und zur Strafe dafür, sey ihr etwas in den Leib gehext worden, das ihr unaufhörlich Angst verursache, und ihr nicht zuliesse, etwas zu arbeiten. Solche traurige Vorstellungen und ihr Müßigsitzen, hätten nun natürlicher Weise ihr Uebel täglich vermehrt.

Ich ging zu ihr hin und traf sie an, daß sie an einem Tische, mit unter dem Kopf gestemmten Armen und niedergeschlagnen Augen saß. Ihre Mutter rief ihr mit Ungestüm zu, ob sie mich nicht kennte? Sie sahe mich an, schlug aber gleich die Augen wieder nieder, und sagte endlich, da sie mich wieder fürchterlich starr ansahe: Als ich bey ihnen diente, war ich glücklich; damals hatte ich noch keine Sünde und Schande begangen, hätte ich nur die Ehe nicht gebrochen!

Hierauf erzälte sie mir die ganze unglückliche Geschichte, die ihre Einbildungskraft erfunden hatte. Kurz: des Nachbars Sohn solltе ihr getrock-
nete

nete Pflaumen gegeben, und als sie die gegessen
und davon so schläfrig geworden, daß sie wieder ihren Willen eingeschlafen, die Ehe mit ihm gebrochen haben.

Ich ersuchte die Mutter, uns allein zu lassen;
weil ich merkte, daß die sehr unsanft mit ihr sprach,
und bemühete mich alsdann, ihr das unwahrschein-
liche in ihrer Erzählung, aus mancherlei Gründen
zu zeigen; allein ich konnte damit nichts ausrichten,
immer klagte sie nur: Hätte ich nur die Thorheit
nicht begangen! Hätte ich nur die Ehe nicht gebrochen! Oder sie antwortete mir: Ja, das können
sie wohl sagen, sie haben die Ehe nicht gebrochen!

Vergebens suchte ich sie zu überzeugen daß ihre
innerliche Bangigkeit natürliche Ursachen habe; sie
blieb dabei, daß ihr zur Strafe ihrer Sünde etwas
in den Leib sey gebannt worden.

Als ich endlich fand, daß ich nichts ausrichten
würde, wenn ich ihr in Ansehung des Ehebruchs
länger wiedersprächte; sprach ich zu ihr von Gottes
Erbarmen, und wie ich fest überzeugt sey, daß ihr
Gott schon vergeben habe — endlich gebrauchte
ich glücklicher Weise den Ausdruck: (doch weiß ich
den Zusammenhang nicht mehr) Wenn wir gar
keine Sünde thun könnten, so brauchten wir ja
auch keinen Heiland. Hier stutzte sie; nach einigen Augenblicken traten ihr Trähnen in die Augen,
und sie sagte mit grosser Bewegung: Ja, das ist
wahr, wenn wir gar keine Sünde thun könnten,

brauch-

brauchten wir ja auch keinen Heiland! Das wie=
derholte sie noch einigemale, als sie zuvor wieder
eine Weile nachgedacht hatte. Nun ward sie ruhi=
ger, versprach nicht mehr traurig zu seyn, sondern
fleißig zu arbeiten. Ich ermahnte sie das zu thun,
und stellte ihr vor, wie erfreut ihr Mann seyn wür=
de, der, wie sie selbst sagte, bisher mit ihr soviel
Geduld gehabt, wenn er sie bei seiner Zuhausekunft
hübsch munter bey der Arbeit antreffen würde. Als
sie mich zur Hausthüre heraus begleitet hatte, er=
grif sie einen Spaten und sagte, sie wolle ein we=
nig graben. (Schon habe ich gesagt, daß ihr Haus
in einem Garten lag.) Im Fortgehen erregte ich
noch ihre Aufmerksamkeit auf den angenehmen Ge=
sang der Vögel, und die niedlichen Grasblümgen.

Sie hielt ihr Versprechen, arbeitete fleißig,
wobei ihr der von mir oben erwehnte, glücklicher
Weise angebrachte Gedanke, (der für einen laster=
haften sehr verderblich werden könnte,) unvergeß=
lich und tröstend blieb. Sie ward bald völlig ge=
sund, und ist es nun schon seit länger als zehn Jah=
ren geblieben, hat auch noch etliche gesunde Kin=
der gebohren.

Ohne Zweifel war der guten Frau, von ihrem
Beichtvater, manches tröstende vorgesagt worden,
nur war es in den gewöhnlichen Ausdrücken gesche=
hen. — Der von mir gebrauchte, war ihr neu,
darum that er eine so grosse Wirkung.

Ich

Ich bin dadurch in der Ueberzeugung bestärkt worden, daß man schwermüthigen Leuten nicht wiederspechen, sondern nur ihre Aufmerksamkeit gleichsam, als von ungefähr, auf etwas ihnen neues zu richten suchen muß.

Z. B. Bei einer Jungfer, die täglich des Nachmittags, bis in die späte Nacht, seltsame Anfälle von Wahnsinn hatte, zeigten ein paar Worte aus Yungs Nachtgedanken, die ich ihr zuweilen vorsagte, mehr Wirkung, als wenn ihr Geistliche und andere gute fromme Leute, die trostreichsten Sprüche aus der Bibel oder Liederverse vorsagten. Sie fühlte das selbst, legte es aber aus Liebe zu mir so aus, als ob mein Zureden, meiner ganz vorzüglichen Frömmigkeit wegen, eine so große Kraft habe.

Zwei Tage nach einander machte ich den Versuch, ihre wunderbaren Anfälle aufzuhalten, und er gelang mir. Den ersten Tag ging ich, gleich nach dem Mittagsessen, zu ihr, brachte das Gespräch auf die Verfassung des Weltgebäudes, von welcher sie nie etwas gehört hatte. — Als sie sehr begierig ward mehr davon zu wissen, nahm ich Feder und Dinte, und machte ihr viele Astronomische Zeichnungen, vielleicht nicht eine richtige, doch das that zur Sache nichts. Drauf machte ich ihr Begriffe vom Bauen unter dem Wasser, und von mancherlei andern Dingen, wodurch ihre Aufmerkmerkſamkeit ſo unterhalten ward, daß ſie ſich des Abends ganz geſund ſchlafen legte.

Den folgenden Tag kam ſie zu mir, und traf mich, weil ich ſie erwartete, mit Landkarten um# geben an. Solche Dinge hatte ſie nie geſehen. Wir ſuchten unzählige Städte auf; von mancher las ich ihr die Beſchreibung vor, von manchen Län# dern erzählte ich ihr kleine Geſchichten; und ſo blieb ſie geſund, und begab ſich mit dieſen neuen Ent# deckungen, in Gedanken beſchäftigt, vergnügt zur Ruhe.

Wäre ich mein eigner Herr geweſen, ſo wür# ben, wie ich glaube, ſtete Zerſtreuungen der Ge# danken, die ich ihr hätte machen wollen, ſie wie# ber völlig hergeſtellt haben, wenn ich ſie zu mir ins #—Haus hätte nehmen können.

Ernestine Christiane Reiske.

II.

Einfluß äußrer Umſtände auf die Krankheiten der Seele.

Magiſter Fr — — der jüngſte Sohn eines wohlhabenden Rathsherrn zu — — war zwei Jahre auf der Univerſität ziemlich fleißig geweſen, als er, auf Anſtiften einer verheuratheten Schwe# ſter, welche glaubte, das Studiren koſtete zuviel, nach Hause kommen mußte. Diese Schwester, die reich und geizig war, hätte es drauf gerne gesehen, wenn er sich um eine Informatorstelle beworben hätte; dazu war er aber zu schüchtern und hatte zu wenige Weltkenntniß. Ueber ihre öftern Vorwürfe, daß er zu Hause müßig läge, klagte er sehr; und ihnen giebt man seine nachherige Krankheit schuld. Doch könnte man auch glauben, daß der Gesundheitszustand seiner Eltern, zu der Zeit, als er sein Daseyn erhielt, viel dazu beigetragen haben könnte.

Sein Vater, der stets ein Mann von schwachen Geistesfähigkeiten gewesen war, näherte sich der Kindheit mit den Jahren immer mehr; so daß er in den funfzigen schon ganz Kind war, ob er gleich über 70 Jahre alt ward; und die Mutter ward, in mittlern Jahren, von der Gicht, an Händen und Füßen gelähmt; in welchem Zustande sie wohl noch 30 Jahre leben mußte. Seine noch lebenden Geschwister waren zwar gesund, allein sie waren viel älter als er, und also gebohren da die Aeltern noch um vieles gesunder waren.

Er predigte zuweilen für den dortigen Superintendent; zu dem er überhaupt viel Vertrauen zu haben schien. Man hörte ihn, seiner guten Aussprache wegen, gerne, obgleich die Predigten ziemlich leer an Gedanken waren; und weil er sie sehr kurz machte, so konnte man doch nicht über lange Weile klagen.

Unge-

Ungefehr ein Jahr lang, mochte er im väter-
lichen Hause gelebt haben, als er den Zufall bekam,
daß er oft einige Minuten lang, nicht wußte, was
er that.

Wenn er des Nachmittags in Gesellschaft war,
stand er zuweilen, ehe man es sich versahe, mit
den Worten, vom Stuhle auf: Es ist Zeit, daß
man zu Bette geht! und fing an sich auszukleiden.
Doch bald kam er wieder zu sich, und nahm be-
schämt und traurig Abschied.

Nun grämte er sich, daß der Superintendent
Bedenken trug, ihn ferner predigen zu lassen; der
es doch endlich, auf sein flehendliches Bitten und
Versichern, er habe den Zufall eine Zeitlang nicht
gehabt, noch einmal geschehen ließ. Er brachte
zwar die Predigt glücklich zu Ende, da er aber die
Abkündigungen herlesen sollte, überfiel ihn die
Krankheit, die doch schon wieder vorbei war, als
ihn der Küster von der Kanzel führen wollte; so
daß er allein herunter gieng, weil der Cantor den
Gesang schon angefangen hatte.

Da er nun nicht mehr predigen durfte, vermehrte sich seine Niedergeschlagenheit täglich, und
sein Verstand ward zusehends schwächer. Er quälte sich mit der Vorstellung, daß man ihn sehr hasse,
und aller Laster schuld gäbe. Z. B. so oft ein un-
eheliches Kind zur Welt kam, grämte er sich, daß
man ihn im Verdacht haben möchte, er sey der Vater dazu. Zuweilen hörte er eine Stimme vom

C 2   Him-

Himmel; glaubte, man verlange ihn nach Dres-
den als Oberhofprediger, und nach Petersburg als
ersten Minister; er mußte nur nicht was er wählen
sollte; und zu einer andern Zeit, klagte er bitterlich
daß man ihn, aus großer Verachtung, das Predigen verwehrte. Endlich verführte ihn sein schwa-
cher Verstand, viel Brantewein zu trinken; er
bekam oft Anfälle von der Epilepsie, ward ins Toll-
haus gebracht, und starb bald drauf.

Ernestine Christiane Reiske

III.

Parallel zu der Selbstbeobachtung des Hr.
O. C. R. Spalding in 2ten Stück des
ersten Bandes.

Der Zufall des verehrungswürdigsten Sp. den
ich im 2ten Stücke des ersten Bandes dieses Magazins beschrieben fand, erinnerte mich an ähnliche,
die mir oft begegnen.

Zuweilen ist mir es nicht möglich, etwas zu-
sammenhängendes zu schreiben. Ich schreibe Worte hin, die nicht zur Sache gehören, kann die bekanntesten nicht finden, setze die letztern eines Gedankens, den ich niederschreiben will, oder die letztern Buchstaben eines Wortes zuerst; weiß, das
es

es unrecht ist, und schreibe doch immer noch unschicklicher, bis ich die Feder wegwerfe. Oft, wenn
ich viel nach einander geschrieben, oder etwas mit
starken Nachdenken gelesen habe, und sogleich mit
jemanden sprechen soll, weiß ich die bekanntesten
Dinge nicht zu nennen, und verwechsele eins mit
dem andern. In Gesellschaften wo mehrere Personen zugleich mit einander sprechen, rede ich wenig
oder gar nicht. Denn das Gespräch anderer,
macht mich im Reden so irre, daß ich ganz unschickliche Worte sage, die keinen Verstand geben. Ein
paarmal ward ich dadurch, beim Abschiednehmen
so irre gemacht, daß ich die gewöhnlichsten Ausdrücke nicht zu gebrauchen wußte, mich darüber
ärgerte, und mich doch immer noch abgeschmackter ausdrückte, bis ich es für das rathsamste hielt,
fortzugehen, und es der Gesellschaft zu überlassen,
ob sie über meine Einfalt lachen wollte, oder nicht.
Bei mir sind das Folgen eines nicht so wohl durch
Arbeit als vielmehr durch mancherlei Sorgen und
oft lange anhaltende Schlaflosigkeit, geschwächten
Kopfs. Vielleicht wird diese Schwäche, nach und
nach durch die Ruhe gemindert, die ich itzt in beider
Betrachtung genieße.

Mein Mann der, wie bekannt ist, sehr mit
dem Kopfe gearbeitet hatte, und viele Sprachen
wußte, mengte diese, in seiner letztern Schwachheit, oft alle unter einander. Oder vielmehr, er

C 3   setzte

setzte Worte aus allen zusammen, und es war doch nicht eins dabei welches das ausdrückte, was er eigentlich sagen wollte. Oft sagte er auch ein einziges deutsches Wort wohl zwanzig und mehrere male, oder eine Menge unzusammenhängender deutscher Worte, ohne das finden zu können, das er nöthig hatte. Alsdann sagte er ängstlich: Kann nicht! Woraus man sahe, daß er wohl bei Verstande war, und was er sagte, hörte. Weil ich aber seine Ideen alle kannte, und seine Bedürfnisse wußte, so war ich immer so glücklich, errathen zu können, was er sagen wollte; wofür er mir seine Erkenntlichkeit auf die zärtlichste Weise zu erkennen gab.

Ernestine Christiane Reiske.

Zur

Seelennaturkunde.

I.

Moralität eines Taubstummen.

Joh. Christian Hackenthal war seit seinem dritten Jahre taub und stumm. Seine Mutter erzählte daß er damals schon etwas habe sprechen, und ein paar kleine Gebete hersagen können, als sie, indem sie ihn auf dem Arm gehabt, mit ihm gefallen sey, und ihn im nächsten Wasser abgewaschen habe. Vornemlich sey der Kopf sehr voll Koth gewesen. Sein Vater, ein Becker, bekümmerte sich um seine Erziehung wenig, die Mutter aber erzog ihn so gut sie konnte. Ein alter Chirurgus der wenig zu thun hatte, und in der Nachbarschaft wohnte, kam auf den Einfall, aus langer Weile den Knaben zu unterrichten, und beschäftigte sich fast täglich mit ihm. Anfangs schrieb er die Namen der Dinge, die er ihm zeigte, auf den Tisch, und brachte ihn endlich so weit, daß er schreiben und lesen konnte, und von den meisten Dingen ziemlich deutliche Begriffe erlangte; ob er gleich nicht ein Wort aussprechen lernte.

Des Vaters Handwerk lernte er mehr vom Zusehen, und aus eignem Antriebe, als durch des

Va-

Vaters Unterricht; denn es aber doch nachher an=
genehm war, ihm seine Arbeit ganz überlassen, und
ungehinderter saufen zu können. Der Sohn war
ungemein fleißig, und sein Gebäck fand vielen Bei=
fall. Dabei war er lustig und spaßhaft, so daß
die andern Bürgerssöhne, die durch Zeichen gut
mit ihm sprechen konnten, ohne seine Gesellschaft
nicht vergnügt waren. Alle unter solchen jungen
Leuten gewöhnlichen Spiele, wußte er so gut zu
spielen, daß er fast allezeit gewann, wobei er viel
lachte, den ärmern aber, das von ihnen gewon=
nene Geld heimlich wieder gab.

Dem Vater fiel es oft im Rausche ein, die
Mutter zu schlagen; welches er schon als ein kleiner
Knabe dadurch zu verhindern suchte, daß er auf
den Vater zulief, und ihn so lange aufhielt, bis
die Mutter sich hatte verstecken können; wobei er
selbst erbärmlich geschlagen wurde; welches er sich
aber nicht abschrecken ließ, sondern, wenn er zuge=
gen war, die Mutter allezeit auf diese Weise ret=
tete. Fragte man ihn, als er etwas größer wor=
den war, warum er der Mutter wegen so viele
Schläge erduldete? so gab er zu verstehen, er kön=
ne ihr damit doch noch nicht vergelten, was sie bei
seiner Geburt und Kindheit mit ihm ausgestanden
habe. Fragte man ihn, als er erwachsen war,
warum er sich schlagen ließe, und den Vater nicht
wieder schlüge, so gab er zu verstehen, Gott hätte
das verboten; doch trug er ihn, wenn er gar zu

tvll

toll war, in die Schlaffammer, und schloß ihn
ein, bis er den Rausch ausgeschlafen hatte.

Des Sonntags besuchte er die Kirche Vor-
und Nachmittags, und sahe den Prediger mit der
größten Aufmerksamkeit an. Unter den Singen
las er im Gesangbuche; und bezeugte sich sehr an-
dächtig.

Als er ungefär 20 Jahre alt war, sagte die
Mutter dem dortigen Superintendent, daß ihr
Sohn zum heiligen Abendmahl zugelassen zu werden wünsche, und sich oft darüber betrübre, daß
er davon ausgeschloßen sey; wobei sie versicherte,
daß er Begriffe vom Christenthume habe. Der
Superintendent ließ ihn, nebst einem seiner guten
Freunde, der gewohnt war, durch Zeichen mit
ihm zu sprechen, und also ihr beider Dolmetscher
seyn konnte, zu sich kommen, und fand, daß er
mehr von der christlichen Religion wußte, als er
hatte hoffen können. Er gab also dem Diaconus,
den der Stumme selbst sich zum Beichtvater erwählt
hatte, Verfügung, ihn ohne Bedenken anzunehmen; und setzte ihm ein kurzes Beichtformular auf,
das der Stumme, in seiner Gegenwart, durch-
las, und durch Zeichen zu erkennen gab, daß es
ihm verständlich sey. Dieses Beichtformular schrieb
der Stumme nachher allezeit, wenn er zur Beichte gehen wollte, ab, und gab es dem Beichtvater.
Bey der Communion bezeugte er eine rührende
Andacht.

C 5 Durch

Durch die schlechte Lebensart des Vaters war
endlich das Haus so mit Schulden beschwert worden, daß es verkauft werden mußte. Man hatte
für den Sohn die Fürsorge gehabt, ihn auf Lebens-
zeit eine freye Wohnung auszumachen; die er der
Mutter überließ, und auswärts als Beckergesell
in Dienst ging. Seiner Geschicklichkeit und seines
Fleißes wegen, fand er, wo er hinkam, bald Arbeit; war auch den ganzen siebenjährigen Krieg
hindurch preußischer Feldbecker. Man schrieb es
ihm auf, was er machen sollte. Was er erübri-
gen konnte, schickte er seiner Mutter, und als er
erfuhr, daß sie krank sey, kam er zu ihr, verließ
ihr Bette Tag und Nacht nicht, und verpflegte sie
aufs sorgfältigste. Als sie gestorben war, ließ er
sie ihrem Stande gemäß, doch sehr anständig be-
graben, und beweinte ihren Tod so herzlich, als
wenn ihm dadurch ein grosses Unglück wiederfahren
sey, und klagte, daß nun auf dieser Welt kein
Herz mehr sey, das es so redlich mit ihm meine,
als es seine Mutter gehabt hätte.

Ernestine Christiane Reiske.

II.

Erinnerungen, aus den ersten Jahren der Kindheit.

Wenn ich in die ersten Jahre meiner Kindheit
zurückgehe, so finde ich, daß ich mich vieler damals

mals vorgefallenen Begebenheiten, noch so deutlich erinnern kann, als wenn sie erst vor wenig Wochen geschehen wären, ich bemerke aber dabei,

1) daß die Erinnerung solcher Dinge, die unmittelbar mich selbst betrafen, lebhafter in mir ist, als solcher, die mich nicht eigentlich angingen, ob ich gleich dabei mit interessiret war;

2) daß die unangenehmen Vorfälle mehrentheils einen stärkern Eindruck auf mich gemacht haben, als die angenehmen, ich mich auch der erstern weit lebhafter, als der letztern zu erinnern im Stande bin, wiewohl auch das Andenken an diese nicht ganz verloschen ist.

Zu denen Begebenheiten, deren ich mich aus den ersten Jahren meiner Kindheit noch sehr lebhaft erinnere, gehören unter andern folgende:

Mein Vater hatte mir befohlen, nichts anzurühren, was nicht mir gehörete, weil ich als Kind die üble Gewohnheit hatte, fast alles zu zerbrechen, was ich in die Hände nahm. Nun hatte ich als ein Kind von 5 Jahren meinen Vater mit einem Rostral linien ziehen, gesehen. Kaum wandte er den Rücken, als ich mich des Rostrals bemächtigte, zuerst linien damit zog; hierauf versuchte, ob man das Instrument auch wohl zerbrechen könnte, und es auch wirklich zerbrach. Ich wuste, daß hierauf einige Strafe erfolgen würde; dieser zu entgehen kroch in unter einen, in meines Vaters Stube, gegen der Stubenthür über stehenden runden, mit ei-

einem blauen Vorhang behangenen Tisch. Das
half aber nichts, und ich erhielt für meinen Muth-
willen und Unfolgsamkeit die nöthige Züchtigung.
Diese Begebenheit ist mir noch so neu, daß ich mich,
auch aller dabei vorgefallenen Nebenumstände sehr
wohl erinnere. — Ferner: Meine Schwester,
auf die ich schon als Kind sehr viel hielt, bekam in
ihrem 4ten Jahre die Pocken, und ich war damals
7 Jahr alt. Sie wurde bei dieser Krankheit auf
einige Zeit blind, und verlangte ihr Spielzeug.
Meine Mutter, die sie im Mantel trug, gab ihr
einige Stücken. Da sie aber versicherte, daß sie
es nicht sehen könnte, antwortete ihr meine Mutter; ja, das glaube ich wohl, du armes Kind,
daß du es nicht sehen kannst, du wirst aber
bald wieder sehen lernen. Ich erinnere mich dieser Worte noch so lebhaft, als wenn ich sie erst
heute gehört hätte; ja ich weiß noch den Ort in der
Stube, wo sie gesprochen wurden, obgleich seitdem schon ein Zeitraum von 24 Jahren verflossen ist,
und seit dieser Zeit nicht wieder davon geredet ist. —
Weiter: Ich war noch nicht 6 Jahr alt, da ich
an einem gewissen Sonntage zur Winterszeit mit
in die Kirche gehen mußte. Es war sehr kalt, und
der Prediger predigte so sehr lange, daß ich mit
Verlangen auf das Ende der Predigt hoffte. Die
unangenehmen Empfindungen, die ich dabei hatte,
müßen einen so tiefen Eindruck auf mich gemacht
haben, daß mir der Umstand unvergeßlich geblie-

ben

ben ist, denn diese (wenigstens nach meiner damaligen Empfindung) lange Predigt, fällt mir allemal wieder ein, so oft ich die Kanzel sehe. —
Noch erinnere ich mich aus den ersten Jahren meiner Kindheit sehr lebhaft der Art und Weise, wie
ich mich damals im Schreiben übte. Im 5ten
Jahre sollte ich schreiben lernen, und es war meine
lieblingsbeschäftigung, wenn ich den ganzen Tag
die Buchstaben mit dem Finger auf der Erde im
Sande mahlen konnte. Ich weiß noch die Stelle
in der Stube, die ich, um keinem in Weg zu kommen, zu dieser Beschäftigung besonders wählte.
Noch eines Umstandes will ich, in dieser Absicht,
gegenwärtig nur gedenken. Ich war in meiner
Kindheit ausserordentlich furchtsam. Dies gieng
so weit, daß ich auch am Tage nicht allein in der
Stube bleiben konnte. Woher dieser Fehler entstanden, davon kann ich gar keinen Grund angeben;
daß aber diese Furchtsamkeit sehr groß war, erinnere ich mich noch mit der äussersten lebhaftigkeit.
Meine Eltern gaben sich alle Mühe, mir solches
abzugewöhnen, und ließen mich zuweilen zur Mit-
tagszeit allein in der Stube; sie schlossen auch, um
mir zu zeigen, daß mir niemand etwas zu leide
thun würde, die Thür zu, damit ich ihnen nicht
nachfolgen sollte. Ich stand aber Todesangst aus,
und man mußte mich wieder herauslassen. Des
Abends blieb ich noch viel weniger allein. Wenn
man mich zu Bette brachte, mußte allezeit einer

so

so lange vor dem Bette sitzen bleiben, bis ich eingeschlafen war, und doch wußte ich gar nichts anzugeben, wovor ich mich fürchtete. Wachte ich
auf, und fand keinen vor meinen Bette, so sprang
ich in größter Angst auf, lief in Finstern durchs ganze Haus, und setzte mich, (weil ich mich nicht hinein getrauete) vor die Thür der Stube, worin mehrere Menschen befindlich waren, denn wenn ich
nur noch bei mir jemand reden hörete, so verschwand die Furchtsamkeit. Ich habe diesen Fehler noch nachher bei zunehmenden Jahren an mir
gehabt, und mir alle mögliche Mühe geben müssen,
ihn abzulegen. Zuletzt hat er sich gänzlich verlohren, aber wirklich erst sehr spät.

***

III.

Beispiel eines sehr empfindsamen Nerven- systems.

Ich kenne eine Person von vornehmen Stande,
die bei dem Wort: Aderlassen, allemal in eine
Art von Ohnmacht verfällt. Daß es keine Verstellung sey, davon bin ich hinlänglich überzeugt,
denn alle Umstände lehren das Gegentheil. Wenn
diese Person in einer Gesellschaft auch noch so auf-
geremmt und völlig gesund ist, und es entfährt etwa jemanden dieser Ausdruck, wenn von dergleichen

chen Sachen die Rede ist, so wird sie blaß und kraftlos, und man sieht es augenscheinlich, daß dies Wort ihren Ohren völlig unerträglich sey. Da sie sich doch des Gedankens an das Aderlassen durch ihr ganzes Leben hindurch ohnmöglich verwehren kann, so ist freilich merkwürdig, daß sie just alsdenn eine Anwandlung von einer Ohnmacht bekömmt, wenn sie es aussprechen hört. — Es hat aber damit vielleicht eben die Bewandniß, die es in ähnlichen Fällen bei andern Personen hat. So ist mir z. E. die Empfindung ganz unaussteh- lich, wenn jemand mit dem Messer Korte schneidet. Der Mund läuft mir dabei voll Wasser, und ich bekomme einen Frost am ganzen Leibe, ohnerachtet ich von dieser unangenehmen Empfindung reden hö- ren, und selbst davon reden kann.

IV.

Nachtrag zur Seelenkrankheitsgeschichte Johann Christoph Beckers.

Dieser Mann hat, so lange ich ihn kenne, im- mer einen etwas starren Blick gehabt. Wenn er eine Zeitlang auf etwas warten mußte, setzt er sich nieder, und war im Stande eine halbe Stunde, wohl noch länger immer starr auf einen Fleck an die Erde zu sehen. Er ist auch immer etwas leicht- gläu

gläubig gewesen, und was er einmal für wahr angenommen hatte, das war kein Mensch im Stande ihm wieder auszureden. Sehr widrige Schicksale hat er, soviel ich weiß, nie gehabt, ausser daß
ihm die Erziehung seiner Kinder in vorigen Zeiten
wol einigen Kummer mag gemacht haben. Etwas argwöhnisch und mißtrauisch gegen andere
Leute, ist er immer gewesen. Auch alsdenn, wenn
ihm am Tage, oder zur Nachtzeit die Idee in den
Kopf kommt, daß er umgebracht werden sollte,
und er darüber die größte Angst aussteht, also ist
er doch sehr furchtsam, daß seine Vorgesetzten solches erfahren mögten. Wenn ihm andre, aus
Gutherzigkeit etwas zu essen geben, und nicht recht
freundlich dabei aussehen, so ißt er es nicht, weil
er glaubt, man wolle ihn vergiften. —

Donndorf.

V.

Von der Beschaffenheit einiger unserer Ge-
sichtsbegriffe.

Den größten Theil unserer Vorstellungen bekommen wir durch Hülfe der Augen, und man kann
mit Recht sagen, daß sie die ersten und vornehmsten Lehrmeister des menschlichen Verstandes gewesen sind, weil wir uns nicht vorstellen können, daß
wir

wir in unsrer Kindheit eher zu denken angefangen
haben sollten, als bis wir die äußern Formen der
Dinge und ihre Verhältnisse so wohl gegen einander, als auch insbesondere ihre Beziehungen auf
uns, zu unterscheiden und auszudrücken gelernt
hatten. — Auch sind würklich die Eindrücke,
welche wir in unsrer frühen Kindheit von irgend einem auffallenden sichtbaren Gegenstande erhielten,
diejenigen, der wir uns noch am leichtesten aus
der ersten Epoche unseres Denkens erinnern können; da wir hingegen die Eindrücke der andern Sinne schon längst vergessen haben. Der erste gehar-
nischte Reuter, das erste ausländische Thier, das
wir zusehen bekommen, wird uns immer noch deutlich vor den Augen schweben; aber wir werden es
lange vergessen haben, was wir dabei dachten, und
was uns andere damals darüber sagten. Wir wissen es nicht mehr, unter welchen Umständen wir
die meisten sinnlichen Eindrücke des Auges in unsrer ersten Kindheit bekommen haben, und mit welchen Ideen sie sich damals verbanden; — aber
wir würden gewiß finden, wenn wir den ganzen
Vorrath unsrer nach und nach erlangten Begriffe
überhaupt so zergliedern könnten, daß wir die ersten Anfänge derselben, und ihre Beziehungen auf
die Entwickelungen der andern Sinnesbegriffe anzugeben im Stande wären, daß, sag ich, wir die
meisten durch das Organ des Gesichts erhalten haben müssen, und daß durch eine unendlich oft wie-

verholte **Vergleichung** der äußern Formen, alle die sogenannten abstrakten Begriffe von Raume, Größe, Ausdehnung, Figur, Verhältniß, Schönheit, Häßlichkeit, und selbst der von der Bewegung, in uns entstanden sind.

Eben jene Zergliederung unserer Ideen würde uns nun aber auch lehren, daß das abstrakteste Denken sich unausbleiblich allemal auf sinnliche oder versinnlichte Gesichtsbegriffe bezieht, und daß wir ihm nur in so fern vorzugsweise den Nahmen des übersinnlichen geben können, als wir uns der dabei zum Grunde liegenden sinnlichen Ideen in der schnellen Folge unsrer Gedanken nicht mit Deutlichkeit bewußt sind.

Um dieß noch deutlicher einzusehen, so erwäge man nur, wie sehr sich unsere Begriffe untereinander verwirren, wie viel sie von ihrer Klarheit verlieren, sobald wir mit unsern Vorstellungen ganz über das **Sichtbare** hinausgehen wollen, und wie unruhig der menschliche Geist dabei auf der andern Seite immer mehr sinnlichen Bildern hascht, um etwas zu haben, woran er sich in dem unsichern Gange seiner Spekulation halten kann. Wie unbestimmt, unzuverläßig, und unsrer Wisbegirde ungenugthuend ist für uns der Begrif eines Geistes, sobald wir uns ihn ohne alle Verbindung mit einem Körper denken wollen! — Wie sehr hat sich erst die Sprache verfeinern, und der menschliche Verstand üben müssen, ehe man die Eigenschaften

ten eines einfachen Wesens bezeichnen konnte, und
um sie zu bezeichnen, hat jene alle die Modificatio-
nen, vermöge welcher sie sichtbare Gegenstände
durch das Geschlecht, die Person, die Bindewört-
chen, und das Verbum unterscheidet, auf über-
sinnliche Gegenstände übergetragen, damit sie ja
nie den Faden unsrer abstrakten Gedanken gleichsam
sich selbst überlassen, sondern immer in etwas Sinnliches anknüpfen möchte.   Sprache ist also ihrer
Natur nach, wenn sie auch die abstraktesten Sätze
ausdruckt, ein für unsern Verstand höchst nöthiges
Versinnlichungsmittel dieser Sätze.

Alle unsere Gesichtsbegriffe können, wie mich
dünkt, unter folgende Klassen gebracht werden, nemlich unter die, welche wir — durch die Ausdehnung und Figur — durch die Bewegung und
— durch die Farben der Körper bekommen.
Meine Absicht ist gegenwärtig nur von der erstern
Art unserer Gesichtsbegriffe zu handeln.

Alles, was wir sehen, sehen wir unter einer
gewissen Figur und körperlichen Ausdehnung.
Unser Auge ist so künstlich gebaut, daß es kleine und
grosse Gegenstände mit leichter Mühe überschauen,
unterscheiden, und sogar ihre Entfernungen von
einander messen kann, obgleich zu dem letztern eine
längere Uebung, und Vergleichung eines angenom-
nen Maasstabes gehört, den wir durch eine vielfältige Erfahrung festgesetzt haben.   Einem Blind-
gebornen, der auf einmal sehend würde, würden

D 2   alle

alle Gegenstände eine gleiche Entfernung von seinem
Auge zu haben scheinen; denn wie könnte er sich
von einer unterschiedenen Weite verschiedener Gegenstände einen Begrif machen, da er noch nie die
Erfahrung gemacht hat, daß entferntere Sachen
unter einem kleinern Winkel ins Auge fallen, und
mithin auch uns kleiner, als nahe liegende, erscheinen müssen, und da die Lichtstrahlen von jenen für
unsere Empfindung eben so schnell, als von diesen zu unsern Augen gelangen, folglich auch hierbei ihm kein Unterschied ihrer Entfernungen zu entdecken möglich wäre.

An jene Erfahrung, alles unter einer gewissen
Gestalt und Figur zusehen gewöhnt, ist es uns nicht
möglich, uns etwas ohne Gränze deutlich vorzustellen. Unaufhörlich verbinden sich die sinnlichen
Begriffe von Grösse, Raum, Zahl und Verhältniß mit unsern abstrakten Begriffen selbst, und wir
sehen uns alle Augenblicke genöthigt, Prädicate aus
der sichtbaren Welt in die Reihe unsrer geistigen
Vorstellungen zu mischen, wenn wir uns nicht in
leere Träumereien verlieren wollen. Es ist wahr,
wir können uns eine unentlich fortlaufende Linie,
oder mehrere solcher Linien, die in gleicher Entfernung neben einander fortgehen, oder sich auch immer weiter von einander entfernten, vorstellen; allein wir können uns diese, oder mehrere benannte
Linien nicht denken, wenn wir ihnen nicht erst einen
gewissen Ort geben, wo wir sie entstehen lassen, —
und

und denn ist ja die **fortgehende Bewegung** der Linien, ohne die ihre Vorstellung überhaupt unmöglich ist, selbst ein sinnliches Bild, worauf der Begriff einer **unendlichen** Linie beruht.

Wenn wir an einem körperlichen Gegenstande keine Grenze bemerken, so **imaginiren** wir uns eine, weil wir aus einer vielfältigen Erfahrung wissen, daß ein Körper **irgendwo** aufhören muß; wir fühlen eine Unruhe, wenn wir sie nicht finden können, und ein Labyrinth ist für unsere Imagination ein schrecklicher Gegenstand. Sonderbar ists, daß wir den Körper, oder den Raum, den wir nicht übersehen können, gemeiniglich für größer halten, als er würklich ist; ein Irrthum, der wohl daher entstehen mag, daß wir das Maas seiner Seiten mit der Größe seines Anfangs nicht in Vergleichung bringen können.

Der Begriff von Ausdehnung, Raum und Figur überhaupt, welcher die Grundidee aller unsrer Gesichtsvorstellungen ist, ist mit einem andern, der sich frühzeitig in uns zu entwickeln anfängt, und zur Bildung aller unsrer Kenntnisse, zur Entwickelung der Wortsprache, und zur Erfindung der tiefsinnigsten Wahrheiten sehr viel beiträgt, aufs genaueste verbunden, ich meine den Begriff von **Größe**, oder welches hier einerlei ist, vom **Verhältniß** mehrerer nebeneinander betrachteten Objekte. Die Verschiedenheit der Größe derselben,

D 3   die

die so unendlich relativ ist, gewähret uns nicht nur
eine erstaunlich große Summe von sinnlichen Vergnügen, welches wegfallen würde, wenn wir alles
unter einerlei Größe und Figur sehen: sondern
unser Verstand gebraucht auch die Bezeichnungen
und Ausdrücke davon, um die geheimsten Kräfte der Natur der menschlichen Seele dadurch anschaulich und deutlich zu machen. Es ist wahr,
daß wir uns die Größe sichtbarer Gegenstände so
vorstellen müssen, wie es einmal die Natur haben
will, und daß wir in der Aufnahme sinnlicher Eindrücke, wie wir sie empfinden wollen, nichts weniger als frei sind, aber wir sind auf der andern
Seite für diese mechanische Nothwendigkeit durch
unsere Imagination wieder schadlos gehalten worden, die nach Gefallen der Verhältnisse sichtbare
Dinge umändern, und sich Gestalten schaffen kann,
die die verschwenderische Natur selbst noch nicht hervorgebracht hat. Wir können uns einen Körper
auf eine zweifache Art unter einer gewissen Unend-
lichkeit denken, da es eine unendliche Vermehrung
desselben, durch hinzugegebene neue Theile, und
wiederum eine unendliche Theilung desselben für
unsere Einbildungskraft giebt, wodurch tausender-
lei neue Verhältnisse gedacht werden können; daher
wird es uns so äusserst schwer, Dinge zu denken,
die nicht mehr weiter getheilt, auch nicht vergrössert werden können, und vielleicht sind die Begriffe
eines Atoms, und einer unendlich ausgedehn-
ten

ten Substanz, die dunkelsten in dem ganzen Gebiete menschlicher Begriffe.

Durch die Vergleichung einer bekannten Größ-
se, von deren Grad der Ausdehnung wir uns durch
mehrere Erfahrungen überzeugt haben, mit einer
oder mehrern unbekannten entsteht das Augen-
maaß, welches bis zu einer geometrischen Schärfe
gebracht werden kann, selbst wenn Gegenstände
sich in einer perspektiven Lage gegen einander befinden, und das Auge leicht getäuscht werden kann.
Die richtige Beurtheilung der Perspektive erfodert
daher das feinste Augenmaas, weil die Vergleichung einer angenommnen bestimmten Größe mit
einer unbekannten, die überdem noch durch ihre
Entfernung kleiner wird, als sie eigentlich ist, viel
schwerer werden muß. — Vergleichen wir eine
Menge solcher durch die Entfernung klein geworde-
ner Gegenstände mit größern neben ihnen oder hinter ihnen stehenden, so müssen diese den Gesichts-
eindruck auf uns machen, als wenn sie uns viel
näher stünden, als sie würklich stehen. Ein Gebürge scheint uns näher zu seyn, als die vor ihm
liegenden Dörfer und Bäume; eine große Wolke
steht nach eben dieser Täuschung niedriger, als die
Thurmspitze, und der aufgehende und untergehende
Mond erscheint allemal größer, als wenn er hoch
am Himmel steht, weil wir ihm, wenn er sich in
der Gegend des Horizonts befindet, näher zu stehen
glauben, als wenn er sich davon weiter entfernt hat,

D 4   und

und wir glauben ihn deswegen im ersten Fall näher
zu seyn, weil der Horizont, an dem er sich befindet,
und mit dem wir ihn zunächst in Verbindung sehen,
allemal wenn es dunkel wird, und das zwischen ihm
und unserm Auge liegende Thal verschwindet, näher zu uns herzurücken scheint.

Auf den Begrif von Grenze und Figur, oder
vielmehr aus dem **Verhältniß der Grenze zur
ganzen Figur**, gründet sich der Begriff von der
Schönheit der Formen. Wir können so lange
einen sichtbaren Gegenstand nicht schön nennen, so
lange wir nicht die einzelnen Theile desselben mit seinem ganzen Umfange vergleichen können; jene
einzelnen Theile können zwar an sich selbst schön seyn,
weil sie unter sich eine richtige abgemessene und schickliche Stellung haben; aber wir dürfen nicht davon
auf die Schönheit des Ganzen schliessen, wenn uns
noch viele andere Theile davon unbekannt sind. Ein
neuerer Philosoph hat mit vielem Scharfsinn zu beweisen gesucht, daß der Begrif von Schönheit nicht
auf Proportion der Theile eines sichtbaren Gegenstandes beruht, *) wodurch er natürlicher Weise
auch das Verhältniß der Theile gegen die ganze
Form mit versteht. — Er führt aus dem Pflan-
zen- und Thierreiche Gegenstände an, die wir schön
nen-

*) Sieh. A philosophical Enquiry into the origine of
cur ideas of the sublimand beautiful. By. C. Burk
Lond. 1767. 8.

nennen, ob wir gleich nicht sagen könnten, daß ihre einzelnen Theile mit dem Ganzen in einem abgemessenen Verhältnisse stünden; allein mich dünkt das hebt den einmal angenommenen Begrif von Schönheit, das sie auf Proportion der Theile beruhe nicht auf, weil die selbst von ihm angeführten schönen Formen, die nach seiner Meinung nicht aus Proportion der Theile schön seyn sollen, häßlich werden würden, wenn man die ihnen von der Natur der Kunst mitgetheilte Figur umändern wollte. Wir sehen offenbar daß eine Bildsäule häßlich wird, wenn wir die Verhältnisse ihrer Theile zur ganzen Form derselben aufheben, und verhunzen. — Warum uns grade die und keine andere Proportion an einer schönen Form gefällt, ist eine andere Frage, die nicht leicht ganz befriedigend beantwortet werden kann, da sie sich auf ein noch ziemlich dunkles Gefühl von der Zuneigung unsrer Herzen gegen schöne Gegenstände beziehet. Unter den Formen sichtbarer Dinge gefällt uns vornehmlich die runde, besonders wenn sie grossen und erhabnen Gegenständen eigen ist. Ein grosser runder Rasenplatz macht einen angenehmern Eindruck auf uns, als ein eckiger; eine runde Säule gefällt uns mehr, als eine eckige. Der Grund von dem Angenehmen, das in der Vorstellung eines runden Körpers liegt, mag wohl der seyn, daß wir einen runden Körper für einen sehr vollkommnen sinnlichen Gegenstand halten, und wir halten ihn

D 5

ihn dafür, weil wir uns keine fernern Zusätze zu
seinem Umkreise denken können, ohne die **Einfach-**
heit seiner Form würklich zu verunstalten; er würde durch einen Zusatz von auffen also unvollkomm-
ner zu werden scheinen, wir würden uns nun nicht
mehr die abgemeffenste gleiche Entfernung seines
Mittelpunkts von allen Punkten der Peripherie vorstellen können; da hingegen ein eckiger Körper unendlich verschiedene Zusätze bekommen kann, ohne
daß er verunstaltet wird. — Aufferdem hat die
Vorstellung des Runden noch etwas Angenehmes
für unsere Imagination, nehmlich, daß es be-
wegbarer ist, und unsern Kräften weniger wider-
steht, als das Eckige. Dieses hat für unsere Vorstellung etwas Todtes, Träges, das uns nicht gefällt. Das Runde hingegen gleichsam eine Art
des Lebens, weil es nur mit wenigen Punkten die
Fläche berührt, worauf es liegt, und durch einen
unendlich geringern Stoß, oder durch die kleinste
Verrückung der Bodenfläche aus ihrer horizontelen
Lage in Bewegung gesetzt werden kann. — Unsere Neigung für sichtbare Gegenstände nimmt aber
offenbahr in dem Grade zu, als unsere Vorstellung
darüber von einer Art, eines ihnen zukommenden
oder nur imaginirten Lebens, zunimmt.

Je nachdem unser Auge gegen gewisse grosse
Gegenstände verschiedentlich gestellt ist, entstehen
auch verschiedene Benennungen der Stellung derselben, z. B. Höhe, Tiefe, Breite. Beide erstern
Wör-

Wörter seyen offenbar einerlei; obgleich nicht zu
läugnen ist, daß die erstere einen ganz andern
Eindruck auf uns macht, als die zweite. Wenn
wir dicht am Rande eines Abgrundes stehen; so
scheint die grade Linie von unserm Auge bis an
den Boden des Abgrundes hinuntergezogen, allemal größer zu seyn, als die, welche wir uns hin-
aufgezogen denken, wenn wir unten stehen. Sollte nicht an dieser Täuschung die Furcht Schuld haben, die uns ergreift, wenn wir eben herabsehen;
die Furcht in welcher sich unsere Imagination gemeiniglich alles zu groß, und schrecklicher vorstellt,
als es würklich ist. Wir können ja ruhig an einem Thurm hinaufsehen, und das doch wohl aus
dem Grunde, weil wir da nicht herunterzustürzen
befürchten. Ich will hier nur beiläufig eine Empfindung erwähnen, die ich selbst sehr oft gehabt habe,
und davon auch schon einmal in diesem Magazin
die Rede gewesen ist, nehmlich die, daß man am
Rande eines Abgrundes, auf der Galerie eines
Thurms, einen Drang sich hinabzustürzen fühlt. —
Es giebt Leute, die dabei in eine solche Angst gerathen, daß sie schwindlicht werden, und in Ohnmach-
ten sinken. — Ich kann mir die Sache nicht anders als so erklären — die große Nähe der Gefahr, der ungeheure Abgrund vor unsern Füssen,
setzt uns auf einmal in ein solches Schrecken, daß
unsere Imagination uns den Fehlschluß abzwingt,
daß wir schon im Herabsinken begriffen wären,

daher

daher man sich auch gemeiniglich mit einer unnöthigen Festigkeit an die Stangen der Gallerie anhält, oder sich am Rande des Abgrunds zur Erde wirft, um sich dadurch mehrere Sicherheit zu verschaffen. In dem Augenblicke daß uns aber unsere furchtsame Phantasie auf den Gedanken bringt, daß wir der Gefahr nicht entgehen können — regt sich zugleich in uns der Wunsch dieses Unglück so geschwind als möglich zu überstehen, und dieses ist eben der Drang, welchen wir durch unsere Phantasie getäuscht, in uns zum Hinabstürzen fühlen. —

Ein hoher stehender Körper macht auf uns einen grössern Eindruck, als wenn er liegt. Die Verschiedenheit dieser Vorstellungen, die von der verschiedenen Lage eines Körpers entsteht, scheint daher zu kommen, daß wir einen aufgerichteten hohen Gegenstand nicht so genau von allen Seiten nach seiner relativen Grösse betrachten können, als wenn er liegt, und eben deswegen mit den um ihn stehenden Dingen leichter und nach einem sicherern Augenmasse verglichen werden kann. Ueberdem ist mit der Vorstellung der Höhe eines erhabnen Gegenstandes noch der Nebenbegrif verbunden, der jene Vorstellung vergrößern hilft — nehmlich der Nebenbegrif der erstaunlichen Kraft, die dazu gehört hat, einen solchen hohen Körper aufzurichten. Aus eben diesem Grunde macht schon die Vorstellung einer schiefliegenden Fläche einen grössern

Ein-

Eindruck, als die einer **horizontalen.** — Den
gröſten aber macht allemal eine **Lothrechtſtehende**
Vertikalfläche, weil die durch die höchſte Anſtren-
gung der Kraft mit der horizontalfläche in eine recht
winkliche Lage, als der einem ſtehenden Körper an-
gemeſſenſte, gebracht worden iſt. Eine ſchieflie-
gende Fläche kann den Eindruck nicht auf uns machen, weil es uns immer ſo vorkommt, als wenn
noch nicht Kraft genug vorhanden geweſen wäre,
ihr die höchſte Richtung, nemlich diejenige zu geben,
daß ſie ſich auf keine Seite hinneigte.

C. F. Pockels.

Die Fortſetzung folgt.

VI.

Ueber meinen unwillführlichen Mord-
entſchluß.

(S. dieſ. Magaz. 3. B. 2. St. S. 58.)

Bei allen groſſen und liebenswürdigen Eigenſchaf-
ten, wodurch ſich der Menſch, das Meiſterwerk
der Schöpfung, ſo vortheilhaft auszeichnet, giebt
es doch Augenblicke, wo er, von innen und von
auſſen auf ſo mannichfaltige Art beſtürmt und ge-
preßt, ſich nicht ſelten ganz zu vergeſſen und Handlungen zu begehen in Stande iſt, die ihn noch unter die unvernünftigen Thiere herabſetzen. Bald
be-

bewundert man die Ideale von Vollkommenheit und
Gröſſe, als urſprünglich zuſammengeſetzte Bruch-
ſtücke aus der Menſchenwelt, bald erſtaunt man,
bei geringer Aufmerkſamkeit, über die mannichfaltigen zurückſchreckenden Schattirungen und Beiſpiele in derſelben, welche die Bemühungen des See-
lenzeichners immer ungewiſſer machen.

Giebt es nicht Menſchen, die mit ſtürmender
Hand ihren eignen Körper zerſtören; ſchleichen nicht
in gewiſſen Ländern Ungeheuer in Menſchengeſtalt
umher, die nie vorhergeſehene Fremde, von welchen ſie nie ſind beleidiget worden, wie Fliegen tödten *). Noch mehr: Selbſt die heiligſten Bande
der Natur, ſcheint es, ſind dem Menſchen oft
nicht feſt genug, er zerreißt ſie, wie der Knabe ein
Spinnengewebe.

Doch zurück auf mich ſelbſt, ich muß in meinen
eignen Buſen fühlen. Wie iſt es überall möglich,
daß

---

*) Bei uns iſt der Mord ein Vorwurf der verblendeten
Moral, nicht ſo bei allen Völkern. Bei den Türken
wird der Meuchelmord belacht, bewundert, ſogar be-
günſtiget. In Italien nennt man die Meuchelmörder
bravos. — Oft ſcheint es, werden die Rechte der
Menſchheit mit den Rechten der Sprache zugleich ge-
kränkt. So wie eine Nation an Simplicität verliert,
ſo kommen auch die beſten Wörter und Redensarten bei
ihr in üblen Ruf und Bedeutung. Das Heilige wird
profan. Um alſo in den Gemeingeiſt einer Nation
tief einzudringen, muß man nothwendig auch ihre
Sprache in pſychologiſcher Rückſicht ſtudiren.

v.

daß ein Bruder der Mörder des andern werden
konnte, möglich, daß die Hand des Aeltesten, sich
mit dem Blute des Jüngsten, unter welchen doch
das Band der Liebe oft am engsten geknüpft zu seyn
scheint, beflecken sollte? — Ich muß gestehn,
daß ich mir diese Frage oft, mit Rücksicht auf jene
traurige Selbsterfahrung, aufgeworfen habe. Ja,
wäre ich es mir nur nicht noch so lebhaft bewußt, wie
viel mir dieser anhaltende Seelenkampf gekostet hat,
ich würde lieber diesen Einfall als einen Gedanken,
der mir so durch den Kopf gefahren, ganz verachtet
haben. Das wäre ich schon mir schuldig gewesen,
und der Ehre der Menschheit, deren Schwachheiten, oder wenn man lieber will, Schandflecke ohne Noth zu vermehren, vermeßner Frevel ist.

Einzig ist diese Erscheinung am Horizont
der Psychologen. Und doch darf man nur das
gegenseitige Betragen mehrerer Brüder, ohne Vor-
urtheil, beobachten, um in solchen psychologischen
Untersuchungen sicher zu gehen, indem man von der
Natur der Bruderliebe richtiger, d. i. erfahrungs-
mäßig urtheilen lernt. Sie ist in den erstern Jahren am herzlichsten, so bald sich aber der Knabe
selbst mehr fühlt, erweitert er seinen Spielraum,
zieht mehrere hinein — hierher meine Geschichte — bis irgend ein gemeinschaftliches Interesse
und die Rückerinnerung an die Jahre der fröhlichen
Kinderspiele, die Bruderliebe in spätern wieder ent-
flammt. Es wäre wohl, dünkt mich, einer ge-
nau-

nauern Unterſuchung werth, wie weit die Anſprü=
che der Natur und der Erziehung an die Bruder=
liebe reichen. Sorgfältige Beobachtungen über meh=
rere Brüder, würden uns hierüber, ſo wie über
die Natur, Motive und Entwickelung der liebe
überhaupt, die beſte Auskunft geben. Die noth=
wendige Ungleichheit der liebe unter Brüdern iſt ein
Beweis, das bei derſelben, ſo wie bei der liebe
überhaupt, Willkühr und Selbſtthätigkeit zum
Grunde liegen.

Wenn nun aber auch bei der Bruderliebe Er=
ziehung das Beſte thun muß, ſo wird dennoch die
Frage: wie kam dieſer Mordgedanke in meine See=
le? um nichts leichter; ja vielleicht noch ſchwerer
und verwickelter die Unterſuchung, wie er ſich ſo
lange darin erhalten, und in einem Moment das
Begehrungs= und Verabſcheuungsvermögen in der=
ſelben, gleich ſtark, gleich dringend ſeyn konnte?
Doch, je öfter ich über dieſen unwillkührlichen Mord=
entſchluß nachdenke, je mehr ich ihn auf der Spur
zu beſchleichen ſtrebe; deſto lebhafter und wahr=
ſcheinlicher werden mir einige Gedanken, die, mei=
nem Auge wenigſtens den Gang dieſer augenblick=
lichen Raſerey ſo natürlich zu bezeichnen, und mei=
nen damaligen Umſtänden inſonderheit, ſo anpaſ=
ſend zu ſeyn ſcheinen, daß ich ſie faſt für den einzi=
gen Schlüſſel zu dieſem pſychologiſchen Räzel hal=
ten möchte. Hier iſt der Standpunkt, von wel=
chen

chen ich den wahren Verlauf dieser Geschichte zu
übersehen glaube.

Ich hatte alles, Bücher und Papier, ausgenommen das Federmesser, auf die Seite gelegt.
Dieses mußte, da es so frey lag, den letzten Blick,
indem ich das Licht auslöschte, auf sich ziehen. Ich
legte mich mit dem Bilde des Messers nieder. Die
in jenen Jahren noch geringe Anstrengung des Geistes, war durch plötzliche Müdigkeit unterbrochen
worden, ich hatte auch wohl schon, wovon ich aber
doch nicht völlig gewiß bin, auf dem Stuhle geschlafen, die vorher genährte Vorstellungen wurden
daher nicht sogleich wieder lebhaft; vielleicht hatte
mich selbst die Beschäftigung schon vorher zur Unzufriedenheit gestimmt; wie leicht konnte mich also
die Idee des Gebrauchs und des nachläßigen lie-
genlassens des Messers nur ganz allein beschäftigen?

Plötzlich entstand in mir der Wunsch: wenn,
du doch das Messer lieber eingelegt hättest, wer weiß
es könnte ein Unglück geschehen. — Immer noch
im Allgemeinen empfunden und gedacht. Immer
noch war ich im Zustande der völligen Besonnenheit
und des Selbstbewußtseyns. Aber schon dieser Einfall befremdete mich. Meine Seele hielt fest an
dieser abgestreiften Idee, die Einbildungskraft
mahlte sich das Bild aus, daß endlich diese lebhaft
empfundene Vorstellung des möglichen Schadens
in Mißtrauen und Besorgniß übergieng, und es

E   mir

mir je länger je schwerer wurde, diese eingeschlichne
Idee zu verdrängen.

Dein Bruder, gieng's dunkel in meiner Seele,
schläft — kann sich nicht wehren, — niemand
sieht es — wie wenn — — ach, Gott! — —
Der Gedanke Mord — Brudermord — verge-
genwärtigte mir alle bange Vorstellungen und verstärkte die üble Stimmung meiner Seele so sehr,
daß ich völlig in eine moralische Betäubung fiel,
worin ich fast ganz ohne Absicht handelte, mir wenigstens keiner deutlich bewußt war. Diese nie
empfundene Vorstellung mußte sich, eben ihrer Son-
derbarkeit und Neuheit wegen, da ich sie mit keiner
der vorräthigen Ideen konbiniren konnte, um so
fester setzen. Dahin war nun alle Gegenwart des
Geistes, und Furcht und verzweifelndes Schrecken
bestürmte mich mit blinder tyrannischer Wuth.
Die Einsamkeit und die Dunkelheit der Nacht ließen
mir, während dieses Kampfes der erhitzten Einbildungskraft mit der Vernunft, auch keine neue Eindrücke zukommen, machten vielmehr die herrschende
Vorstellung nur noch grausender und schrecklicher. *)
So entsprang aus der Furcht es zu thun, es thun
zu müssen, plötzlich der Entschluß. — —

Furcht-

*) Eine Art von melancholischer Wuth, die nur gegen
Abend ausbricht, und nicht über 8 bis 14 Tage anhält,
ist eine eigne Krankheit einiger Waldbewohner in Ame-
rika, die aus Rache an den Zauberinnen, welchen
man sie zu schreibt, viele Mordthaten begehen.

v.

Furchtsamkeit scheint überhaupt eine Eigenheit
meines Temperaments, dessen Einwirkung auf solche Erscheinungen gewiß nicht gering ist, in jenen
Jahren gewesen zu seyn. Ein Umstand, der immer eine äusserste Nervenschwachheit voraussetzt.
Ein Donnerschlag erschütterte mich aufs heftigste,
und ein starker Sturm zur Nacht konnte nach meiner Einbildung Himmel und Erde bewegen, und
ein naher Vorbote des letzten Tages seyn. Vorstellungen, die gar wohl, wo nicht ihr Daseyn,
doch ihre Nahrung und Stärke, von damaligen
theologischen Unterricht erhalten konnten. Ein
Wink für Eltern und Lehrer, das Gefühl der Furcht
bei diesen Kinde zu schwächen, bei jenen aber, wo
es nöthig ist, zu schärfen, um sie auf die Mittel-
strasse zwischen Unbesonnenheit und Muthlosigkeit,
als die sicherste zu führen *).

E 2   Frei

***

*) Es giebt oft ganz besondere Aeusserungen der Furcht,
insonderheit bei Kindern. Nur ein Erfahrungsbeispiel.
G * * ein Knabe von dreizehn Jahren, den Muth
und Herzhaftigkeit aus beiden Augen strahlt, der nirgends Gefahr sieht, besonders sehr beherzt auf jedem
Pferde ist, zittert vor Angst und Schrecken bei der
geringsten schiefen Richtung des Wagens, worin er sich
befindet. Aus keiner andern Ursach, als weil er, wie
er sagt, das Pferd in seiner Gewalt habe, hingegen
bei dem Fahren sich dem Willen des Fuhrmanns überlassen müsse. Sich dieser unwillkührlichen Furcht zu
entschlagen, ist ihm bis jetzt noch nicht gelungen.
                                                     V.

Freilich bleiben der Wißbegierde hier noch ge
nug Fragen übrig.   Am liebsten möchte sie folgen
de beantwortet haben: wo finde ich den allererſten,
den zarteſten Keim dieſes ſich aufgedrungenen Ge
dankens? — Wodurch bekam dieſe Idee ihre er
ſte Wirkſamkeit? — Allein es iſt umſonſt, ſo tief
in ſich ſelbſt hineinblicken zu wollen. . Und doch ge
ſchieht auch hier kein Sprung.   Von einer gegen
wärtigen Idee iſt immer ſchon ein Analogon da ge
weſen, die herrſchende, iſt gleichſam die Blume in
voller Blüte, deren Knoſpe ein ſanfter Hauch ent
faltete.   Gleich den Farben verlaufen ſie ſich in ein
ander, ihre Schattirungen ſind oft ſo unmerklich
fein, daß nur erſt ein ſcharfer Geiſtesblick eine bis
her gleichſam im Halbſchatten ſchwebende Idee auf
einmal im brennenden Lichte erblickt: dieſe Energie
der Seele erweckte vielleicht eine alte ſchlummernde
Idee in mir, oder bildete aus mehrern ähnlichen
eine, die ſie zu den hohen Grade von Lebhaftigkeit
erhob.   Ohne ein Vergnügen daran zu finden, war
ich oft zugegen, wenn geſchlachtet wurde, vielleicht
hatte ich dieſer Handlung noch an demſelben Abend,
zu welcher Zeit ſie gewöhnlich vorgenommen wurde,
beigewohnt.   Dieſes Bild kopierte meine Seele
und trieb ihr Spiel damit im Dunkeln. Sollte im
mer ein deutliches Bewußtſeyn bey unſern Vorſtel
lungen, inſonderheit wenn ſich ihre Grundzüge in
unſerer Seele mahlen, nöthig ſeyn? Die Mate
rialien dazu ſind freilich ſchon vorhanden, es fehlt
nur

nur an schicklicher Anordnung und Zusammenfügung,
um das Ganze zu übersehen.   Diese Bewußtlosig-
keit tritt wenigstens im traumfreien Schlafe ein.
Eben so ist man sich der stillen Träume oft bewußt,
gewöhnlich aber weiß man nicht, was man im
Schlafe geredet hat, weil die Seele das vorgespie-
gelte Bild nicht von sich selbst unterscheidet.

Bei dieser Geschmeidigkeit oder schnellen Eindrucksfähigkeit der Seele kann ein einziges treffen-
des Wort den reichhaltigsten Gedanken erwecken
und den schlummernden Geist zu neuer Wirksamkeit
ermuntern.   Daher können auch oft ganz verschie-
denartige Bilder, wo aber doch immer eins das
Licht von dem andern borget, die Seele zugleich beschäftigen; bei den ernsthaftesten Gedanken und
Handlungen die schmutzigsten Bilder und Vorstellungen erscheinen.   Ich kann mich hierbei sicher auf
die Erfahrung vieler junger feurigen Redner, der
Geistlichen am wenigsten ausgenommen, berufen,
die, sobald sie mit möglichster Anstrengung des Geistes und Wärme des Herzens, von einer wichtigen
Angelegenheit sprachen, nicht selten von ganz ent-
gegengesetzten Ideen überrascht wurden.   Vielleicht
läßt dieß zugleich einiges Licht auf die Erscheinung
fallen: warum Wahnsinnige und Betrunkene gewöhnlich religiöse Worte im Munde führen.   Bei
dem gemeinen Mann machen oft Religionsideen die
Grundlage seines ganzen Ideenvorraths aus, werden
nun die Gehirnfibern durch den Geist des Weins

E 3   hef-

heftig erschüttert, so gerathen die ihm geläufigsten
Ideen in brausenden Gährung; so wie der Wollüst-
ling, in solchem Zustande, die unzüchtigsten Bilder sieht. Ueberhaupt würden Beobachtungen über
Betrunkene und Wahnsinnige zu mancher psychologischen Reflexion Anlaß geben können. Da wird
man sehr verschiedene Wirkungen der Trunkenheit
bemerken, diesen lachen, jenen weinen sehen —
je nachdem die Anlage und Grundstimmung des Temperaments verschieden ist.

Wäre mein Bruder, so dachte ich einmal, indem ich eingedenk dieser traurigen Jugendgeschichte,
einen schlafenden Knaben betrachtete, wäre er in
dem Augenblick, da der Mordentschluß reifte, erwacht, vielleicht hätte ich mich beruhiget. Allein
eben dieser thätigkeitslose Zustand des Schlafenden,
die dunkle und verworrene Vorstellung, daß er während desselben, weder Freude noch Schmerz empfinde, verstärkte die Betäubung meines Verstandes, um so mehr, da ich innerlich und äusserlich
auch sogar keinen Widerstand fühlte. Selbst gegen
die Vorstellung, welchen Schmerz ich ihm verursa-
cher würde, blieb ich kalt und unempfindlich, so
daß sie mir keinen Einfluß auf die Aenderung meines Entschlusses gehabt zu haben scheint. Erwachte
vielleicht eine ursprüngliche Neigung, die erst durch
das Alter geschwächt und durch Erziehung reiner gestimmt werden muß, aus ihrem Schlummer? Be-
kanntermaßen kann ein Kind, so lange es keine ähn-

liche

fiche Empfindung aus Erfahrung kennt, oder aus
Leichtsinn nicht darauf achtet, ein unschuldiges Thier,
mit kaltem Blute, zu Tode martern; es belustiget
sich sogar, weil es sich in den Schmerz desselben
nicht hinein denken, ihn noch nicht mit empfinden
kann, an den konvulsivischen Bewegungen desselben,
und scheint in diesem Augenblick ein dunkles Gefühl von Uebermacht und Größe zu haben, Herr
über Leben und Tod zu seyn. Noch kann ich die
starke Muthmaßung nicht verschweigen, so gern
auch die Verschwiegenheit bei dem alles menschliche
Gefühl empörenden Gedanken, den Finger auf den
Mund legte, daß ich in diesem Gedränge wilder Vorstellungen und Empfindungen einen unwiderstehlichen Trieb empfand, diese That als etwas ausseror-
dentliches auszuführen. Dieser heftige Drang
meiner Seele nach Kraftäußerung, die gerade auf
diese verwirrte Vorstellung mit der größten Geschwindigkeit gerieth, mußte eben daher mein Gemüth, nach den Gesetzen der Einbildungskraft, mit
der furchtsamsten Aengstlichkeit*) erfüllen, und
E 4   ich

*) Eben so schreibe ich den innern Beruf, zur Unzeit und
am unrechten Orte laut reden zu müssen, vornehmlich
der furchtsamen Bestürzung über das Unerwartete und
Seltsame des Einfalls, und dem darauf folgenden Mißtrauen zu. In reifern Jahren könte der Unwille über
einen falschen Gedanken, über unwichtige Deklamation
u. d. g. noch besondere Veranlassung zum heimlichen
Widersprechen geben. Es ist doch wohl nicht gar ver-
bißner

ich ergriff, um nur diesem schrecklichen Zustande ein Ende zu machen, verzweiflungsvoll das Messer —

So muste ich also erst auf dem höchsten Gipfel der Verzweiflung geführt werden, mein Blick sich in der Tiefe des Abgrunds verlieren, über welchen ich schon mit einem Fuße schwebte! Je tiefer diese Kluft ist, desto leichter kann sich der Mensch oft retten, geschwind zieht er den schwankenden Fuß zurück und stürzt vielleicht öfter, bei minderer Tiefe hinein. Ohne Bild: je näher solche Aufwallungen, wie dieser Blutdurst, den Zweck vor sich haben, je näher und je größer ihnen die Gefahr scheint; desto stärker ist ihre Wirkung; alle sonst nicht unwirksame Hindernisse werden blindlings übersprungen, und eben so stark und schnell wirkend müssen die Gegenmittel seyn, wenn sich ihre Hitze legen soll. Wer weiß, was geschehen wäre, wenn das Messer nicht gerade so beschaffen und ein anderer als mein Bruder, mir nahe gewesen; hätte anders dieser rasende Einfall, nach den bisherigen Vermuthungen, unter veränderten Umständen zu der Reife gedeihen können.

Aber

bißner Unwille, daß einer die Freyheit hat, vor so vielen allein zu reden? Ich weiß sonst nicht, warum solche Anwandlungen gewöhnlich in der Kirche Statt finden.

V:

Aber eben weil ich diesen aufwallenden Mord-
gedanken nicht von allen Seiten betrachtete, um
das Zufällige desselben einzusehen; so verfolgte ich
ihn in seiner Einheit, gleich dem Furchtsamen, der
unaufhaltsam fortläuft, indem ihm sein zurückblei-
bender Verfolger triumphirend nachsieht. Ich
möchte daher eine doppelte Beschaffenheit unsrer
Ideen annehmen: entweder ist die Wirksamkeit derselben positiv, wenn der Geist mit freyer Einsicht
und Bewußtseyn handelt, das wäre Selbstmacht
des Geistes — oder sie ist negativ, wenn eine Vorstellung herrschend wird, die man im Moment der
ersten Regung hätte schwächen sollen, wäre es auch
nicht möglich gewesen, sie ganz zu unterdrücken;
daraus entsteht Ohnmacht des Geistes, wenn wir
eine unwillkührlich herrschende Idee nicht entfernen
können. Ueberläßt sich nun die Seele leidend einem
solchem Zustand, worin sie mehr empfindet als
denkt, so ist sie sich des Uebergangs von einer Idee
zu der andern nicht deutlich bewußt. Aus diesem
Mangel der Einsicht in den Zusammenhang zwischen
Grund und Folge, glaubt' ich einen nothwendigen
Beruf zu haben — gedacht! gethan! — ich stand
auf —

Doch ermannt ich mich, und kam in dieser
Crisis auf den Gedanken, das Messer zusammen zu
legen und zu verstecken. Zu dem sonderbaren Einfall, dasselbe auf diese Art in Sicherheit zu bringen,
scheint mir die Wegräumung der Bücher das Vehikel

gewe-

gewesen zu seyn. War ich vorher so schwach gewesen, mich von dieser Mordlust, wer weiß noch durch welchen Trugschluß und heimliche List der Einbildungskraft, beschleichen zu lassen; so konnte auch allerdings dieser Umstand wieder viel zu meiner Befriedigung beytragen. Während dieser Elasticität der Seele, man erlaube mir einmal dieses Wort, kann der geringste Umstand den Seelenkräften eine ganz andere Richtung geben, eben weil der Mensch, nach wie vor, nicht selbst handelt, sich beidemal überraschen und täuschen läßt, und in diesem Taumel so gestimmt ist, daß ihn alles frappirt. Freylich ist eben so leicht auch ein Rückfall möglich, der immer, je geschwinder er erfolgt, um so gefährlicher zu seyn pflegt.

In wie fern der damalige Zustand des Körpers, auf dieses psychologische Phänomen Einfluß hatte, das läßt sich freylich hinterher nicht mit Gewißheit bestimmen, um so weniger, da es ein Fall ohne seines gleichen in meinem Leben ist. Augenscheinlich war dieser Mordentschluß eine Wirkung sehr zusammengesetzter Triebfedern, und muß ursprünglich wohl mehr aus physischen als aus moralischen Ursachen hergeleitet werden. Eben das Unwillführliche bei diesen Gedanken, eben der gleichzeitige Widerspruch zwischen Wollen und Nichtwollen, reden laut genug für die enge Verbindung und Abhängigkeit der Seele, die von dem körperlichen geschwächt und übertäubt wurde. Hiervon haben mich noch aufs neue einige

einige auffallende Beispiele überzeugt, die ich auch, ihrer Aehnlichkeit wegen mit dieser Selbsterfahrung, am Ende beyfügen will.

Hat nun die Lage des Körpers bekanntermaaßen schon so großen Einfluß auf die Träume, so konnten auch bei diesem Mordentschluß meine Nerven, durch die anhaltend lebhafte Empfindung, unwiderstehlich gereizt und erschüttert werden; das Blut so lange in den Adern heftig wallen, bis es durch die Bewegung des Körpers, da ich aus dem Bette stieg und nach dem Messer ging, wieder in gleichmäßigern Lauf *) kam, und sich die Hitze der Imagination abkühlte, weil Zeit und Veränderung des Orts mehr Licht und Klarheit in meine Vorstellungen

---

*) Von solchen Unordnungen des Kreislaufs und den daraus entspringenden Erscheinungen scheint auch folgende Erscheinung zu zeugen: der schon erwehnte Knabe wird öfters, besonders in heißen Tagen, von den gräßlichsten Träumen beunruhigt, wo er durch sein fürchterliches Geschrey und Arbeiten mit Händen und Füßen, alle in der Nähe aufschreckt. Zureden hilft nichts, er antwortet aber ganz verwirrt, und sogleich tritt der Paroxismus wieder ein. Ich kann ihn nicht anders ermuntern, als wenn ich ihm kaltes Wasser zu trinken gebe und das Bette lüfte. Im Besinnen weiß er gewöhnlich von nichts, als ein Geschrey gehört zu haben, wodurch er seine Betäubung ohne Zweifel selbst noch vermehrt hat: nur erst nach langem Nachdenken kann er seinen Traum angeben, der freylich so sonderbar und so ganz außer dem Gleisse seiner vorgängigen Ideen zu liegen scheint, daß wir beide ihn nicht zusammenreimen können.

V.

lungen brachten. Ohne Zweifel hat das Klima auf
jeden Mörder beträchlichen Einfluß; anders handelt
er unter einem wärmern, anders unter einem käl-
tern. Der letztere geht langsamer und bedächtiger
zu Werke, bey jenen ist der Gedanke: ich will, ich
muß Eins, ein Ton, ein Ruf, von dem er sich auf-
oder abgefordert glaubt. Er denkt's und mordet.

Indem nun meine Empfindungen und Gedanken ihren gewissen Zusammenhang, Vorstellungs-
und Begehrungskräfte ihre gehörigen Verhältnisse
wiedererhielten; so konnte ich noch das beste Mittel
gegen solche Bestürmungen gebrauchen. Ich verfolgte die Spur dieser erschlichenen Idee, sahe die
Täuschung ein, indem meine Seele zu der Idee,
von welcher sie ausgegangen war, auf demselben Wege zurückkehrte. Durch diese Rückwir-
kung wurde das Gleichgewicht meiner Seelenkräfte
wiederhergestellt, mein Geist nüchtern, ich meiner
selbst wieder deutlich bewußt, und die Versuchung
nahm ein erwünschtes Ende.

Dies scheint der Gang vieler, diesem überra-
schenden Gemüthszustande ähnlicher, Erscheinungen
zu seyn, die eben so wenig von selbst, als das Echo
ohne vorhergehenden Schall, entstehen können, und
uns nur deswegen so blenden und täuschen, weil
wir die Nothwendigkeit ihres successiven Erfolgs
nicht einsehen. Denn je zufälliger, je schneller eine
Idee entsteht, desto tiefer ist ihr Eindruck, desto
leich-

leichter bemeiſtert ſie ſich der ganzen Kraft der Seele.

Indeſſen wird die Semiotik der Pſychologie für jeden Fall beſondere Symptome aufzeigen, da die individuellen Umſtände immer gewiſſe Beſonderheiten und Einſchränkungen mit ſich führen, und der Selbſtbeobachter oft am richtigſten von ſolchen labyrinthiſchen Verirrungen urtheilen können. Bey der meinigen muß inſonderheit das Alter, wo ſich nur erſt die zarteſten Keime des künftigen Charakters zeigen, in Betracht genommen werden, da keine von den gewöhnlichen Urſachen des Mords und Todſchlags, an deren Spitze die Verzweiflung ſteht, dabey ſtatt finden konnten. Jene Jahre, wo der Jüngling, bey dem feinern Gewebe und der daher ſtärkern Reitzbarkeit der Gehirnfibern, aller Eindrücke fähig, mit dem Gang der Leidenſchaft und mit den Blendwerken der Einbildungskraft noch gar nicht bekannt iſt; und die Unvernunft ſolcher Vorſtellungen nicht einſehen kann, daher in der Beſtürzung oft den gefährlichſten Ausweg ſucht; dieſe Jahre ſcheinen dieſer verſuchten Beleuchtung noch beſonders günſtig zu ſeyn. In ſpätern könnte ein ſolcher Gemüthszuſtand nur bey der äußerſten Seelen- und Körperſchwäche eintreten, Verſtand und Wille würden ſo lange in Widerſpruch nicht geblieben ſeyn.

Anhang

Anhang einiger Erfahrungen von der Gewalt unwillkührlicher Ideen.

Eine neuere Selbsterfahrung: Es stellten sich mir wachend, bey einer unausstehlichen Fieberhitze, am hellen Mittage, Gegenstände dar, die ich wirk-lich zu sehen ja selbst zu befühlen glaubte; Ideale von weiblicher Schönheit, woran ich unter solchen Um-ständen gewiß am wenigsten dachte, die ich auch, alles Bestrebens ungeachtet, anfänglich nicht ver-scheuchen konnte. Die anhaltende Lebhaftigkeit dieser unwillkührlichen Vorstellungen, beunruhigte mich so sehr, daß ich mir die Nothwendigkeit als ganz unvermeidlich dachte, aus dem Fenster springen zu müssen.

Die Ueberzeugung in Gegenwart dieser Erschei-nungen, daß die zunehmende Hitze diese Einbildun-gen hervorbringe, und das Unvermögen diesen keine andere Vorstellungen unterzulegen, nebst der un-nöthigen Schaam, den Meinigen zu sagen, daß sie mich nicht allein lassen sollten, vermehrten meine Bestürzung ungemein. Nur das Ueberraschende die-ser Erscheinungen brachte mich auf die Besorgniß, wer weiß noch zu welchem Einfall genöthiget zu wer-den, und die Höhe meines Schlafzimmers erzeugte die Furcht, in der Hitze einen tödtlichen Sprung aus dem Fenster zu thun.

Einen

Einen ähnlichen Streich spielte die Einbildungskraft einem bis dahin an Leib und Seel gesunden
siebzehnjährigen Mädchen. Ihr lebender Bruder
erscheint ihr im Traume mit dem Zuruf: bereite dich,
du mußt jetzt sterben! — Indem wacht sie auf,
wird durch diese Täuschung aufs heftigste erschüttert
und betäubt, wirft sich betend zur Erde nieder, um
sich zu ihrem nahen Ende vorzubereiten. Die durch
ihr Klaggeschrey aufgeschreckten Angehörigen suchen
sie zu beruhigen, den vermeinten nahen Tod ihr auszureden, allein vergebens; sie können sie anfänglich
nicht einmal bewegen, von der Erde aufzustehen,
bis es endlich, einigen entfernt wohnenden nahen
Anverwandten, die hinzugerufen werden musten,
gelingt, sie wieder zu sich selbst zu bringen. Jetzt
befindet sie sich vollkommen wohl, und gedenkt erst
die Freuden dieses Lebens noch in vollen Zügen zu
genießen. Ein neuer Beweis, daß weibliche Imagination reizbarer und ausschweifender als Männer-
Imagination ist!*)

Soll-

*) Hierzu kann die Geschichte der Schwärmer, die bis-
her für die Psychologie noch zu wenig genutzt ist, sonderbare Beispiele in Menge liefern. Auf eins der auf-
fallendsten muß ich doch aufmerksam machen: Ein
20jähriges Mädchen vermischte übertriebene Religions-
Schwärmerey so sehr mit Verliebtheit, daß sie endlich
aus bloßer Furcht, den Gegenstand ihrer Liebe vielleicht nicht zu erhalten, in völlige Verrückung des Verstandes fiel. Sie bekam Entzückungen, sprach oft uns
viel

Sollten solche unwillkührliche Vorstellungen,
wie die meinigen bei der Fieberhitze, nicht auch im
gesunden Zustande des Körpers, bei gleich hohem
Grade der Hitze des Bluts, entstehen können?
(Findet doch der philosophische Arzt eine Ursache
mancher Verwirrungen des weiblichen Verstandes,
besonders derer, die aus der Furcht entstehen, in
der verhaltenen monatlichen Reinigung) — Wenigstens ist jene, durch die sich ausbildende Organisation, bewirkte größere Wärme des Körpers, un-
streitig eine geschäftige Gehülfin der schöpferischen
Einbildungskraft in den Jünglingsjahren. Eben
so fühl ich mich oft, nach einer starken und ermü-
benden

viel von der nahen Ankunft der Gerichte Gottes und
des Bräutigams insonderheit. Mit diesem unterredete
sie sich sehr freundschaftlich, und strebte oft darnach,
denselben in ihre Arme zu schließen. Erscheinungen,
die sich leicht erklären lassen! — Hierbei hatte sie noch
den vernünftigen Gedanken, niemand, als ihr Busen-
freund, könne ihr Arzt ihr Helfer seyn. Endlich verließ sie den himmlischen Bräutigam mit dem Troste:
es sey Gottes Wille, sie solle ihren Geliebten heirathen.
Von dem Augenblick an hörten alle Entzückungen auf,
und der irdische Bräutigam blieb ihr einziger Arzt und
Freund. — Ohne Zweifel vermehrten die Angehörigen
durch ihre Einfalt und Leichtgläubigkeit dieses Uebel,
wobei, anfänglich wenigstens, Verstellung mit zum
Grunde lag. Diese Geschichte mit bedeutenden Win-
ken s. in Theobald, oder die Schwärmer. Eine wahre
Geschichte von Hrn. Stilling. 1ster Band Leipzig
1784 8.

v.

denden Leibesbewegung, zu lichtvollen Vorstellungen
am aufgelegtesten.

Wie oft steigen nicht bey gesunden Tagen in
unserer Seele Gedanken auf, die uns, wenn wir
sie nur näher analisirten, sonderbar genug vorkommen würden! Allein die Seele kann bei dem höchsten Grad der Empfindniß oder Eindrucksfähigkeit
gerade so gestimmt seyn, daß die Bilder, während
dieser Ebbe und Fluth, so geschwind wieder verschwinden, als sie sichtbar werden, eben weil sie
sich an die übrigen Vorstellungen nicht anknüpfen,
daher Eindruck und Bewustseyn nicht stark, nicht blei-
bend seyn kann.

J. Gottfr. B..w.g.
in Bschwg.

VII.

Ueber die Neigung der Menschen zum Wunderbaren.

Das Wunderbare ist zu allen Zeiten und bei allen
Völkern, bei den rohesten und unwissendsten sowohl, als bei den kultivirtesten und aufgeklärtesten
ein Gegenstand ihrer besondern Aufmerksamkeit und
Hochachtung gewesen. Jede Nation glaubt an geschehene Wunder, und ist geneigt an zukünftige zu

glauben. Jede Religion, oder eigentlicher zu reden, das Ansehn jeder Religion, gründet sich nach der Meinung der größern Menge auf den Glauben an wundervolle Begebenheiten, und durch diesen Glauben, eben weil er von jeher der Glaube der größern Menge war, sind unter den Menschen die wichtigsten Revoluzionen bewürkt worden, welche die scharfsinnigste Philosophie und weiseste Politik, verbunden mit der unumschränktesten Gewalt nie zu Stande gebracht haben würde — und welche wichtige Veränderungen wird dieser Wunderglaube nicht noch in Zukunft hervorbringen können! — Doch hievon wollte ich nicht reden. Meine Absicht geht dießmal nur vornehmlich dahin, einige Gedanken über die Neigung des menschlichen Geistes zum Wunderbaren in psychologischer Rücksicht aufzusetzen, und ihre Ursachen, und Aeußerungen zu beleuchten.

Weil der Glaube an Wunderwerke sich allemal auf den Glauben an ein unsichtbares, oder mehrere unsichtbare Wesen, und deren besondern Einfluß auf die Begebenheiten der Welt gründet; so will ich hier nur noch dieß Wenige vorausschicken.

Wir sind durch die tägliche Erfahrung so unendlich oft belehrt worden, daß eine jedwede Würkung eine vorhergegangene Ursach zum Grunde haben muß, daß auch der gemeinste Verstand, gleichsam durch eine mechanische Verknüpfung seiner Vorstellungen von Ursach und Würkung, gezwungen wird,

wird, sich da eine Ursach hinzudenken, wo sie auch nicht in die Sinne fällt, oder überhaupt ganz unbekannt ist. Unsere Seele fühlt gemeiniglich eine Art von besonderer Unruhe, so lange sie noch nicht die zureichende Ursache einer Begebenheit kennt, und in dieser Unruhe fühlt der Mensch sich besonders sehr geneigt, zur Befriedigung seiner Wißbegierde Ursachen zu fingiren, und diese fingirten für die wahren zu halten. Ein Fehler, worein oft selbst die größten Köpfe gefallen sind. Der gemeine Menschenverstand nimmt hiebei seine Zuflucht gemeiniglich zu einem Mittel, wodurch er auf einmal seine Wißbegierde, ohne daß er schwerere Untersuchungen über die Natur der Dinge nöthig hat, zu befriedigen glaubt, und wobei seine Phantasie zugleich auf eine angenehme Art unterhalten wird — er macht unsichtbare Wesen zu den Ursachen ihm unerklärbarer Begebenheiten. Je mehr dergleichen Begebenheiten der, mit den natürlichen Beschaffenheiten der Dinge unbekannte menschliche Verstand in der Welt antraf, je geneigter mußte er sich fühlen, an jene unsichtbaren Geister zu glauben, und ihre unmittelbare Einwürkung auf die Welt sich bei den natürlichsten Zufällen vorzustellen, von denen er nicht den physischen Grund kannte. Es ist daher wohl nicht zu läugnen, daß die Menschen nicht durch tiefes Nachdenken, oder Offenbarungen, sondern durch Unwissenheit in der Naturlehre, und durch die Neigung zum Wunderbaren zuerst auf die Be-

F 2

griffe

griffe von Geistern und Göttern guter und böser
Art gekommen sind. Die alte Philosophie und
Dichtkunst haben sich gleich eifrig bemüht, diese Begriffe, welche vornehmlich die Großen zur Lenkung
ihrer Untergebenen se nöthig hatten, zu befestigen,
und zu verschönern; aber aller ihnen gegebene dich-
terische Schmuck, und alle Philosophie hat nicht zureichen wollen, ihren Ursprung aus einem rohen
Zeitalter der menschlichen Vernunft vor den Augen
aufgeklärterer Richter zu verhüllen.

Doch zur Sache. — Die Neigung der Menschen zum Wunderbaren, und, ich kann hinzusetzen,
zum Fabelhaften, hängt lediglich von dem so mäch-
tigen Triebe der menschlichen Seele ab, neue Vorstellungen, und zwar solche zu empfangen, wodurch
ungewöhnlich lebhafte angenehme Empfindungen in
uns hervorgebracht, und erhalten werden. Jene
neuen Vorstellungen, wonach wir vermöge eines
uns natürlichen Erweiterungstriebes unserer Gei-
stesthätigkeit streben, sind uns allemal um so viel
willkommener, je mehr sie den Reiz der Neuheit an
sich haben; je weniger sie also an eine uns schon ge-
läufige Menge bekannter Vorstellungen gränzen, und
so lebhafter die Eindrücke sind, welche sie in dem
Gebiete unserer Empfindungen zurücklassen. Das
Wunderbare ist aber vornehmlich geschickt, lebhafte
Eindrücke auf uns zu machen und unsere Leidenschaften zu erschüttern. Wir fühlen es sehr deutlich,
daß unsere Seele in eine heftige Bewegung geräth,

wenn

wenn uns eine wunderbare Begebenheit erzählt
wird; oder wenn wir sie selbst zu sehen Gelegenheit
haben. Unser Blut fängt heftiger zu wallen an,
unsere Gedanken folgen in einer ungewöhnlichen
Schnelligkeit auf einander. Unsere Aufmerksamkeit scheint sich mit jedem Augenblicke zu verdoppeln.
Alle unsere Seelenkräfte sind gespannt, um keinen
Umstand der sonderbaren Begebenheit ausser Acht
zu lassen, und diese Spannung drückt sich sogar in
Zügen unseres Gesichts aus. Man hat sogar
merkwürdige Beispiele, daß Menschen dabei in Ohn-
machten und Wahnsinn gefallen sind. Nichts ist
uns unangenehmer, als in diesem Zustande lebhafter Vorstellungen, worein uns das Wunderbare
versetzt hat, durch Gegenstände gestört zu werden,
welche diese neuen Vorstellungen unterbrechen, und
wir wünschen nicht selten —— wenn wir auch gleich
an die wunderbare Begebenheit selbst nicht glauben
können — daß sie wahr seyn möchte. So angenehm ist das Vergnügen, welches wir daraus schö-
pfen, und so stark der Reiz, welchen die Bewunderung für unsere Vorstellungen und Empfindungen
hat. *) Die Wunderthäter älterer und neuerer

F 3

Zeiten

---

*) Hume — der unsterbliche Hume, hat sehr Recht.
Die Leidenschaft des Erstaunens und des Bewunderns,
sagt er, die durch die Wunderwerke erregt wird, ist
eine angenehme Bewegung und Aufwallung des Gemüths, und lenket uns deswegen auf eine merkliche
Weise

Zeiten haben hierin die menschliche Seele sehr gut
gekannt. Sie haben den erstaunlichen Hang derselben zum Wunderbaren zu nähren, und ihre Phantasie für ihre Plane durch allerlei Kunstgriffe zu er-
hitzen gewußt, und die Menschen — die so leicht
zu täuschenden Menschen — haben ihnen auch be-
reitwillig die Hände gebothen, sich hintergehen zu
lassen! —

Mich dünkt, es giebt noch einen Hauptum-
stand, wodurch die Neigung der Menschen zum
Wunderbaren so stark, und dieses so anziehend für
sie ist, ich meine den, daß wir nicht nur mit einer
angenehmen Leichtigkeit und Schnelligkeit unseres
Geistes jene neuen Ideen, die durch das Wunderbare in uns hervorgebracht werden, auffassen; sondern daß auch jedesmal unsere Einbildungskraft dadurch aufs lebhafteste beschäftigt wird. Alles was
diese in uns unaufhörlich thätige Kraft der menschlichen Seele in Bewegung setzt, alles was ihr neue
Bilder

Weise diejenigen Begebenheiten zu glauben, durch welche sie erregt wird. Und dieses geht so weit, daß selbst
diejenigen, welche dieses Vergnügen nicht unmittelbar
genießen, noch diejenigen wunderbaren Begebenheiten glauben können, von denen sie berichtet werden,
dennoch dieses Vergnügens von der andern Hand,
und gleichsam durch eine Zurückprallung theilhaftig
werden wollen, und einen Stolz und eine Belusti-
gung darin suchen, die Bewunderung anderer zu erwecken. Siehe Humes Versuch von den Wunderwerken.

Bilder verschaft, gesetzt daß auch diese Bilder selbst
etwas Schreckliches an sich haben sollten, hat einen
besonders hohen Grad des Vergnügens für uns, und
wir schätzen diese Art des Vergnügens um so viel
mehr, weil es unzähliger Abwechselungen fähig ist,
und nicht, wenn es lange genossen wird, wie die
Ergötzungen der Sinne am Ende Ekel mit sich führt.
Es ist bekannt, daß die Bilder unserer Einbildungskraft, welche ohnedem noch den Reiz haben, daß
sie sich ohne Anstrengung des Geistes von selbst dar-
bieten, oft so lebhaft und mächtig in uns werden
können, daß sie uns nicht selten aus einer würklichen
Welt in eine idealische hinausheben, worin es uns
denn deswegen gemeiniglich so wohlgefällt, weil wir
lauter unbekannte Dinge darin antreffen, die unsere
Neugierde beschäftigen. Nichts beschäftigt und
unterhält daher unsere Einbildungskraft mehr, als
das Wunderbare. Eine natürliche Begebenheit
macht darum den lebhaften Eindruck nicht auf uns,
weil sie gemeiniglich schon in allen ihren Theilen bestimmt ist, weil sie nichts Besonderes enthält, was
unsere Neugierde reizt, und weil wir dergleichen
Begebenheiten schon oft gesehen und gehört haben.
Mit dem Wunderbaren verhält sich ganz anders.
Hier bemerken wir lauter neue Gegenstände, eine ganz
neue Scene wird auf einmal vor unsern Augen er-
öfnet, und hundert angenehme Bilder unserer
Phantasie schwärmen um uns herum. Die Ideen,
womit wir uns sogern beschäftigen, daß gewisse

über-

überirdische Wesen bei einer wundervollen Begebenheit mit im Spiele gewesen seyn müssen; die dunkeln
uns in Erstaunen setzenden Begriffe von der ausser-
ordentlichen Kraft, die, um jene Begebenheit zu
Stande zu bringen, erfordert wurde; die Wißbegierde, wie doch wohl wunderthätige Menschen in
den Umgang mit der Gottheit gekommen seyn mögen, und wie sie sich darin zu erhalten wissen; die
äusserst schnelle, ungewöhnliche, uns unbegreifliche
Zusammenstellung von Umständen, die eine wunderbare Scene ausmachen — alles dies erhält unsern
Geist in einer beständigen Spannung, und weil
unsere Wißbegierde dabei eigentlich nie ganz befrie-
digt wird, weil uns dabei, wenn wir auch einen
deutlichen Begrif von dem Zusammenhange der Begebenheit haben, immer die geheime Einwürkung
der Gottheit auf Sachen und Personen unbegreiflich
bleibt; so verdoppeln jene Umstände unsere Aufmerksamkeit ohngefähr so, wie wir unsere Augen an-
strengen, um eine entfernte uns sonderbar vorkom-
mende Sache zu sehen. Unbefriedigte Wißbegierde
ist es also vornehmlich, was unsere Seele so geneigt
gegen das Wunderbare macht. Ueberhaupt aber
reizt in unzähligen Fällen das Unvollendete, Halb-
bekannte und Versteckte in Erzählungen sowohl, als
Begebenheiten und Gegenstände menschlicher Künste
und Wissenschaften unsere Aufmerksamkeit mehr,
als das Bestimmte, Vollendete und Bekannte,
weil durch jenes nach einem psychologischen Erfah-

rungs

rungsſaße die Lebhaftigkeit unſerer Ideen in Bewegung erhalten; durch dieſes aber gewiſſermaßen
eingeſchränkt wird.

Die Würkungen, welche das Wunderbare in
unſerer Seele hervorbringt, fangen ſich allemal
durch jenen Zuſtand des Gemüths an, den wir Erſtaunen, oder wenn wir nicht ſo lebhaft wie bei
dieſem afficirt werden, Bewunderung zu nennen
pflegen; Gefühle, die ſich mehr durch ihre Empfindungen von einander unterſcheiden, als ſich genau
beſchreiben laſſen. Alles, was ſich der menſchliche
Geiſt als etwas Großes und Erhabnes, in der Gei-
ſterwelt ſowohl, als in der Körperwelt vorſtellt;
wobei er ſich die Ueberwindung, oder die Nothwendigkeit der Ueberwindung einer Menge von Hinder-
niſſen und Gefahren denkt; wo er ſich lebhafte Begriffe von einer auſſerordentlichen Kraft macht, die
entweder mit einer unerwarteten Schnelligkeit, oder
in einem großen Umfange würkt, erregt in uns jenes
Gefühl des Erſtaunens, welches bisweilen, wenn
es zu ſtark, und durch zu lebhafte Bilder der Phantaſie erzeugt wird, in eine Betäubung unſerer Sinne ausartet, welche die Folge unſerer Vorſtellungen unterbricht, und den Gebrauch unſerer Sprache
aufhebt.

Mich dünkt, daß Erſtaunen, es mag nun entweder durch eine wunderbare Begebenheit, oder
durch etwas körperlich Erhabenes hervorgebracht
werden, überhaupt genommen allemal von einigen

F 5   dun-

dunkeln Begriffen über die Sache begleitet werden
muß, wenn unsere Seele in diesem Zustand gerathen soll.   Dunkele Vorstellungen haben eine er-
staunliche Gewalt über das Gebiete unserer Empfindungen, sonderlich zur Hervorbringung der Furcht,
und des damit so nah verwandten Erstaunens. Die
Erfahrung ist offenbar für jene Behauptung. Wir
fühlen es deutlich, daß ein erhabener Gegenstand,
eine wunderbare Begebenheit, welche in uns ein
Erstaunen hervorbringt, diese Würkung nicht mehr,
wenigstens lange nicht in einem so hohen Grade
äussert, wenn jener Gegenstand in seine einzelnen
Theile zergliedert, nach den verschiedenen Verhält-
nissen seiner Größe einzeln betrachtet; und diese Begebenheit nach ihren einzelnen geheimen Triebfedern
uns deutlich vor Augen gestellt wird. Unsere Bewunderung hört auf, wenn wir uns das Ding auf
einmal deutlich nach seinem ganzen Umfange vorstellen können.

Unter den sinnlichen Gegenständen erregen ein
Erstaunen besonders Dinge von einer großen Dimension, vornehmlich einer großen Höhe und Tiefe;
oder wo wir uns vermöge unserer Einbildungskraft
eine große Dimension hinzudenken, daher Dunkelheit und Finsterniß so leicht ein Erstaunen erzeugt,
weil wir uns alles Dunkele von einer ungeheuren
Ausdehnung denken, wenn wir seine Gränze nicht
überschauen können; Aeusserungen einer sehr großen
Kraft, sie mag nun als eine todte, oder lebendige

Kraft

Kraft betrachtet werden; sehr schnelle Bewegung
eines Körpers; unerwartete fürchterliche, oder auch
angenehme Töne die uns überraschen — alle Gegenstände, wovon wir uns in dem Augenblicke der
Ueberraschung und des Erstaunens keine deutlichen, sondern nur dunkele Begriffe machen können.

Bei Vorstellungen von etwas Wunderbarem
scheint unsere Seele ohngefähr so afficirt zu werden,
als wenn sich ihr Gegenstände von einer sehr großen
Dimension darstellen. Nur ist hierbei der Unterschied zu merken, daß das durchs Wunderbare erregte Erstaunen von einer längern Dauer ist, als
dasjenige, welches sichtbar erhabene Gegenstände
in uns hervorbringen. Der Grund der Dauer einer Empfindung liegt allemal in der längern Lebhaftigkeit unserer Vorstellungen einer Sache, und diese
längere Lebhaftigkeit unserer Vorstellungen bei dem
Wunderbaren hängt gewiß davon ab, daß das
Wunderbare in allen seinen Theilen wunderbar und
erhaben ist, daß wenn wir es auch Stückweise
betrachten wollen, wenn uns nur nicht dadurch die
versteckten natürlichen Triebfedern desselben bekannt
werden, immer der Zustand der Bewunderung unserer Seele noch fortdauert, weil uns noch viel Un-
bekanntes davon zu wissen übrig bleibt, und unsere
Aufmerksamkeit eben dadurch immer gleich lebhaft
erhalten wird.

Sicht-

Sichtbar erhabene Gegenstände aber hören gemeiniglich auf, unser Erstaunen zu erregen, sobald wir sie in ihre einzelnen Theile zerlegen und uns das Ganze mehr succeßiv als auf einmal und folglich dunkel vorzustellen anfangen. Hierzu kommt noch der besondere Umstand, daß wir uns nach und nach an erhabene sinnliche Gegenstände, wenn wir sie oft sehen, so gewöhnen können, daß sie endlich keinen, oder doch nur einen geringern Grad des Erstaunens in uns erzeugen. Ich gebe zu, daß sich unsere Phantasie endlich auch an das Wunderbare gewöhnen kann; aber dieses Gewöhnen geschieht gewiß bei diesem auf eine weit langsamere Art, als bei sichtbar erhabnen Gegenständen. Wir können eine wunderbare Begebenheit hundertmal erzählen hören, und doch wird sie uns immer neu zu bleiben scheinen. Unsere Einbildungskraft wird bei jeder wiederhohlten Erzählung von neuem mächtig aufleben, unsere Wißbegierde wird uns immer wieder antreiben, die wunderbaren Maschinen zu entdecken, wodurch jene Begebenheit bewürkt wurde, und eine Reihe von Jahrhunderten selbst, die seit geschehenen Wunderwerken bis jetzt verflossen sind, wird uns gegen Dinge nicht gleichgültig machen können, die wir gleichsam noch jetzt vor Augen zu sehen glauben. Wir versetzen uns nur zu gerne in jene Epochen der Geschichte, die sich durch außerordentliche Begebenheiten und Wunderwerke auszeichnen, wir wünschen zu diesen Zeiten gelebt zu haben; und in dieser

Stim-

Stimmung unſeres Gemüths wird es auſſerordentlich leicht, alles — ohne Unterſuchung zu glauben,
was uns aus jenen wundervollen Tagen erzählt wird;
aber nicht nur zu glauben, ſondern, uns auch
gegen jeden zu entrüſten, welcher aus Gründen der
Vernunft jene wunderbaren Begebenheiten, die ſich
gemeiniglich unter ſehr unwiſſenden Leuten zugetragen
haben, nicht glauben kann.

Doch ich komme wieder zu den Würkungen
des Wunderbaren auf die menſchliche Seele zurück.
Die lebhafte Bewegung, in welche unſere Phantaſie
allemahl durch auſſerordentliche Begebenheiten verſetzt wird, theilt ſich zugleich einer Menge unſerer
Leidenſchaften mit, die ſich bald mit Schrecken und
Furcht, bald mit einer überwiegenden Freude, bald
in beiden, oder gemiſchten Empfindungen äußern,
je nachdem das Wunderbare einer Begebenheit bald
ſo, bald anders auf unſer Herz würkt, und auf dieſes würkt es allemal, daher wir auch gemeiniglich
einen ſo lebhaften Antheil an den Schickſalen ſoge-
nannter Wunderthäter nehmen, und nicht ſelten
noch eine Hochachtung für ſie fühlen, wenn auch
ihre Betrügereien ſchon entdeckt ſind.

Nächſt dem Erſtaunen iſt Furcht und Schrecken
gemeiniglich mit dem Zuſtande der Bewunderung
verbunden, obgleich jenes von dieſen letztern Empfindungen ſehr verſchieden ſeyn kann. Die Vorſtellung von gewiſſen bei wunderbaren Begebenheiten
verborgenen unſichtbaren Kräften und Geiſtern er-

reget

regt nie Empfindung des Erſtaunens allein, wie
andere erhabene Gegenſtände pflegen, ſondern wir
nehmen zugleich ein Gefühl von Furcht und Schrek-
ken in uns wahr, ſobald wir uns das Wunderbar-
erhabene in Verbindung mit jenen unſichtbaren Weſen denken. Der Grund von dieſer beſondern Art
des Erſtaunens liegt ohnſtreitig darin, daß wir immer mehr geneigt ſind, uns die Gottheit als die
unmittelbare Urſach des Wunderbaren, von einer
ſchrecklichen, als liebevollen Seite vorzuſtellen;
weil wir fühlen, daß keine Kraft unſerer Natur
zureichen würde, die Gewalt eines unſichtbaren We-
ſens aufzuhalten, wenn ſie gegen uns gerichtet würde, und weil wir ſogleich immer an andre ſchreckli-
che Begebenheiten denken, die ehemals von der
Gottheit die Menſchen zu beſtrafen, veranſtaltet
wurden, und dieſe Ideen zuſammengenommen
zwingen uns die Furcht ab, die wir empfinden, wenn
wir die Gottheit gleichſam vor unſern Augen in wunderbaren Begebenheiten handeln ſehen. Wenn
auch darin der Dichter nicht Recht haben ſollte, daß
die Furcht zuerſt den Glauben an das Daſein der
Götter unter den Menſchen eingeführt habe; ſo iſt
doch nicht zu zweifeln, daß Furcht ihnen zugleich
ihre Altäre erbauen, und ihnen Opfer bringen halfen,
um ihren Zorn gegen die Menſchen zu beſänftigen.

Ohnerachtet jener Empfindung der Furcht und
des Schreckens, die wir gewöhnlich bei Vorſtellung
einer wunderbaren Begebenheit in uns wahrneh-

men,

men, begleitet uns doch dabei auch oft eine ge-
mischte Empfindung der Freude, die bald allein
durch die Neuheit der Sache hervorgebracht, bald
durch den Antheil erzeugt wird, den wir an der
glücklichen Entwickelung wunderbarer Zufälle nehmen. Auch sind nicht alle Wunderwerke schrecklich,
sondern viele stimmen so sehr mit den Wünschen unseres Herzens überein, daß sich nicht selten unsere
Freude darüber in ein Entzücken verwandelt, zumal wenn es denjenigen leuten in einer Wunderge-
schichte gut geht, für die sich unser Herz gleichsam
durch eine zärtliche Sympathie erklärt hat, wenn
sie auch gleich seit Jahrhunderten nicht mehr ——
oder wol gar nicht in der Welt gewesen sind; denn
unsere Gefühle täuschen uns oft so sehr, daß wir selbst
von Schicksalen solcher Personen gerührt werden,
die in der bloßen Einbildungskraft eines Dichters,
oder Romanschreibers existirt haben.

Es sei mir erlaubt zum Beschlusse dieses Aufsatzes noch jener besondern Erscheinung der menschlichen Seele zu gedenken, die sich bei leuten von
einer sehr lebhaften Einbildungskraft schon so oft
gezeigt hat, und sich in unsern Tagen bei so manchem erhitzten — auch wohl aufgeklärten Kopfe, bis
diesen Augenblick zeigt — nehmlich des schwärmeri-
schen Gefühls, welches jene leute von einer eigenen
beiwohnenden Wunderkraft zu empfinden glauben.
Man kann alle menschlichen Wunderthäter der alten
und neuen Geschichte in zwei Klassen theilen, in solche,

che, die nie geglaubt haben, daß sie Wunder thun
könnten; aber es doch zur Erreichung gewisser po-
litischen oder moralischen Endzwecke vorgaben, —
dieß waren geflissentliche Betrüger, — und in solche, die wirklich glaubten, daß ihnen eine Kraft Wunder zu thun wirklich mitgetheilt sei, ohne daß sie
diese Kraft besaßen. Von diesen letztern Wunderthätern, die in sich eine Wunderkraft fühlten, ob sie
sie gleich nicht hatten, will ich nur mit Wenigem
reden.

Diese sind — und waren meistentheils gutmü-
thige Schwärmer, welche durch einen eingebildeten
Umgang mit der Gottheit, den sie nicht selten im
Schlaf und Traum unterhielten; durch allerlei geistliche und strenge Uebungen, vornehmlich durch die
sogenannte Kreuzigung des Fleisches, es dahin gebracht zu haben glaubten; daß sich ihnen die Gottheit nicht nur besonders mittheilen könne, sondern
auch als Gliedern ihres Wesens mittheilen müsse;
(denn fast alle Schwärmer haben sich mit Gott in
einer mystischen Vereinigung zu einem Ganzen betrachtet) die aber doch auch auf der andern Seite
gemeiniglich Stolz genug besaßen, um sich von
andern Menschen auf eine ausserordentliche Art auszeichnen zu wollen. Kein Schwärmer, selbst der
berühmte Gaßner nicht, der uns oft als das höchste
Muster der Demuth und der sittlichen Einfalt geschil-
dert worden ist, war vom Stolze frei, und man müßte
das menschliche Herz nicht kennen, wenn man jene Leute

davon

davon freisprechen wollte. Es ist eine sehr richtige
Bemerkung eines großen Kenners des menschlichen
Herzens, daß sich Stolz, wenn er kein anderes
Mittel mehr wisse, um sich der Welt zu zeigen,
in freiwilliger Erniedrigung und Demüthigung
nähre. Bemühen, keinen Stolz zu zeigen, ist
also an sich schon ein sehr hoher Grad von
Ruhmsucht, indem man die Welt überreden
will, daß man — was unter tausenden so wenige
können, — über die mächtigste Neigung des
menschlichen Herzens Herr werden kann, und ich
nehme mir die Freiheit zu behaupten, daß geheimer
geistlicher Stolz, um das Ding bei seinem rechten Namen zu nennen, die meisten Wunderthäter zu
Wunderthätern gemacht habe, und daß der stolze
Gedanke, besondere Vertraute der Gottheit zu seyn,
ihrer Einbildungskraft alle die listigen Kunstgriffe
erfinden half, wodurch sie sich so glücklich in ihrem
Ansehn, wenigstens bei der größern Menge zu erhalten gewußt haben.

Aber wie mögen die Schwärmer auf die Idee
einer ihnen beiwohnenden Wunderkraft gekommen
seyn? Auf eine sehr natürliche Art, und gewissermaßen auch auf einerlei Wege ihrer Vorstellungen.
Unsere Phantasie kann mit uns machen was sie will,
wenn der ihr so nöthige Führer, die gesunde Vernunft, erst von seinem Posten vertrieben worden ist.
Ihre Gefühle können leicht eine solche Gewalt über
uns bekommen, daß sie die Empfindungen der

Sinne verdunkeln, und uns Dinge als gegenwärtig darstellen, die nie existirt haben. Was sieht
nicht alles der im hitzigen Fieber liegende, und der
Wahnwitzige in seiner Phantasie! Der
Schwärmer liegt gewissermaßen auch an einem
dieser Uebel krank, ohne daß er es weiß und
glaubt. Die so lebhafte Art zu denken und zu empfinden, die allen Schwärmern eigen ist; das im-
merwährende Bemühen, die Seele mit Bildern aus
der Geisterwelt zu unterhalten, und geflissentlich
von der äußern Welt zurück, und in sich selbst zu
kehren; das ängstliche Auflauren auf den Kampf
unserer sinnlichen Natur mit göttlichen sich eingebildeten in uns wohnenden Kräften; die seltsame Anstrengung unserer Natur, unsere Sinnlichkeit durch
fromme Bilder der Phantasie zu verscheuchen —
alles dies muß über lang oder kurz in der Seele des
Schwärmers Gefühle erzeugen, die er in dem noch
gesunden Zustande seiner Seele nie gehabt hat; die
er nun aber, da sie ihm unmittelbar in den Augenblicken, wenn er sich mit der Gottheit beschäftigt,
aus dieser Beschäftigung zu entstehen scheinen, wegen ihrer ganz besondern Lebhaftigkeit für Eingebun-
gen der Gottheit hält, so leicht sie sich auch aus der
Natur der menschlichen Seele und des Körpers —
freilich als Krankheiten und Auswüchse unserer Phantasie, mögen erklären lassen. Wer erst glauben
kann, daß die Gottheit mit ihm in einem so genauen
Umgange stehe, daß sie auf ihn besonders influire,

der

der hat nur noch einen Schritt zu thun, zu glauben, daß man durch jene Influenz auch Wunder verrichten könne. Dieser Glaube ist gleichsam das non plus ultra aller Schwärmer gewesen; bis hierher haben sie nur zu kommen gesucht — und könnte wohl etwas in der Welt mehr ihrem Stolz schmeicheln, als eben dieser Glaube! Was ging es übrigens den Schwärmer an, ob er auf Kosten der gesunden Vernunft geglaubt wurde, da ohnehin von jeher die Schwärmerei alles angewandt hat, um die gesunde Vernunft zu unterdrücken, und sie als eine armselige Führerin der Wahrheit auszuschreien.

C. F. Pockels.

Nach

Nachtrag

zur

Seelenkrankheitskunde.

I.

Umriß der Krankheitsgeschichte eines zwölfjährigen Knaben.

Ich halte es für nöthig, dieser Geschichte einige
Bemerkungen über den wahrgenommenen Charakter dieses Knabens voranzuschicken, weil von
diesem vielleicht auf die Krankheit selbst könnte ge-
schlossen werden. Der Knabe ist von kleinem Wuchs
und sehr dicke, zum Nachdenken und zum Mitleid
sehr geneigt. Er entwirft oft Plane auf sein zu-
künftiges Leben, die von Einsicht zeugen und einem
Jüngling Ehre machen würden. Bei Unglücks-
fällen der Seinigen so wie bei fremder Noth wird
er ausserordentlich gerührt und scheint heimlich auf
Mittel zu denken, womit er solcher abhelfen könne.
Daher ist er auch überaus bestrebsam und verräth
bei keiner Arbeit die ihm nutzbar dünkt, einige Er-
müdung. Oft hat er sich schon über Vermögen an-
gestrengt und vielleicht haben die bisherigen Stra-
pazen nicht wenig Einfluß auf die jetzige Zerrüttung
seiner Gesundheit gehabt. So hat er z. B. einen

Weg

Weg von 3 Meilen zurückgelegt, 12 Schornsteine
für seinen Vater gefegt und gleich darauf ist er eben
diesen Weg nach Haus gegangen.

Einige Tage vor Ostern dieses Jahres, da dieser
Knabe mit seiner Mutter allein ist, kommt eine
Nachbarin und erzählt der Mutter, wie eine dritte
Frau in der Nachbarschaft Gott gelästert habe.
Sie wiederholt nicht nur die abscheulichen Reden
selbst, sondern bespricht sich auch mit der Mutter
des Knabens über die schrecklichen Strafen, welche
die Gotteslästerin einst in der Hölle werde auszuste-
hen haben. Der Knabe hört ganz stille und nachdenkend zu. Des andern Tags früh erwacht er
mit Weinen und Klagen und erzählt, daß ihn im
Traume der Teufel verfolgt habe. Er selbst hält
diesen Traum für bedeutungsvoll und die Mutter
nimmt ihn zur Gelegenheit, sich mit dem Träumer
über Religionswahrheiten, besonders über die Sünde
und deren Strafen, zu unterhalten. Dieses Gespräch macht so großen Eindruck auf ihn, daß er
die Mutter flehentlich bittet, sie möchte doch bei
Gott für ihn bitten. Ja, sagt die Mutter, lieber
Sohn, fremdes Gebet hilft nichts, du mußt selbst
beten; darauf giebt sie ihm ein Gesangbuch und
schlägt ihm ein Lied auf, dessen Anfang ich nicht behalten habe, dessen Inhalt aber auf die letzten Dinge ging. Der Knabe befindet sich zu matt zum
Aufbleiben und setzt sich ins Bette, liest das Lied,
wird sprachlos und verlangt durch Zeichen Pa-

G 3
pier,

pier, Dinte und Feder. Als ihm dieses gereicht
wird, schreibt er auf ein Zeddelchen:

"Christus ist für mich gestorben und mein Erlöser worden."

Darauf legt er sich nieder, wird immer kränker
und matter und verlangt nur bisweilen durch Zeichen
etwas zu essen. Doch kann er nur wenig und
nichts als Suppen zu sich nehmen, denn die
Kinnladen waren zusammengeschlossen. *) Nach
einigen Tagen kann er auf dem einen Auge nicht
mehr sehen und den folgenden ist er ganz blind. So
liegt er einige Tage, nimmt wenig zu sich und wird
so schwach, daß jedermann, auch sogar die Aerzte
an seinem Aufkommen zweifelten. Mit einemmal aber
erholt er sich durch den sich wiederfindenden Stuhlgang, der einige Tage ausgeblieben war. Er
fängt an mit dem einen Auge zu sehen und nach einigen
Tagen erhält er wieder den vollkommenen Gebrauch
seines Gesichts. Er nimmt mehr Speisen zu sich,
die er mit den Fingern an den Zähnen zerreibt.
Die verlohrnen Kräfte sammeln sich wieder und nach
und nach wird er wieder so stark, daß er mit seiner
Mutter 7 Stunden weit hieher gehen kann. Hier
habe ich ihn selbst gesehen, da er noch stumm war,
und seine Gedanken durch Händezeichen mittheilte
auch ziemlich unwillig ward, wenn man ihn nicht
[ver-

*) Ein Arzt, mit dem ich mich hierüber besprach, nennte
mir diese Krankheit, und sagte, daß es eben das sey, was
man bei den Pferden Maulsperre zu nennen pflege.

verstehen konnte. Seine Mutter, die gar keine
Ursach hat, die Geschichte anders zu erzählen, hat
mir sie so mitgetheilt, wie ich sie hier vortrage.
Von seiner weitern Genesung und der Wiederre=
langung der Sprache hat mir seine Mutter folgen=
des erzählt.

Als er von dieser Reise 7 Stunden nach Hause
kam und er immer die Aerzte sowohl als andere Leute
sagen hörte, daß er würde sprechen können, sobald
seine Zähne von einander gehen würden, gab er sich
in der Stille alle ersinnliche Mühe, es so weit zu
bringen. Einst geht er in Garten und hebt mit
einem Hölzchen die Zähne von einander, so daß die=
ses dazwischen stecken bleibt. Voll Freuden läuft
er zu seiner Mutter und zeigt ihr mit frohen Geber=
den den glücklichen Erfolg seines Versuchs, diese
nimmt sogleich die consulirten Aerzte zu Hülfe, welche
die kleine Oefnung mehr erweitern; so daß er den
dritten Tag vollkommen sprechen kann. Seit der
Zeit habe ich ihn einigemal gesehen und gesprochen,
und man merkt keine Veränderung, nichts von sei=
ner Krankheit übergebliebenes an ihm. Von dem
Traum bis zu Ende der Sprachlosigkeit mögen
ohngefähr 5 Wochen vergangen seyn.

II. Ich

II.

Ich war ein Jüngling von ** Jahren. In meinem
** ten verliebte ich mich in ein reizendes, tugend-
haftes und äusserst verständiges Frauenzimmer.
Nur sechs Monate sah ich sie, dann ward sie wieder 50 Stunden von mir entfernt und ich bekam
aus Betrübniß ein hitziges Gallenfieber. Nach
meiner Genesung blieb meine Liebe, sie wurde sogar
täglich stärker. Noch ein halbes Jahr war ich an
dem Orte und dann zog ich auf die Akademie. Auch
hier blieb mein Mädchen in meinem Herzen ein ganzes Jahr und etwas drüber. Ohnerachtet ich von
Natur sehr stark zur Wollust geneigt war und jeder
volle Busen mich in Wallung brachte, so ließ ich
mich doch nie hinreissen, aus Liebe zu meinem Mädchen. Einmal hatte ich sie fast auf etliche Stunden
vergessen, da ich mit einem Frauenzimmer Abends
allein in einer Laube war. Unsre Vertraulichkeit
war stark gestiegen und eben sollte sie den höchsten
Grad erreichen, als das Mädchen, das ich im Arme
hatte und die um meine Liebschaft wuste, ausrief,
nun gute Nacht Louise! Das alberne Ding! un-
politischer hätte sie nicht verfahren können, denn ich
kam in den größten Affekt, stieß sie zurück, und
entfernte mich eilends. Ich war äusserst aufgebracht über mich selbst, und hätte fast den größten
Narrenstreich, den ein Mensch begehen kann, begangen. — Meine Liebe wurde jetzt nur stärker.
Zwar

Zwar war ich in Gesellschaft und zu Hause meist munter und lustig, aber doch hatte ich auch oft Stunden, wo ich vor Sehnsucht nach meinem Mädchen fast verging. Den 18ten März eben dieses Jahrs fiel eigentlich die Begebenheit, die ich für merkwürdig halte, vor. Ich war ausgelassen lustig — so daß sich auch meine Freunde, die mich nie so gesehen hatten, äußerst verwunderten. Um 5 Uhr Abends war mirs, als zupfte mich was, ich sah herum; in der Stube war nichts, aber in meiner Seele stund mein Mädchen vor mir, halb nackt, lachte und schabte mir, wie man zu sagen pflegt, ein Rübchen. Nun weiß ich fast gar nicht, was eine halbe Stunde lang um mich vorging! Hernach fiel ich in die tiefste Traurigkeit — alles war mir verhaßt — auf einmal wurde mirs leicht, und ich konnte weinen, wuste aber nicht warum. — Drauf kam wieder ein Schauer — und der Gedanke — sie ist gefallen! — Ich setzte mich hin und schrieb —

Den 18ten März!

Ahndung — schauerliche fürchterliche Ahndung! heute nach fünf Uhr ist Louise gestorben — tod für mich! — bald kommt die Todtenpost —

Hierauf ward ich ruhig. — Am andern Tag kam meine vorige Heiterkeit wieder — ich las den Zettel und lachte darüber. Aber — das Mädchen

G 5
war

wär aus meiner Seele — ich konnte, ich mochte
nicht an sie denken!

Ich bekomm einen Brief von einem Freunde! Siehe da, meine Ahndung ist eingetroffen.
Und grade als wenn mein Freund gewust hätte, daß
ich so eine Ahndung hatte. Er detaillirte alles.
Tag und sogar Nachmittags — — — jetzt ist das
Mädchen ganz aus meiner Seele. — Ich, der ich
sie so zärtlich, ich möchte sagen 1½ Jahr ganz rasend
liebte, trauerte gar nicht, ärgerte mich gar nicht? —
Gern wolt' ich Ihnen den Ort meines Aufenthalts
und meinen Namen beisetzen aber —

III.

Der blinde Pfeffel und sein Bruder gingen mit einem Freunde, der ein rechtschaffner und aufge-
klärter Geistlicher ist, auf einem mit Bäumen besetz-
ten Platze öfters spazieren. Sie bemerkten, daß
der Geistliche, wenn sie auch noch so stark im Gesprä-
che waren, immer nur bis auf einen gewissen Fleck
ging und dann wieder umkehrte. Sie gingen weiter, er nie. Auch sah er in der Ferne oft schon
nach dem Orte hin, wo er umzukehren pflegte.
Dies schien den beiden Brüdern sonderbar, und sie
befragten ihn um die Ursach. Er weigerte sich
lange herauszurücken, aber eben dies Weigern und
die Einwendung, sie würden ihn auslachen, reizte
nur

nur mehr zum Aufschluß — sie drangen stärker in
ihn, und endlich sagte er: Auf dem Flecke, wo er
umkehrte, stände eine weiße lange hagere Menschen=
figur, die ihn verhinderte, weiter zu gehen. Die Brü=
der schwiegen, den andern Tag aber, als sie wieder
hier mit ihm spazierten, nahm ihn unvermerkt jeder
beim Arme, und als sie an die benannte Stelle ka=
men, rissen sie ihn nach ihrer Verabredung mitten
durch. Er war in der stärksten Erschütterung,
und wurde fast böse auf die Pfeffels. Die Fi=
gur stand nach seiner Aussage an der vorigen
Stelle. Nun merkten die Brüder den Ort. Sie
gruben Abends nach, und fanden etliche Fuß tief
im Boden ein Todtengeripp. Sie scharrten das
Loch wieder zu, thaten das Gerippe in einen Sack,
und befahlen einem Tagelöhner, es aufs Feld zu ver=
graben. Der Kerl ging mit fort, als er aber über
einen Bach mußte, kam ihm eine Furcht an, und er
schmiß den Sack ins Wasser. Dies hat Pfeffeln
sehr leid gethan. Als der Pfarrer wieder mit ihm
spazieren ging, und an die Stelle kam, wunderte er
sich sehr, denn — die Gestalt war nicht mehr da. —
Diese Geschichte kommt aus Pfeffels eignem Munde.

IV. In

IV.

Indem ich im zweyten Stück des zweyten Bandes
der Erfahrungs = Seelenkunde die Erzählung
des Hrn. Prof. Wenert las, erwachte in mir die Erinnerung einer ganz ähnlichen Begebenheit, die sich
mit dem verstorbenen Prof. Reusch zu Jena zugetragen haben soll, dessen Schriften untrügliche Beweise eines tiefen Nachdenkens und einer scharfsichti-
gen Beurtheilung haben, ob er gleich auch manche
Meinungen hat, denen wohl nicht jeder Beyfall geben wird.

Ein würdiger Prediger, Namens Helle-
ring, *) zu Geschwalde in der Ukermark, dessen
Herz und Verstand gleiche Achtung verdienten, und
ihn allen denen, die ihn kannten, ehrwürdig machte,
erzählte an einem schönen Winterabende noch mancherley Bemerkungen über die Kräfte der menschlichen Seele. Er habe zu Jena studiert, und vorzüglich den Vorlesungen des Prof. Reusch beyge-
wohnt, mit diesem würdigen Mann habe sich folgendes zugetragen. Nach der Reihe philosophischer
Materien wolte Reusch die Gründe für die Unsterblichkeit der Seele vortragen, hatte aber so unver-
meidliche Hindernisse, die ihn von der gehörigen Vorbereitung zu diesem wichtigen Vortrag abhielten,
so

*) Er ist der Verfasser einer Flora Borussica, die auch un-
ter seinem Namen gedruckt worden zu Königsberg.

so daß er die Vorlesung bis auf den künftigen Tag verschob. Gegen Abend sucht er nun mit allem angestrengten Nachdenken seinen Gegenstand zu prüfen und hängt mit ganzer Seele über der Würdigung der Gründe, kann aber zu keiner Berichtigung mit sich selbst kommen, verschiebt daher den schriftlichen Aufsatz bis auf den künftigen Morgen, zu welchem Ende er früher als sonst aufgeweckt zu werden verlangt. In der Mitternacht steht Reusch auf, geht zum Schreibepulte, nimmt Papier, Feder, Tinte, schreibt seinen Aufsatz über die Unsterblichkeit der Seele, und legt sich wieder zu Bette.

Den folgenden Morgen weckt man ihn aus einem tiefen Schlafe, er eilt an seine vorhabende Arbeit zu gehn. Indem er Papier nehmen will, sieht er einen Aufsatz von seiner eigenen Hand, und die völlige Ausführung seines Vorhabens zu seiner größten Zufriedenheit. Voll Erstaunen weiß er sich nicht zu fassen, und niemand kann ihm über die Ereigniß der Sache selbst einen Aufschluß geben. Daß es seine Arbeit war, konnte er nicht leugnen, wie, und wenn er es aber geschrieben, davon wußte er sich auch nicht das mindeste zu erinnern. So hat es selbst der verstorbene Reusch oftmals erzählt.

Spra-

Sprache in psychologischer Rücksicht.

Treffende Gemählde von den mannichfaltigen Tönen in der Natur zu liefern, scheint zwar das Ziel zu seyn, wohin sich die einfachen Laute zu ganzen Wörtern in der Sprache vereinigten.

Allein wie wenige hörbare Gegenstände werden verhältnißmäßig durch die Wörter bezeichnet? Und nach was für einen Gesetz sollen sich also die einfachen Laute z.B. in den Wörtern Keller, Küche, Kasten, Licht, Luft u. s. w. zu diesen Worten vereinigen, da alle diese Gegenstände mit keinem Schalle in der Natur können verglichen werden? — Sie können freilich mit keinem Schall verglichen werden, den wir bloß hören.

Allein zwischen dem Schalle, den wir selber hervorbringen, und zwischen den sichtbaren Gegenständen läßt sich eher eine Aehnlichkeit gedenken. Wir empfinden nemlich in unserm Munde die jedesmalige Gestalt der Sprachwerkzeuge, wodurch wir irgend einen Schall hervorbringen. Doch diese Empfindung, welche vielleicht im Anfange nur äußerst dunkel seyn mochte, veranlaßte den Menschen, die Gestalt eines sichtbaren Gegenstandes in seine Sprachwerkzeuge überzutragen, und sie mit dem Ton zu benennen, den dieselben in dieser Lage hervorbrachten.

Die

Die untre dunkle Empfindung von der jedes‑
maligen Gestalt, und von der leichtern oder schwe‑
rern, geschwindern oder langsamern Bewegung der
Sprachwerkzeuge ist es also, welche das geheime
Band zwischen dem Sichtbaren und Hörbaren ge‑
knüpft hat. Daher kömmt es auch, daß wir der
ganzen Schöpfung um uns nur durch den Stempel
der Sprache, ein unverkennbares Bild von uns
selber aufgedrückt haben; daher ist das K, z. B. womit
die Zunge die tiefste Wölbung des Gaumens bezeich‑
net, ein Ausdruck des Tiefen und Ausgehöhlten.

läßt es sich also beweisen, daß z. B. in unsrer
deutschen Sprache, nicht sowohl wie wir dieselbe zur
Zeit reden, und wie sie durch ihre Verfeinerung sich
immer weiter von ihrem ersten natürlichen Ursprung
entfernt hat, sondern in den Ueberbleibseln aus dem
Alterthum, und den hin und her zerstreuten Mund‑
arten, die noch am wenigsten von der Verfeinerung
gelitten haben, das Hohle und Tiefe beständig durch
einen Gaumenlaut bezeichnet wird, und läßt sich die
Aehnlichkeit mehrerer sichtbarer Gegenstände mit der
Gestalt der Sprachwerkzeuge, vermöge derer sie be‑
nannt werden, würklich entdecken, so ist es offenbar, daß
sich nach den Hauptgesetze, die Sprachwerkzeuge den
äußern Gegenständen ähnlich zu bilden, die einzelnen
Laute zu ganzen Wörtern vereinigen. Und so wie
bei den Wörtern, die aus mehrern Sylben bestehen,
eine Sylbe die herrschende ist, welcher die übrigen
untergeordnet sind, so ist auch bei diesen sowohl als
bei

bei den einſhlbigen Wörtern, ein einfacher Laut
der herrſchende, welchem ſich die übrigen nach ihrem
Range, und nach ihrer Nebenbedeutung unterord=
nen müſſen.

Der herrſchende einfache Laut iſt alſo in jedem
Worte nur ein einziger, allein durch die Laute, wel=
che ſich entweder von ſelber an ihn anſchmiegen, als
das b in blöcken, oder welche durch einen Vokal an
ihn geknüpft werden, als das ch in ſachen, wird dieſer
herrſchende Laut auf mannichfaltige Weiſe modificirt,
und verändert mit ſeiner Bekleidung auch ſeine
zufällige Bedeutung, obgleich ſeine weſentliche Be=
deutung beſtändig zum Grunde liegt, und uner=
ſchütterlich iſt.

Das l z. B. zeigt einen jeden Laut überhaupt
an, weil es ſich in der Zunge als dem Sprachwerk=
zeuge bildet, wodurch wir unſere Laute hervorbrin=
gen, und in deren Ermangelung uns dieſe Hervor=
bringung irgend eines Lauts unmöglich ſeyn würde.
Sobald aber ein Laut von Menſchen oder Thieren her=
vorgebracht wird, ſo fügt ſich dem herrſchenden Laut
l von vorne ein b oder p hinan, als in den Wörtern,
plappern, plaudern, blarren, plerren, von
Thieren: blaffen, blöcken, bellen, brüllen,
u. ſ. w.

Wird hingegen ein Laut vermittelſt lebloſer
unorganiſcher Körper hervorgebracht, ſo wird der
herrſchende Laut l gemeiniglich durch den hinange=
ſetzten Gaumenlaut k näher beſtimmt, als in
den

den Wörtern, klappern, klimpern, klopfen, klingen, Glocke, u. s. w. Wird der Laut in den Mund zurückgezogen, so wird dem l vermittelst eines Vokals von vorne ein Gaumenlaut zugefügt, wie dem Worte lachen, wo das l den Laut überhaupt, und das ch die besondere Bildung dieses Lauts im Munde oder in der Gurgel bezeichnet.

Merkwürdig ist es immer, daß die Sprachwerkzeuge größtentheils mit dem Laute bezeichnet werden, welchen sie vorzüglich hervorbringen, als die Nase, der Mund, der Gaumen, die Lippen, die Zunge, welche in der lateinischen Sprache mit noch mehr Ausdruck Lingua heißt, die Zähne, u. s. w. Fast in allen Sprachen wird das Ohr, ohngeachtet der Veränderung der übrigen Buchstaben und des Vokals mit r bezeichnet, und was war natürlicher, als dasselbe vermittelst des Buchstaben, welcher das stärkste Geräusch anzeigt, zu beschreiben.

Vom l wollen wir noch bemerken, daß es vorzüglich das schnelle und flüchtige sowohl außer uns in der Natur, als den schnellen und flüchtigen Uebergang der Zunge zur Bezeichnung des An- oder Unangenehmen in unsrer Seele anzeigt. Was in der Natur ist schneller und flüchtiger, als der Schall, diese schnell sich verlierende Bewegung der Luft? Was ist schneller und flüchtiger, als das fließende Wasser, die schwellende Fluth, der fliegende Pfeil, das blendende Licht, und der zu=

dende Blitz? Was ist leichter und daher auch zu jeder schnellen und flüchtigen Bewegung geschickter,
als das zitternde Blatt am Baume. Die leicht-
herniederfallende Flocke, und die weiche gekräuselte
Wolle.

Was ist in unsrer eignen Seele, das die Zunge
leichter zum Ausdruck hinüber lockt, als die angenehmen Empfindungen des Glücks, der Liebe, des
Lobens, des Gefallens und des Billigens? Welches Gefühl in unserm Körper ist lockender zum leichten und schnellen Ausdruck, als das Gefühl des Lebens, des Leibes, und der Glieder?

So wie aber die Zunge beim Gefühl des Angenehmen sich schnell und leicht im Munde bewegt, eben
so unwillführlich bewegt sie sich auch obgleich langsamer und schwerer beim Gefühl des Unangenehmen,
wie ein jeder aus der Erfahrung wissen kann, wenn
er sich an die Bewegung der Zunge bei der Vorstellung von einer übelschmeckenden Arznei erinnert.
Daher kömmt es auch), daß gerade das Gegentheil
vom Angenehmen, ebenfalls durch den sonst so schnell
und flüchtig nur zum Angenehmen übergehenden
Buchstaben l ausgedrückt wird. Daher bezeichnet
das l auch die Unmuth und Leiden erweckende Leer-
heit, es bezeichnet die das Leere hervorbringende
Kleinheit, das durch die Leere und Kleinheit hervorgebrachte Leiden, und das dem Anschein nach traurige dem Tode ähnliche Liegen und Schlafen.

So

So wie der Gaumenlaut k mehr die Gestalten der Dinge zu umfassen scheint, so scheint der Zungenlaut l vermittelst seiner untergeordneten Laute mehr die verschiednen Bewegungen der Dinge außer uns, und der Empfindungen in uns nachzubilden. Ist es also wohl eine thörichte Mühe, die Wörter in ihre einzelnen Bestandtheile aufzulösen, und den herrschenden Hauptlaut in denselben zu suchen? Kann uns dieß nicht große Aufschlüsse über die erste Entstehung der menschlichen Begriffe geben, die damals freilich nicht so fein, aber vielleicht wahrer gewesen sind, als sie es jetzt bei ihrer höchsten Verfeinerung noch seyn können?

H 2   Auf-

Auszug aus einem Sendschreiben des Herrn Präpositus Picht in Gingst an den Herausgeber.

Gingst, den 16. April, 1781.

Dank sey Ihnen, daß Sie es wagten, ein eignes Magazin für Kranke anzulegen, aus welchem diejenigen, denen das Erforschen ihres Ichs eine angelegentliche und ernsthafte Sache ist, Rath und Trost sich herhohlen können, wenn sie bey dem schweren Geschäfte der Selbstprüfung auf solche gefährliche Pfade gerathen, wo ohne leitung ihr Untergang mehr als wahrscheinlich seyn würde. So habe ich Ihr Magazin in einer sehr schweren Krankheit angesehen; und in wie ferne ich es für meinen Zustand genutzet habe, werden Sie am besten daraus abnehmen können, wenn ich Ihnen meinen aufrichtigsten und wärmsten Dank für meine daraus gehohlte Nahrung zolle, und Ihnen versichere, daß es Aufrichtigkeit ist, mit der ich es thue.

Und

Und nun, Freund, laſſen Sie uns unterſu=
chen! — So lange wir denjenigen Zuſtand des
Menſchen, in welchem er wahnwitzig genannt wird,
noch nicht deutlich und vollſtändig erkennen, müſſen
wir uns mit Hypotheſen, und um die Sache doch
etwas begreiflich zu machen, allenfalls mit Gleich=
niſſen behelfen. Haben Sie nicht je einmal geſehen,
wenn eine Uhr ſo ſchadhaft wird, daß die zurück=
und in Ordnung haltende Kraft der Laſt der Gewichte
oder der Spannkraft der Feder nicht mehr Wider=
ſtand thun kann, wie denn die Maſchine ſchnell und
mit einem regelloſen Geraſſel abläuft — Aber es
iſt denn doch das Räderwerk einer Uhr, was mit
ungeſtümer Heftigkeit abgerollt wird. Nehmen
Sie hingegen an, der Sturmwind faßt plötzlich die
Segel einer Mühle, und zerſtöret durch übermäßige
Kraft das ganze Werk; ſo müſten Sie doch hier
die zerſtörende Urſache ganz anders finden und
auch leicht genug aus ihren Wirkungen erkennen
können.

Wenn nun der Menſch in den Zuſtand geräth,
den wir Wahnwitz nennen; ſo iſt ſein Gehirn ohn=
ſtreitig einer Maſchine gleich, in welcher ähnliche
Urſachen, wie in den vorigen Gleichniſſen, auch
ähnliche Wirkungen hervorbringen, wo denn auch
inſonderheit die zurückhaltende, ordnende und regie=
rende Kraft, welche die Vibrationen des Gehirns
unter ihrer völligen Gewalt haben, und der Einbil=
dungskraft in ihrem Lauf Grenzen ſetzen, und über=

H 3 dachte

dachte Gesetze geben sollte, wo der die Zeit dazu ab-
geschnitten ist, wo die außer Stand gesetzt ist, die
ihr untergebenen Fibern, Nerven, Blutgefäße und
dgl. jede zu dem Dienste anzuhalten, dessen regel-
mäßige Verrichtungen den Zustand unserer Gesundheit ausmachen.

lassen Sie also Wahnwitzige sprechen, so
wird in diesem Zustande der Unordnung jeder nur
die Sprache reden, die er gelernt hat, — jeder
wird Gedanken auskramen, die er an seinem Theil
sonst jemals gedacht — vielleicht nur einmal —
aber gleich verworfen hat.

Der wahnwitzige Franzose wird nicht deutsch
sprechen, und der wahnwitzige Deutsche, der beständig gewohnt ist, hochdeutsch zu reden, wird sich
nicht in der platten Mundart ausdrücken — Wenn
dies, wie Sie mir zugeben werden, richtig ist, so
folgt auch, ein Deutscher, der sonst gewohnt ist,
keines gutes Deutsch zu sprechen, wird darum so
fieberhafte Reden nicht in der niedrigen Sprache des
schlechtesten Theils der Menschen hören lassen, weil
er etwa in dem Zustande des Wahnwitzes ist, sondern er bringet als Maschine zu der Zeit die ihm sonst
geläufigen Töne und Ausdrücke hervor.

Mit dem lebhaftesten und deutlichsten Bewußtseyn, weiß ich mich noch zu erinnern, wie ich am
5. März

5. März 1784. von der Kanzel in der Kirche zu Gingst eine Schrift von Wort zu Wort ablas, in welcher unter andern sonderbaren Dingen auch etliche Beleidigungen gegen den Herrn General-Superintendenten Doctor Quistorp befindlich waren. Damit nun Niemand etwas anders irgendwo vorbringen möchte, rief ich sogleich nach Vorlesung derselben den Küster Westgard zu mir nach der Kanzel zu kommen, diese meine eigenhändige Schrift von mir entgegen zu nehmen, und sie unverzüglich nach Stralsund an die hohe Landes-Obrigkeit zu überbringen. Allein Westgard verließ seine Bank nicht. Hierauf forderte ich einen andern Einwohner in Gingst, den Herrn Cornet Sesemann, auf, die Schrift zu nehmen, und sie an die Behörde einzuschicken: allein auch dieser regte sich nicht. Ich legte darauf mein Manuscript in die Bibel, schloß mit dem gewöhnlichen Kirchengebete — und wankte in einem so kranken, schwachen und elenden Gesundheitszustande nach dem Pfarrhause, daß ich im eigentlichen Verstande einer Leiche ähnlicher als einem Menschen war. Doch wer sich nur der Leitung irgend eines guten Dämons erfreuen darf, der ist nie ganz verlassen, wenn er auch den Giftbecher trinken muß.

Schon auf der Kanzel warnte mein guter Dämon mich. Ich sagte es daher öffentlich, da die beiden Männer sich weigerten, das ihnen angebo-

tene

tene Manuscript anzunehmen, und sonsten Niemand, so weit ich absehen konnte, in der Kirche
zugegen war, dem es hätte anvertrauet werden können, ich würde nach geendigtem Gottesdienste sogleich nach Gurtitz reisen, und es dem Herrn von Platen übergeben.

Da ahndete mich nun das Unglück, das hieraus entstehen könnte, wenn meine Predigt verfälschet, mit Bosheit verdrehet, und so kund gemacht würde. Um diesem zuvor zu kommen, hatte ich nicht eher Ruhe, als bis ich meine eigene Handschrift in die Hände eines rechtschaffenen Mannes abgeliefert hatte, so äußerst schwach auch mein Gesundheitszustand war. Ich fuhr nach Gurtitz zu einem meiner nächsten adelichen Herren Eingepfarrten, erzählte ihm, was ich gethan hatte, mit der flehentlichen Bitte, diese Schrift mit seinem Pettschaft zu versiegeln, fiel seinem Herrn Sohn, der eben in die Stube trat, um den Hals, und ersuchte ihn um den größten Freundschaftsdienst, der mir unter diesen Umständen erzeigt werden konnte, diesen mit seines Herrn Vaters Pettschaft versiegelten Brief eiligst nach Stralsund an den Lehn-Secretair bey unserer hohen Landes-Regierung, den Herrn Tetzloff, zu überbringen. Nie werde ich die herzliche Freundschaft und Bereitwilligkeit vergessen, mit welcher diese Herren sich meines in der That jammervollen Zustandes annahnahmen — Es ist rührend, bis in die Tiefen der Seele rührend, einen alten selbst kranken Mann über sich weinen und seinen edlen Sohn auf leben und Tod reiten zu sehen, um mich so bald als möglich aus der Bangigkeit, die mich ängstigte, zu retten! Nun ward ich ruhiger — und froh ward ich, als nach wenigen Stunden der junge Herr zurückkam, und mir (denn ich blieb so lange zu Gurtiz) die Nachricht brachte, daß der Brief richtig abgeliefert wäre.

Johann Gottlieb Picht

Auzug aus einem Briefe von dem Verfasser der Geschichte meiner Verirrungen.

Halle den 17ten Sept.
1785.

Schon aus meiner Geschichte werden Sie beurtheilen, in welchem Grade ich fähig sey, den Menschen zu beobachten. Mir fehlt es noch an manchen philosophischen Kenntnissen; ich möchte mich daher mannigmahl zu weit in das eigentliche gelehrte Studium der Seelenlehre verirren, wozu ich doch in mancherley Rücksicht mich zu schwach fühle.

Ich habe mir indessen eine Bahn gewählt, von welcher ich wünschte, daß sie Ihren Beyfall haben möchte. Ich habe angefangen, mich auf die äußern Kennzeichen der Menschenkenntniß zu legen. Daß es deren giebt, werden Sie um so weniger in Zweifel ziehen, da die mehresten Dinge in der Natur (und vielleicht alle) das Zeichen ihres Innern an sich tragen — Sollte der Mensch allein davon ausgeschlossen seyn, der auf der obersten Stuffe der körperperlichen Dinge ſteht? Sollte es nicht möglich ſeyn, die Hauptzüge in den Charakter der Menſchen nach dem Temperamente zu beſtimmen? Sollte ſich nicht jedes prädominirende Temperament durch gewiſſe Handlungen verrathen, und ſollte daſſelbe nicht auch äußere Kennzeichen haben? Sollte die Lehre von dem Einfluß der Temperamente in die Handlungen der Menſchen ſo unwichtig ſeyn, daß daraus nicht auch ſo ziemlich richtig der Antheil oder die moraliſche Zurechnung beſtimmt werden könnte, die der Menſch an einer Handlung hat? Würde dann nicht Billigkeit und mehrere Untrüglichkeit in unſerm Urtheil eine der erſten und wohlthätigſten Folgen der Temperamentskunde ſeyn?

Und, ſollte man auf dieſem Wege die Menſchen nicht eben ſowohl klaßificiren können, wie man die übrigen Produkte in den drei Reichen der Natur klaßificirt hat? Würde man ſo weit in der Kenntniß der Natur ſeyn, wenn man nicht jedes Ding nach gewiſſen Maaßſtäben zu meſſen, und daſſelbe auf ſeine eigentliche Stelle hinzuſetzen gewußt hätte? Ich bin nicht beleſen genug, um zu ſagen, ob ich der erſte ſey, der auf dieſe Hypotheſe gefallen iſt. Ich finde viel Wahrheit in ihr, und deswegen wünſche ich um ſo eifriger, auch Ihre Gedanken darüber zu leſen.

Jn

Inhalt.

Zur

Inhalt.

Aus

Inhalt.